変革期の
基層社会

―― 総力戦と中国・日本 ――

奥村　哲編
OKUMURA Satoshi

創土社

目次

総　論 …………………………………………… 奥村　哲　　1

第1章　アジア太平洋戦争下日本の都市と農村
　　──総力戦体制との関わりで── ……………… 原田　敬一　27

第2章　戦後中国における兵士と社会
　　──四川省を素材に── …………………………… 笹川　裕史　63

第3章　建国前の土地改革と民衆運動
　　──山東省莒南県の事例分析── ………………… 王　　友明　93

第4章　伝統の転換と再転換
　　──新解放区の土地改革における農民の心性の構築と歴史論理──
　　……………………………………………………… 呉　　毅・呉　　帆　119

第5章　1950年代初頭、福建省における農村変革と地域社会
　　──国家権力の浸透過程と宗族の変容── ……… 山本　　真　141

第6章　「土地改革の時代」と日本農地改革
　　──総力戦の帰結のありかたと農業問題── …… 野田　公夫　181

第7章　中国共産党根拠地の権力と毛沢東像
　　──冀魯豫区を中心に── ………………………… 丸田　孝志　227

第8章　抗米援朝運動の広がりと深化について ……… 泉谷　陽子　263

総論

奥村　哲

　本書は中国基層社会史研究会（以下、基層史研と略す）の共同研究に基づく成果の一つである。この研究会は読者の多くにはなじみが薄いであろうから、まずこの基層史研について紹介しなければならない。

I　中国基層社会史研究会について

　基層史研の源流は、メンバーの中の笹川裕史と奥村哲の共同研究である。日中戦争が社会主義体制化にまでつらなる中国の大きな社会変動の起点になったと考え、その大きな変動を社会の基層において把握しようというのが、この共同研究の目的であった。2人は2002年から成都の四川省檔案館を中心に、南京の第二歴史檔案館や台湾の国史館にも通い、檔案などの史料を収集した。その成果が『銃後の中国社会』[1]である。この著作は、食糧調達や徴兵を素材として、日中戦争期の総動員がそれまでかなり疎遠であった国家と基層社会を緊密に結びつけ、その矛盾が両者とその関係を大きく変容させていったことを明らかにした。

　ただし、その対象は時期的には日中戦争期に、地域的には大後方の中心である四川省に限定されていた。その後の体制の移行をともなう大変動を捉えようとすれば、研究を時期的にも地域的にも拡げていかねばならない。これは2人の共同研究の当初から認識していたことだったので、著作の執筆が一段落した2006年秋にまわりの研究者に呼びかけ、「日中戦争〜人民共和国初期の中国における国家と基層社会の構造的変動に関する研究」というテーマ

で、日本学術振興会科学研究費補助金の基盤研究（B）に応募した。この時の原メンバーは、奥村哲（代表者）、石島紀之・今井駿・笹川裕史・丸田孝志・山本真（以上分担者）、泉谷陽子・三品英憲・大沢武彦・天野祐子（以上協力者）である。残念ながらこの時（2007年度）は採択されなかったが、同じメンバーで研究会を発足させた[2]。これが基層史研の実質的な出発点となる。

そして翌2007年、田原史起・鄭浩瀾を新たに分担者に加え、同一テーマで再度申請し、幸い今度は採択され、金野純も2009年度から分担者に加わった。こうして2008〜2010年度、科研費を基礎に各自がそれぞれの分担地域について聴取りや史料調査をするとともに、年4回くらいの研究会活動を行なっている。この通常の研究会の他に、共通認識を深め課題を明確にするために、初年度の2008年12月13日に慶応義塾大学三田キャンパスでワークショップを行なった。縦軸として田原史起の『20世紀中国の革命と農村』[3]をもとに中国の農村社会の100年にわたる長期的な変遷過程を再検討するとともに、横軸として先述の『銃後の中国社会』をもとに日中戦争が社会に導いた変容を中国の他地域や日本と比較史的に考察したのである[4]。また、最終年度の2010年7月24日には、幅広い議論を巻き起こすために、学習院女子大学において国際シンポジウムを行なった。日本との比較・連関を強く意識しながら、日中戦争・国共内戦そして冷戦が中国をどう変えていったのかを、「普通の民衆」に焦点を当てて考えようとしたのである[5]。

以上の共同研究を経て、2011年度からは奥村（代表者）、笹川・丸田・山本・金野・鄭（分担者）の他、蒲豊彦を新たに分担者とし、石島・田原・三品と日本史研究者の森武麿・吉田裕・原田敬一・野田公夫を連携研究者として、「東アジア史の連関・比較からみる中華人民共和国成立前後の国家・基層社会の構造的変動」というテーマで、科研費に基づく共同研究を行なっている（2013年度まで）。前回の共同研究を踏まえて、対象時期の重点をやや後に下げるとともに、東アジア史（当面は日本史・台湾史）の連関・比較をより一層重視するものである[補注]。

II　課題と方法

1　課題―基層から捉える構造的変動

　以下、我々の課題と方法を提示する。

　まず大きな問題関心は、中国の「伝統社会」が近代以降どのような変容を経て現在に至ったのか、その過程を明らかにすることにある。三農問題や農民工、さらには民主化の問題など、現在の中国社会が抱えているさまざまな問題は、歴史の流れの中に置いてのみ、初めて正しく捉えられるからである。そうした大きな問題関心の下で、我々は当面の対象時期を日中戦争の勃発から人民共和国初期（1950年代前半）までに限定し、その間の中国における体制の移行をともなう大きな構造的変動を、社会の基層に視点を据えて捉えることを課題とした。言い換えれば、ともすれば国民党・共産党や「民主諸党派」、あるいは日本・アメリカ・ソ連といった勢力の、イデオロギー的・政治的・軍事的対抗といった表層に目を奪われがちな当該時期の歴史過程を、社会の基層の民衆レベルではどのような変動が起こっていたのかということを明らかにすることによって、全面的・構造的に捉え直そうとするものである。それは統治権力が国民党から共産党に移り、その後社会主義体制へ移行していく時期に当たり、現在につながる改革開放政策の歴史的前提を、社会の根底から捉え直すことにもつながるであろう。

　そのように課題を設定したのには、当然、今までの学界の研究状況に対する批判がある。かつての革命史観が崩壊した後、中国近現代史研究においては、史料の開放によって緻密な実証的研究が増え、革命史観では見えなかった多くの「事実」が明らかにされ、多様な論点も提出されているが、それが新たな歴史像の構築につながっているとは必ずしもいえない[6]。そこにはいくつかの明確な理由がある。

　第1に、最も重要なのは、後に述べる要因によって、研究が近代的な表層部分に集中してしまい、社会を深層から捉えようとしなかったことが、全体

を見えなくしていることである。近現代は世界の構造的連関が強まっていく中で、さまざまに区切られる地域の中や間で人々の種々の利害関係も強まって行き、社会の関係が緊密化していく。そうした中で、各地域でエリートたちによってさまざまな形の国民国家化が志向され、統合と分裂という矛盾する契機を孕みながら、それまで国家というものをほとんど意識することはなかった庶民をも、国民として組み込もうとしていく。

　中国史研究においても、冷戦解体後、近現代史の大きな流れをこうした国民国家への志向という文脈で捉えようとする傾向が現れてはいるが[7]、そこには重大な弱点がある。国民国家は領域・主権・国民を備えた国家として捉えられ、社会全体のありようの変化を強く示すのは最後の国民、つまり住民の国民化の問題であるが、研究の多くは知識人や政治家・政党の思想や政策あるいは運動、経済なら近代産業、地域的には上海・天津など大都市に関するもの、つまり相対的に近代化されやすい部分を対象とし、基層社会とりわけ農村・農民の問題は一部を除きほとんど無視されてきた。つまり実際には大部分を占める地域・人口を視野に入れなかったのであり、この国民国家的統合が困難なところを基軸の論理からはずしてしまったのである[8]。とりわけ発展途上国の研究においては、これでは歴史の表面しか見えなくなるのは自明であろう[9]。我々の大きな特色として、基層社会に目を向けようとするのは、こうした状況を克服するためである[10]。

2　戦争・動員と「国民的統合」

　第2に、国際的な戦争が国民国家化のきわめて重要な契機となってきたことを、直視しなかった。世界が緩やかに結びついた16世紀の後半以降、その中心結節点となったヨーロッパにおいて、富が集中した結果であるさまざまな利害の衝突が、宗教対立の衣をまとって多くの戦争をおこした。その一つ、三十年戦争を終結させたウェストファリア条約によって、国民国家の外枠に当る領土・主権が国際的に承認された、主権国家が形成され始めた。そして、その後のさらなる国際的な戦争のため増大していった物・金・人の動員を歴

史的背景とした、フランス革命とそれに続く対外戦争が、フランスを最も早く内実としての国民形成をも志向する、国民国家に向かわせたのである（ただし農民層への国民意識の浸透は 20 世紀に入ってからである）。それがまたイギリスだけでなく、ドイツ・イタリアなどにも国民国家を志向させていった。このように、広義のグローバル化の中心結節点となったヨーロッパで誕生した国民国家は、直接にはグローバル化の果実をめぐる国際的な戦争の産物だったのであり、日本の明治以後の国民国家化も日清・日露の 2 つの戦争によって強く推進された。さらに、20 世紀の 2 つの世界大戦は文字通りの総力戦であり、社会的に「強制的均質化」（後述）の論理が強くはたらく下で、より一層の国民的一体化が進められたのである。

　もちろん、中国近現代史研究においても、日中戦争が国民国家化の契機として重視されてこなかったわけではない。しかし、たとえば「国民的一体性の意識を創出する最大の契機になった」[11]という表現にも見られるように、多くの研究者の眼はやはりエリートたちとその意識にしか向いていなかった。基層社会にいる庶民から見るならば、まずは意識の創出という問題ではなく、個々人が「国民」だとして国家・権力に組織・掌握され、動員されていくようになる契機として捉えるべきであろう。なぜなら、20 世紀の国際戦争はまさに総力戦であり、各国・権力は庶民の国民意識が弱ければ可能な限り注入し、それができなければ暴力によってでも、ありとあらゆるものを長期間動員し続けていかなければならなかったからである。強者に対する弱者の長期の闘いである抗日戦争（日中戦争の中国側の呼称）においても、庶民の国民意識がきわめて弱い下で、「国民の当然の義務だ」という論理で合理化しつつ、現実には権力の暴力によって庶民の日常生活に強く介入していき、深刻な社会的矛盾を生みながら多くの動員がなされた。そして、国共の内戦は国内戦争ではあるが、日中戦争を引き継いで双方が総力を挙げた戦争になり、さらなる動員によって社会的矛盾を一層深刻にするとともに、階級闘争論をもとに「国民意識」を「人民意識」に結びつけるか置き換えつつ、この矛盾が不可避的に生み出す「強制的均質化」のベクトルに対して土地改革などによっ

て相対的に有効に対処しえた勢力、共産党を勝者にしたのである。したがって我々の第2の特徴は、総力戦に基づく総動員こそが社会を根底から変えていった起動力であると捉えた上で、その変容の過程を追うことにある。「中華民国史」あるいは「国民政府史」として一括りにして論じるのではなく、日中戦争を中国近現代史の時期区分の大きな柱に据えるべきであろう。そして、そのさらに先に冷戦下の社会主義体制化を展望するのであるが、これは以後の課題にせざるをえない[12]。

3　比較史に基づく中国的特色

　第3に、これまでの中国近現代史研究は中国しか見ない傾向が強く、そのために中国的特色を明確にできなかった。我々の第3の特徴は、日本史との比較によって、中国的特色を明確にしようとしていることである。「伝統社会」のあり方が近代化・国民国家化の過程を大きく規定すると考えるならば、明末清初以後の「伝統」中国社会の特色自体をまず明らかにしなければならない。これまでの研究が近代的部分に集中したことの方法論的要因は、中国的特色を明確にしえないために、「伝統性」は前近代性一般に解消して単なる残存の問題として処理するしかなく、その結果社会を有機的に把握できず、歴史的な変容は近代化しやすい部分でしか捉えられないからである。中国的特色は比較によってしか明らかにできず、問題はどことどのように比較するかである。

　社会史研究の巨大な蓄積から、ある時期の欧米と比較するのも一つの方法ではある。しかし我々は、欧米よりも東アジアの中での、とりわけ日本との比較の方がより有効だと考える。一つには、東アジア地域は19世紀半ばの「ウェスタン・インパクト」によって本格的に世界史の中に引きずり込まれ、相互に連関しながら近代化・国民国家化に向かわざるをえなかったという、同時代性があるからである[13]。第2に、我々が日本に居住して中国を研究していることから、無意識のうちに中国を日本と比較していることが多い。それを明確に意識してやろう、ということである。実際、対象は外から見るこ

とによって相対化しやすく、内部にいてその「常識」に妨げられて見えないものが見えることが多いし、そこからさらに振り返れば自国を見直す契機にもなる。外国史研究の重要な意義がそこにあるが、外からの視点の重要さという点では、在日中国人の中国研究者にとっても同じであろう。そして第3に、日本史研究の深く膨大な蓄積が、我々が歴史を考え直す際の頼もしい拠り所になることである。日本にいて、これほどの宝庫に学ばない手はない。

実際にも、深い歴史的連関がある日本史との比較から、多くのことが見えてくる。先に示した『銃後の中国社会』が、むしろ日本史研究者の方に注目されたのは、比較によって日中それぞれの歴史過程の筋道がより鮮明になるからであろう。もちろん、日本社会をやや単純化しすぎているという批判や、中国の中の多様性を強調する批判はあるが、それでも全体として日中における社会の地縁的・重層的な組織性の強弱はかなりはっきりしており、その違いが否応なしに歴史過程を規定することは否定できないと思われる。国民国家化の核心は、社会の1人1人を国民に組織していく過程であり、もとの社会的組織のあり方の違いがそれに影響を及ぼさないはずはないからである。

このことは、我々が使っている「基層社会」という概念とも関係してくる。この概念は日本史ではほとんど用いられず、末端社会は町や村あるいは部落といった具体的な形で示されることが多い。他方、中国の末端社会を同様に鎮や郷あるいは小村庄という語で表わすとしたら、その時点で表面的な把握にとどまらざるをえないであろう。中国の社会関係は日本より多元的に発展し、宗族などの血縁組織、土地・水利などの生産に関わる人間関係、あるいは宗教や秘密結社など、人々はさまざまな諸社会関係の中にあり、個人は時・所・場合によって集団を選ぶか自ら新たに組織して行動していた[14]。集落・市場圏などの地縁的関係もその一つでしかなく、地縁に基づく行政上の単位としての鎮や郷は、本来人々の社会的結合に日本の町や村のような重みをもっていなかった。それ故に、末端の社会は「基層社会」という抽象的で包括的な表現を用いるしかないのである。しかし、近現代の国民国家化は地縁を基礎に庶民を組織し、地縁的機構の重層化の頂点に国家が君臨することに

よって、庶民を国民として把握しようとする。中国において鎮や郷が人々の営みに大きな意味をもつようになるのは、日中戦争の動員の際に県の下の基本行政単位とされてからであり、その下に組織された保（約100戸）・甲（約10戸）を通してあらゆる個人の掌握が目指された[15]。そして、やや乱暴に言えば、郷鎮・保・甲によって人々を地縁的・重層的に組織化していこうとする流れの、体制が変って行きついた究極が、社会主義体制下の人民公社・生産大隊・生産隊だったのである。

　もちろん、比較史の方法とその限界については、十分な注意が必要であろう。比較をするためには、対象のそれぞれについて、具体的な事象からの一定の抽象がなされねばならない。抽象化（下向）とは、無限の個々の事象からなる現実の具体的で多様な実態から、主要ではないと思われるものを次々に捨象していく作業である。この思い切った捨象という作業なしには比較はできないのであり、重要なのは、そうした作業が前提になっていることを明確に意識することと、何を捨象し何を残すか、価値判断に力量が問われるということである。したがって、『銃後の中国社会』に対して見られるような、単純化しすぎだとか現実の多様性を強調する批判がどの程度有効であるかは、この比較という方法に対する批判者の理解度にもかかっているといえよう。

　ただ、抽象化の度合いは意識する必要がある。この点を意識せずに過度に抽象化すれば、公的と私的、組織的と個別的、発展的と停滞的等々という対比において、比較する両者を二項対立のそれぞれの対極に位置づけがちになり、その結果さらにそれに二者択一的な価値判断を加えがちになる。当然ながら、抽象・比較は基軸の論理を得るための手段にとどまり、次の作業として、いったん捨象したものを選択的に導入していく（具体化・上向）ことによって、現実の多様性に近づいていかねばならない。

4　国際的連関と「強制的均質化」

　これまでの研究の第4の問題点は、第1の問題と関連して、国際的な同時代史的連関を政治・経済などでの表層部分でしか見ようとせず、国際的関係

がしばしば狭義の外交に矮小化されてきたことである。しかし、近現代史は世界の一体化が進み構造的連関が強まる中で進行する。したがって、中国の事象も当然同時期の国際的連関の中でしか把握できない。最近の東アジアの例をあげると、冷戦は中国・北朝鮮・北ベトナムの一党独裁の社会主義体制（実質的な戦時態勢）や、韓国・台湾の軍事色の強い独裁だけでなく、日本でも民主主義的制度の下にありながら政権が変わらないという、通常では考えられぬ「55年体制」を生んでいる。厳しい国際的緊張の中では、民主主義的制度が存在しても、事実上はほとんど日米安保か非武装中立かの二者択一しかなかったからである。この選択肢がない歴史環境が日本の民主主義を様々な形で歪め、冷戦が解体して20年以上たった今日なお、あるべき民主主義を学ぶための高すぎる授業料を、我々に払わざるをえなくさせているのである。民主主義制度の下での民主主義の機能不全（55年体制）とカリスマ的指導者を頂点とする一党独裁（社会主義体制）は、言わば冷戦というメダルの裏と表の関係にあった。日本の現状も国際環境の相互連関の中で初めて理解できるのであるが、こうした構造的連関を把握した上で、結果として現れる政治形態などの現象の違いの要因を探らなければ、深い歴史的理解には到達できないであろう。我々はそうした歴史的理解への出発点として、さしあたり自身もその中にいる日本史との、比較だけでなく連関も重視すべきだと考えている。しかしそのためには、相当広い視野をもたねばならず、現在はまだ初歩的な試みの段階であって、今後の課題は多い。

　ただ、第1～3点とも関連して、「強制的均質化」（Gleichschaltung）の概念には触れておかねばならない。周知のように、この概念はナチス・ドイツの社会政策の研究で提起され、日本やアメリカの戦時体制を対象とする研究者の一部にも受け入れられて、すぐれた共同研究が発表されている[16]。山之内靖によれば、「強制的均質化」とは次のようなものである。「近代社会は強力な国民国家としての政治的統合なしにはありえなかったのであるが、この国民国家においては、宗教的な価値によって権威づけられた理念的な市民像が前提されてきた」。その理念的な市民像に「適合的な資格をもった市民のみが

本来の市民なのであり、その他の市民は第二級ないし第三級の市民として格付けされることとなった」。しかし、「一国の経済的資源のみならず、人的資源までもが戦争遂行のために全面的に動員されなければならな」い「総力戦体制は、社会的紛争や社会的排除（＝近代身分制）の諸モーメントを除去し、社会総体を戦争遂行のための機能性という一点に向けて合理化する」[17]。

しかし中国史研究においては、この「強制的均質化」概念についてほとんど検討さえされていない。それは明らかに、山之内らの共同研究の対象がドイツ・アメリカ・日本という、すでに国民国家化が進んでいた所だったからである。山之内の問題関心も、第一級市民（アメリカのWASPや日本の『教育勅語』の規準に適った市民など）だけでなく、それまでの国民国家化によって形成されていた劣位の市民（労働者階級や「日本における朝鮮人やアメリカ合衆国における黒人のようなエスニック・グループ、および女性」など）が主体的に動員されるよう、差別や格差の排除が目指されたことに向けられており、それを「階級社会からシステム社会への移行」という観点で、戦後史につなげようとしている[18]。確かに一見したところ、国民国家化が遅れた中国とは、相当事情が異なるように見える。

しかし私は、「強制的均質化」を広く、総力戦を遂行するため全面的な動員を続ければ、社会的・経済的に「均質化」に向かわざるをえなくさせる、国家・社会に作用する強力なベクトルだと捉えるべきであり、先進国に限定すべきではないと思う。山之内らが分析した事象は先進国での現れであって、後進的な中国では別の現れ方をすると考えるべきであろう。20世紀において、後進国が先進国の侵略に対し長期にわたって抵抗しようとすれば、まさしく総力をあげざるをえないし、そうすれば、ある意味では先進国以上に強力なベクトルとして作用するはずであり、現れ方が異なるところにその歴史性が示されるのではなかろうか？　私はそのように理解してこそ初めて、冷戦の一翼を担った体制としての社会主義が捉えられると考えるし、中国史においては、国民党の諸政策はもちろん、共産党の土地改革や集団化、あるいはむしろ平等を掲げた社会主義体制の下で形成される「身分制」等々に対して、

一国史を越えた世界史的な新たな視点で捉え直すことができると思う[19]。

III 本書の諸論文について

以下、各論文について紹介しよう。

まず、国民国家化が早く進んだ日本の過程はどのようなものだったのか。第1章・原田敬一論文は、日清戦争以後を射程に、日本の都市と農村において連続した戦争遂行過程や「戦争の予感」が促した「社会の軍事化」が、アジア・太平洋戦争によってどのように変化したのか、何が変化しなかったのか、を検討する。まず徴兵システムは、徴兵令（1872年）以来続けられた「少数精鋭」主義が、日中戦争の長期化により大きく変化し、1940年には徴兵適齢の73％が入営することになった。この徴兵制を末端で支えたのが日清戦争を契機として発足した町村の軍事後援会であり、在郷軍人会と青年団の連携、徴兵システムへの繰り込みという事象が、日露戦争後には一般的になる。また女性も母性が強調され、軍事援護の団体として愛国婦人会・国防婦人会が結成された。さらに、本来は生活困窮者を把握するためであった方面委員制度が、アジア・太平洋戦争期に厚生省の下で総力戦の「人的資源」を把握・配置する制度に変っていく。このようなシステムが、強固に家と地域を囲んで、1945年の終戦まで徴兵を機能させたのである。戦争を末端で支える町村の財政力強化のために、合併が強力に進められて旧部落資産が移行され、日露戦争後には「戦勝記念」や国家的行事を契機に町村有財産造りが行なわれていった。他方で町村の行政機関は簡素に抑えられ、総力戦体制下ではさらに減員が求められる。それを補うために、地方事務所が県と町村を媒介するとともに（実質的な郡の復活）、都市に町内会や隣組が組織されていき、日常的な生活物資の配給や生活統制・防空動員などの末端単位になった。このような体制が総力戦を支えたのであるが、他方で、徴兵忌避者など制度から漏れる人々がおり、網羅性や強制力の強さは農村に比して都市では弱く、

闇経済が広がるなどの総動員体制のさまざまな欠落もあった。

　制度と実態のずれは、原田が指摘するように日本でも当然存在したのであるが、中国史の側から見るなら、やはり制度がかなり機能したことの方に目が奪われよう。その基礎は重層化した地縁的な組織（末端は農村の部落と都市の隣組）にあり、教育やマスコミによってかきたてられるナショナリズムを背景に、人や物を動員できたのである。もちろんそうした体制が一朝一夕にできるはずはなく、近代以前の地縁的結合を基礎にしつつそれを繰返し再編していったのであり、その重要な契機が日清・日露戦争やその後の「戦争の予感」であった。そして文字通りの総力戦であったアジア・太平洋戦争によって、一応の完成をみることになる。

　国民に過酷な犠牲を強いる総力戦を長期にわたって維持するためには、国家は深刻な混乱や窮乏化に向かう状況を放置できず、国民経済に強く介入し、所得などの再配分によって生活の最低水準を保証する必要が生じ、そのための制度化を進めざるをえない。強制的均質化論がナチス・ドイツの社会福祉政策の研究から出発したのもそれゆえであり、原田論文にあるように、日本においても戦時下の1938年に厚生省が創設されて、戦力確保のための健康維持・体力確保の指導を進め、兵士以外の「人的資源」にも注目してその再生産・維持・発展をはかり、国民健康保険や厚生年金保険が導入されて、戦後の「福祉国家」につながっていく。このように、社会的圧力としての強制的均質化への動きは、総力戦の進行とともに普遍的に現れるが、その具体的な形や結果は、当然、政治・社会・経済の歴史的なあり方に規定される。

　第2章・笹川裕史論文は、日中戦争期に最も重い戦時負担を強いられた四川省を対象に、犠牲の代償を要求する日中戦争の退役軍人および国共内戦の出征軍人の家族と、それに対する社会的支援の問題を取り上げる。彼らは国家による保護・救済を正当な権利として要求し、国家も彼らの社会的支援を呼びかけた。しかし、激しいインフレの下で国家財政は破綻に瀕し、それを支えるべき基層社会の地縁的組織性は弱く、また訴えるべきナショナリズムも深く根を張っておらず、社会秩序は崩壊に向かっていく。「彼らへの援護

事業を下支えする土壌はついに育まれることはなかった」のである。それが前線で戦う軍隊に深刻な動揺をもたらし、士気や戦闘力を奪っていくとともに、事態を憂慮し打開を求める声も強まって行く。そうした中で、内戦最末期には新たな施策として、兵士とその家族に土地を支給する「戦士授田」政策と、分配する土地を確保するために、限度以上の地主の土地を没収する「限田」政策が立案される。後者の立案は、戦時負担を忌避する富裕者に対する敵対的世論の高揚が後押ししたが、国民政府にはもはやこれらを実施する力はなかった。

笹川は以前の著作[20]で、日中戦争前の国民政府の土地改革（自作農創出）構想が農業経営や生産力の発展に軸足を置いていたことを明らかにしているが、内戦末期の「限田」政策はそれとは異なり、農業発展の論理よりも社会政策ないし社会救済策を優先させた土地散布である。まさにこの点で笹川が強調するように、共産党の土地改革とも通底する面を持っているのであり、山本真がかつて明らかにした、広西省で部分的に実施された「限田」政策[21]も同様である。こうした問題を含めて、笹川論文は内戦期の四川社会を描いた彼の新著[22]とあわせ読まれるべきであろう。その最終章の名は「革命後に引き継がれた遺産」であり、食糧徴発が革命後に継続・強化されたこととともに、内戦期に土地改革の社会的条件が準備されたことを指摘している。以下の王・呉・山本・野田論文は、その共産党の土地改革に関わるものである。

国民党が強制的均質化の圧力に有効に対応できなかったのに対して、共産党は土地改革などによって相対的に有効に対応しえ、戦闘を長期間継続できた。国民党側が戦線を維持できなくなり、多くの兵士が共産党軍に寝返ったことが内戦の帰趨を決したのであり、所謂「三大戦役」などは大勢が決まった後の戦闘である。その意味では、共産党の強制的均質化への対応力が、内戦の勝利を導いたのである。しかし、それはけっして共産党自身が強調するような、農民自身が土地問題の解決を切実に望んでおり、それに党が応えたことによって、農民の支持を得た、というような問題ではない[23]。

第3章・王友明論文は、抗日戦争・内戦期の山東省莒南県を事例に、土地

改革（日中戦争期の「減租減息」を含む）は主要な目的である民衆動員に大きな役割を果たしたが、それには一連の動員方式・テクニックや組織のコントロールの有機的な組み合わせが必要だったことを強調している。王によれば、根拠地を創設した当初は、不安定な政治・軍事状況の下で共産党は階級を強調せず、旧来の有力者や会党さえ利用して組織を拡大しようとした。劉少奇による批判の後、根拠地が安定してから査減（減租減息の点検）運動を軸に階級的自覚の啓発をはかったが、それは次の過程を踏んだ。まず「生存の倫理」に依拠した個人的な「訴苦」から始め、「薩摩芋勘定」という方法によって「個人的苦」を「階級的苦」の認識に高めた後、それぞれの階級的線引きによって「農村の２大階級間の対峙」を作り出し、闘争大会によって地主陣営を打倒させると同時に、農民を党やそれが支配する大衆組織に取り込んでいく。こうした過程を経て初めて、共産党は参軍や公糧の徴収などの民衆動員が可能になった、というのである。

　こうした「一連の動員方式・テクニックや組織のコントロールの有機的な組み合わせが必要だった」のは、民衆動員が主目的である以上、土地所有の集中（地主制の発展度）や搾取の厳しさの程度よりも、大衆が動員されているか否かこそが重要であり、土地問題が深刻ではない所、さらには存在しない所でさえも、本来階級意識のない大衆のための「糸口」を探し出して土地問題に結びつけ、土地改革が繰返し進められねばならなかったからである。王論文からは、単に農民たちに「階級的自覚」がなかっただけでなく、共産党の側も明確な階級区分を示せなかったことがわかる。その結果、階級区分は当然恣意的にしかなりようがなく、土地問題よりも生活水準の高低、さらには政治態度や思想表現も区分の規準になった。そして農民たちが「闘争に立ち上がった」のは、「訴苦や階級・陣営の線引きを経て、地主は少数で農民は多数であり、しかも共産党・八路軍の後盾があることを認識し」、「つまるところ誰が力を持っているのか」がはっきりしたからであった。これは、共産党が農民の「階級的自覚」を啓発したというよりは、むしろ農民に党が示す「階級闘争の論理」に従う行動をとらせられるようになった、というべき

であろう。

　第4章、呉毅・呉帆論文は、土地改革を伝統社会の価値や倫理に対する最初の転換とし、最近の土地政策はその第2次転換を求めるものだとする立場から、建国後の土地改革とそれが新たに作り出した農民の土地心性を分析する。呉はまず1949年以前の土地所有の不均等は、過去に強調されたほど深刻ではなく、「相対的不均等」だったとし、また「人と土地の割合の高度の逼迫が導いた高い小作料は、客観的にはまた土地使用権を生産能力が最強で農業剰余を一層よく生産できる富農と中農を代表とする自作農に集中させ」て「資源配分を優良にし、農業生産を安定させた」として、農村経済の停滞ないし崩壊を導く元凶とされてきた「地主制」に対する再評価を行なう。また、孔子ら古代の儒家たちの思想や王朝の土地政策、さらには孫文の「平均地権」もけっして平均主義ではなかったし、「革命前の農村社会で主流的地位を占めた観念形態は、主要には、境界が鮮明な財産観念、明晰な個人責任感、明確な等級意識と各々が天命に安じるという運命観」だったとする。したがって、貧・雇農でさえも土地改革の初期には懐疑・躊躇や困惑をし、これに対して工作隊はさまざまな「階級教育」を進めねばならなかったが、「訴苦」が最も有効な方法で、これによって日常生活の苦難を「階級的苦難」に上昇させ、「農民の社会的政治的心性に根本的な転換を促し」、地主との闘いで元に戻れない状況を導いた。この農民の政治的過激化には、同時に経済的利益の獲得という動機もあり、それによって伝統的心性は打破され、平均主義や金持を食い物にするという心理が解き放たれる。この新たに形成された心性が、その後の集団化や大躍進への動きにつながっていき、またその後も農民や一部の学者に残って、農業の適正規模化という今日の第2次転換を阻む重要な要因になっている、というのである。

　この論文は王論文同様、土地改革が必ずしも農業内的論理による必然性をもつものではなく、また農民の意識とも乖離していたことを示し、それ故に「主義の強力な注入、国家的暴力の強力な後押しと利益獲得の心理的駆立てという、3大要素の有機的な結合」なしには遂行できなかったことを明確にし

ている。末尾の有益な参考文献からも、このような見方が、中国でも有力になりつつあることが窺える。呉はさらに、これによって転換した農民の心性をその先の集団化や大躍進へとつなごうとするのであり、この点には私は必ずしも賛成するものではないが、それらを毛沢東らの「上から」の動きのみに帰するのではなく、「下から」の一連の動きをも見ようとする際の、1つの考え方であろう。

　ここで階級について一言しておきたい。生産関係を基準に区分する階級は、人々を分類する際の概念の1つでしかなく、絶対化できるものではない。またとりわけ前近代的社会では、しばしば身分とも絡み合い、本来明確にはしがたいものである。土地改革の際の「階級」においても、後に触れるように、広大な中国の気候や地理的・社会的条件の違いを背景に、「生産関係」は実際には多様であった。たとえば畑作地帯の華北・東北では、寄生地主ではなく経営にも関与する大土地所有者が多かった。にもかかわらず「地主階級」として一括された基準は、せいぜい土地所有関係と肉体労働の有無だけで、「生産関係」の重要な要素であるはずの経営の問題はまったく含まれていない。したがって、寄生地主制が発展してはいない華北で、小作料の減免という本来の意味の「減租」運動が大衆動員に有効であるはずがないが、日中戦争期に共産党がその徹底をはかったのは、ともかく動員しなければならなかったからであり、運動の実質は生産を犠牲にした土地改革にならざるをえなかった。ここでは動員のためにこそ「階級闘争」がなされねばならず、そのために「階級区分」が必要とされたのであり、その意味では、「階級」は無理に単純化して作られたのである。そうした単純化された「階級区分」によって、外部の敵だけでなく少数の「内なる敵」を作ったうえで、他の人々に敵か味方かの二者択一を迫り、後戻りできぬ状況に追いやって地縁的に組織・掌握して動員する。それが土地改革の重要な一面であった。

　第5章・山本真論文は、宗族関係が比較的強固であるとともに、台湾との最前線に位置する福建省を対象として、共産党政権が農村社会を掌握していく過程を、宗族が関わる社会構造や民衆意識の変容と絡めて捉えようとする。

共産党は朝鮮戦争参戦後には、剿匪・反革命鎮圧を土地改革や公糧の納入運動と一連のものと位置づけ、国民党系部隊のみならず、匪族やそれに対抗した宗教結社や在地有力者を核とする武装組織を解体し、「敵性人物」(「悪覇」とされた人物の中には、地域で評判がよい名望家も含まれていた)を暴力的に排除した「治安」を確立した。「土地改革では、平和的な土地分配を阻止することに力点が置かれ」、先の王・呉論文で示されたのと同様な手順が踏まれている。同時に、貧農層から基層幹部や民兵を抜擢し、政権の基盤を固めていった。それは国民党政権時期をはるかに超える食糧徴発量にも現れている。この過程で、共産党政権に対する各宗族あるいは各族人の対応は、歴史的背景や地域での地位、宗族内での境遇、個人的な恨みなどの利害関係によって一様ではなく、宗族間あるいは宗族内の抗争に共産党が利用される場合もあった。概して、「土地改革に対する批判闘争は同族の間では表面的なものに止まる一方で、他の宗族の人々に対しては、往々にして激しい闘争が展開された」が、全体としては、さまざまな社会的機能を果たしていた宗族は、その指導層である在地有力者の排除と経済的基盤である族産の没収により、団体としての機能は喪失するか弱体化し、地域の自治的な機能は共産党の基層政権に、自衛的な機能は民兵に、それぞれ代替されていく。それでも、血縁関係に基づく宗族意識が消滅して階級意識によって代替されてしまうことはなく、改革開放以後の宗族活動の復活につながっていった、という。

　山本論文は、満鉄の慣行調査が行なわれた華北とは異なり、宗族を媒介として相対的には地域的な結束が強く、このため共産党政権にとっても各宗族の動きやそれへの対応が重要な問題にならざるをえない、華南の福建省を対象地域としている[24]。その実際の動きは山本が示すとおり一様ではないが、いずれにせよ、華北のみを念頭に置いた、組織性が低いあるいは個別主義的だという社会論では捉えられないことは確かであろう。ただ、宗族関係は同族村落として地縁的関係と重なる場合があり、それ故に自治的な機能を果たす場合があっても、基本はやはり血縁的であって地縁に基づく社会集団ではない。原田論文でも明らかなように、近現代の国民国家化は、国家権力が

個々人を国民として動員するために強く組織・掌握しようとしていく過程でもあるが、それは基本的に地縁的な組織の重層化に基づくものである。そのように考えれば、土地改革の一つの重要な意味は、流動性が強い人々にも土地を与えて国民的統合の基礎になる地縁的な集団に組織することにある。その際、血縁関係のみならず独自の経済的基盤を持つ宗族は、地縁的な関係を弱めるかそれに対立するものとして、解体されねばならなかったが、血縁関係そのものは否定する必要はなかった、ということであろう。個々の集団の自律性を奪っていくというのは、強制的均質化の重要な現象である[25]。

　中国の土地改革は、同時期の他の地域における類似した改革と比較して、初めてその特徴が鮮明になる。第二次大戦後は、世界中で土地改革が試みられた（多くは挫折したが）「土地改革の時代」であり、第6章・野田公夫論文はその中で「程度の差こそあれ遂行できたといえる」地域について、3つの類型を提示する。①東北アジア型：日本・韓国・台湾では、大土地所有制下の農業生産は小作小農によって担われており、土地改革では小作農がそれまで自ら耕していた小作地の所有権を獲得して自作農化するもので、「小経営の連続的強化」につながる可能性を持つ。②東欧型：大土地所有者が同時に農業経営者である場合、大土地所有の解体は同時に農業経営組織の解体を意味し、難民問題の解決も加わって、多くの農業経営に不慣れな新農民を生みだし、また大経営に適合した装備も分割できず、その後に土地・資本・労働の新たな結合関係が模索されざるをえない。③中国型：①②の中間的性格で、小作農は無視できないが、同時に過小農・雇農や農業外貧民も無視できないウェイトを持っていた。後者は「過剰人口」の問題であり、このウェイトの高さが中国の特色で、②よりはるかに緩和された形ではあるが、農業経営組織上の断絶をもたらす。①とは異なり、直接総力戦の戦場になった②③は、戦争による混乱（特に大量の難民・流民の存在）や戦後の再出発に強く規定されて、農業的合理性を犠牲にしてでも「国民皆農」策として遂行されたが故に、その後に経営組織上の再編が不可避になった。その帰結が集団化である。他方、日本の場合だけが戦前からの農業内的論理の延長上にあったが、

そうした状況を生んだ最大の条件は、小農民とその地縁集団の形成度の高さだった。

野田論文は、世界史的視野で中国の土地改革を捉え直す際に、大きな示唆を与えるものである。まず、日本の小農民の形成度については、栗原百寿の2町歩規模の「小農標準化」論が想起され、その背景としては、農業生産力自体の向上とともに、工業化による農村の過剰労働力の吸収があげられる。中国においても労働集約化と商業的農業化によって、大規模経営は次第に解体しつつあったが、他方で、男子均分相続制によって過小農化が進み、工業化の低さとあいまってかなりの相対的過剰人口が農村に滞留しており[26]、また戦争が多くの流民を作り出していた。地縁集団の形成度については贅言するまでもなく、このため、中国の土地改革は日本のようなかなりの程度の社会的合意に基づいて進めることはできず、「階級闘争」という暴力(その現れが多くの地主の処刑)でしか行なえなかったのである。

3類型の中国型についても重要な指摘であるが、野田が史料的制約から四川省の事例研究に基づいていることについて、補足をしておきたい。中国本土の農業形態は、粗っぽく言えば華南・華中の水稲作と華北・東北の畑作に分けられ、さらに生産力的に理念型化すれば、華南の二期作、華中の二毛作、華北の2年3毛作、東北の年1作となる。このうち小作経営に基づく寄生地主制は基本的には水稲作の華南・華中でみられるもので、生産力的に低い華北・東北の大土地所有者は雇農を使って自ら経営するか、刈分小作の形で自立性の低い小作人の経営に関与する場合が多い。その中で、野田が事例とした四川省は、華中で長江下流域に比しては生産力的に低い水稲作地域に位置付けられる[27]。また、生産力に対応して、経営面積も北に向かうほど大きくならざるをえず、華北・東北では経営の安定のためには大型農具と大家畜が必要となる。この意味で、華北・東北はユンカー経営とはレベルが違うが、②の東欧型と似た現象があったと言えよう[28]。いずれにせよ、野田が中国の土地改革において経営的な劣等者あるいは非農業者にも土地を支給していることを重視しているのは、重要な指摘である。

以上でも明らかなように、これまで言われてきたような、土地改革によって共産党は農民の支持を得たという捉え方は、まったく正しくない。土地改革は共産党にとって、土地を与えて定着させつつ民衆を組織・掌握、より端的に言えば、動員のために支配していく重要な手段だったのである。しかし土地改革は、その後にさらに続く組織・掌握過程のスタートでしかない。では、各段階において、共産党の民衆の掌握度はどの程度であり、どのような方法でそれを強化しようとしたのか。丸田論文と泉谷論文は、これらの問題に関わっている。

　天皇の「御真影」に見られるように、権力はその尊厳を可視化した象徴によって、人々に国家・民族・階級などの理念を植え付けようとする。第7章・丸田孝志論文は、晋冀魯豫辺区の冀魯豫区における毛沢東像の使用状況の分析から、中国の政治動員における象徴の政治的・社会的作用と、共産党の権威の強調の手法について検討する。丸田は別稿[29]で、同辺区の太行区・太岳区では、多神教的・現世利益的な民間信仰の中で、毛像は個別家庭の幸福を司る神の地位を与えられていたが、政権の尊厳を示す象徴としては十分定着してはいなかったことを明らかにしている。これに対して、冀魯豫区では政治的・軍事的により不安定だったため、権力の象徴としての毛像の使用がより顕著であった。また「為人民服務」の自己犠牲の精神や「人民の救星」としての毛のイメージは、民の意を天意とする伝統的な民本思想・天命思想に親和的だったので、共産党は民衆の正統観念を利用することによって、「官」としての権威を高めようとした。しかし、同時進行で土地改革の急進化が進んだため、毛の神格化を図る共産党の意図は、太行区・太岳区よりさらに徹底できなかった、という。また、内戦期の毛像には、無帽・無表情の正面像で薄い陰影の厳粛なものと、八角帽・右上向き・笑み・開襟と濃い陰影という洗練され親しみやすさを強調するものの、2つの表現形式があった。前者は土地改革の急進化と農村の根拠地の拡大期から使用され、神像を代替する役割を果たしたのに対して、後者は全国政権確立の展望が確定した49年から、都市の住民にアピールするために使われるようになった。前者は農村での階

級闘争に基礎をおいた人民代表大会への、後者は都市を中心とした「民主党派」・無党派人士らとの「合意」による連合政府樹立への、それぞれの動きに対応している。

このように、共産党は急進的な土地改革を進める過程で、伝統的民俗を積極的に利用し民間信仰を換骨奪胎する形で、農村に毛の権威を浸透させようとした。そして、「内戦の勝利が確定した段階において、中共は信仰一般を迷信、『封建支配』の道具として禁圧する傾向を強めていった」。「しかし、民俗改良はその後も緩慢な過程をたど」った、という。丸田が示したこうした過程からも、民衆が共産党の意志に気をつかい、党に期待されていると考える方向の行動をとるようになっていっても、それは党の思想を受容れた、支持した、ということとはまったく別物であることがわかる。近代思想の受容や政治的支持というのは、この時期には市民層や農村でも上層エリートのレベルの話でしかない。丸田が示した2つの毛像が、両者の違いを象徴的に示していると言えよう。したがってまた、最近盛んな国民党や共産党の権力の正統性（正当性）という議論も、適用する範囲はかなり狭く限定されるべきである。

第8章・泉谷陽子論文は、近年国民意識の形成という視角からの見直しがされている「抗米援朝運動」を素材に、当時の政治宣伝の普及・浸透の程度を分析する。泉谷によれば、参軍、軍人・烈士家族優待、愛国公約、武器献納のいずれの運動でも、形式主義、ノルマ主義、経常性や持続性の不足がみられ、大衆の自発性ではなく上からの動員によるものであることを示している。また地域的不均衡がかなり見られ、台湾との前線に近い江西・福建で高い以外には、大都市・中小都市・農村・少数民族地域の順で参加率は下がって行くが、大都市でも労働者や一般庶民の時事認識はきわめて薄弱だった。また農村部では、土地改革と結合させることで初めて展開できた。参加者の属性から見ると、女性の動員はかなり低く、商工業者と宗教関係者の運動がかなり早く進展していることがわかる。後者は党から疑いをもたれて早期に態度表明を迫られたからであるが、その後も疑いはかけられ続け、商工業者

に対する「五反」運動につながって行く。全体として、運動による国民化を過大評価することはできず、中途半端な形で終了したと捉えるべきだが、それでも全人口の7～8割を動かして、後の社会主義的統合に向けて大きな役割を果たしたことも否定できない、という[30]。

　泉谷論文もまた、この段階における共産党の民衆の掌握度が、以前とは比較にならないものの、まださほど高いものではなかったことを示している。原田論文と対比すると、網羅性や強制力は農村よりも都市の方が強かったことなども、まったくの上からの運動であり、国民国家化の低さを示すものであろう。

　人間の社会は過去の歴史の蓄積の上に成り立ち、時に流動し次第に世代交代をしつつも、基本的に同じ人間が同じ地域に長く住み続ける以上、けっして地層のような鮮明な「非連続」があるわけではなく、変化は流れの中でしか捉えられない。泉谷が展望として示したように、この後の集団化・単位社会化さらには人民公社化（社会主義的統合）は、党による人々の一層の組織・掌握であるとともに、教育や情報の注入にも有利な状況を作り出した。後の大躍進が数千万人とも言われる餓死者を出したことは、この時期には闇経済もほとんど機能しえなかったことを示している。また、このような事態になればかつてなら起こったはずの、大規模な暴動などもなかった。過去とはまったく異なって、人々が強く組織・支配されていたということを示すものであり、それが悲劇を拡大したのである。しかし、そこまでにいたる過程については、今後の課題にせざるをえない[31]。その意味でも、本書は我々の最終到達点ではなく、あくまで中間報告にとどまるものである。

注
1) 笹川裕史・奥村哲『銃後の中国社会―日中戦争下の総動員と農村』、岩波書店、2007年。
2) 前掲『銃後の中国社会』や今井駿『四川省と近代中国―軍閥割拠から抗日戦の大後方へ』（汲古書院、2007年）の書評会などを行なった。

3) 田原史起『20世紀中国の革命と農村』、世界史リブレット124、山川出版社、2008年。
4) 報告者は、三品英憲・荒武達朗・蒲豊彦・孫江・吉田裕・森武麿である。この時の報告と討論は、『ワークショップ　戦時下農村社会の比較研究』(中国基層社会史研究会編、汲古書院、2009年、非売品)として、まとめられている。
5) この報告と討論も『シンポジウム　戦争と社会変容』(中国基層社会史研究会編、汲古書院、2010年、非売品)として、まとめられている。本論文集のうち、原田敬一・王友明・呉毅・山本真・野田公夫の各論文は、この時の報告を基礎にしたものである。他に丸田孝志が報告し、その内容は『アジア社会文化研究』(第10号、2010年、「国共内戦期冀魯豫区の大衆動員における政治等級と民俗」)に掲載されている。
6) 山本英史「序『近代中国の地域像』研究の意味」(同編『近代中国の地域像』、山川出版社、2011)は、「『意図的、戦略的に選択された反理論的な姿勢』をもって狭い社会科学を超えた歴史学による中国近代のイメージを再構築したい」、としている。しかし、まさに歴史学の基本として、個々の「事実」を集めていけば「全体」が捉えられる訳ではない。「事実」は無限にあるのに対し、我々の認識能力には大きな限界があり、意識的か、無意識の抽象化なしには認識できないからである。したがって、「自由」という名の下で方法的摸索を放棄した「中国近代のイメージの再構築」は、個人的な曖昧なものでしかありえず、学界での議論(「民主主義」)を欠く緊張感のないものであろう。研究史に対する乱暴さが、それを象徴している。
7) 通史では、久保亨・土田哲夫・高田幸男・井上久士『現代中国の歴史』(東京大学出版会、2008年)、池田誠・安井三吉・副島昭一・西村成雄『図説　中国近現代史』第3版(法律文化社、2009年)、田中仁・菊池一隆・加藤弘之・日野みどり・岡本隆司『新・図説　中国近現代史』(法律文化社、2012年)や『シリーズ中国近現代史』①～④(岩波新書、2011年)などがあるが、これらはすべて複数の執筆者によるもので、それぞれが必ずしも明確な論理で統一されている訳ではない。
8) 私は冷戦が解体した1990年代以降、問題意識における政治的制約がとれると同時に、大量の史料が公開されたことが、むしろ狭い実証主義を生み、それが短期に多くの業績を求める昨今の研究環境と結びついた結果、こうした傾向ができたと考える。なぜなら、史料の多くはエリートが残した近代的部分やエリートに関する比較的まとまったものであるが、他方、かつて「革命的人民」ともてはやされた膨大な名もなき人々は、個々にはほとんど史料を残さないし、残してもきわめて個別的・断片的であり、膨大な史料を集めた上でかなりの方法論的検討をしなければ、一般的事実は導けないからである。当該時期の中国はエリートと一般民衆の格差が大きいだけに、そのような史料状況を意識しないで実証主義に走れば、無意識のうちに近代

的部分やエリート中心の議論に陥ってしまわざるをえない。私はこれを「エリート史観」と呼んでいるが、この語が研究会メンバーに共有されているわけではない。
9) 前掲『現代中国の歴史』に対する私の書評(『現代中国』第 83 号、2009 年)を参照いただきたい。
10) 同様に、基層社会を視野に入れて中国近現代史を捉え直そうとする最近の成果に、高橋伸夫編著『救国、動員、秩序―変革期中国の政治と社会』(慶応義塾大学出版会、2010 年)がある。同書は表題どおり「救国・動員・秩序」という語をキーワードとしており、本書と問題関心を共有する部分が多く、成果も大きい。ただ、総論では中国の伝統的な社会像が明確には提示されていないために、近代と前近代性一般の対比になってその変容過程が捉えられず、その後の歴史過程が「極端に進んだ『意識』と遅れた『存在』」の直接的結合の温存・凍結という、固定的な理解になっているように見えるのは残念である。
11) 前掲『現代中国の歴史』、8 頁。
12) 当面の粗っぽい見通しとしては、拙著『中国の現代史―戦争と社会主義』(青木書店、1999 年)と拙稿「歴史としての毛沢東時代」(『現代中国』第 82 号、2008 年)を参照して欲しい。
13) この点では、多くの研究者を結集した『シリーズ 20 世紀中国史』(1〜4 巻、東京大学出版会、2009 年)の、2 巻の題名が「近代性の構造」で 3 巻が「グローバル化と中国」というのは、私には方法的混乱の象徴としか思えない。ここでの「グローバル化」は広い意味で使われているが、そうであれば論理的序列は逆で、「近代性」の前に「グローバル化」があるはずであろう。
14) 私は以前に足立啓二(『専制国家史論―中国史から世界史へ』、柏書房、1998 年)にしたがって、中国社会の特色を「組織性が低い」と表現してきた(前掲『中国の現代史』や『中国の資本主義と社会主義―近現代史像の再構成』、桜井書店、2004 年)。個人を規制するような公的集団や規範が弱かったという意味では、この表現は誤りだとは言えないが、多様な社会組織の存在に着目すれば、各組織の性格を把握した上で、地縁的・重層的な組織のあり方の違いを重視する方がよいと考えるようになった。これに関連して、日本人は既存の「公的組織」の中で安住する傾向があるのに対し、中国人は時・所・人・場合に応じて新たな組織を作って活動する。この違いが顕著に現れるのは外に出た時であり、浙江帮などの「地縁」(といっても広大で、組織の理由付け程度の関係)的組織は山口県人会などとは比較にならないし、華僑・華人の組織性は現地で大きな力を発揮している。
15) 天野祐子「日中戦争期における国民政府の新県制」、平野健一郎編『日中戦争期の中国における社会・文化変容』、東洋文庫、2007 年。日本は台湾の植民地統治の際、

地方行政では「警察政治」を行ったが、その基礎として保甲制を再編している。

16) 山之内靖、ヴィクター・コシュマン、成田龍一編『総力戦と現代化』、柏書房、1995年。
17) 山之内靖「方法的序論」、前掲『総力戦と現代化』。
18) 同上。
19) さしあたり、拙稿「歴史としての毛沢東時代」(『現代中国』第82号、2008年) 参照。
20) 笹川裕史『中華民国期農村土地行政史の研究—国家-農村社会間関係の構造と変容』、汲古書院、2002年。
21) 山本真「広西派政権による総動員体制と農地改革、1946〜1949年」(久保亨編『一九四九年前後の中国』、汲古書院、2006年、第10章) 参照。
22) 笹川裕史『中華人民共和国誕生の社会史』、講談社選書メチエ、2011年。
23) 最近の関連する研究には、角崎信也「新兵動員と土地改革—国共内戦期東北解放区を事例として」『近きに在りて』57号、2010年、がある。
24) 宗族と土地改革については、鄭浩瀾「建国初期の政治変動と宗族—江西省寧岡県、1949-1952年」、前掲『救国、動員、秩序』第10章も参照されたい。
25) 雨宮昭一『戦時戦後体制論』、岩波書店、1997年。特に第7章参照。
26) 拙著『中国の資本主義と社会主義』の第2部「近代化と『農民層分解』」参照。
27) 四川省の位置については、足立啓二「清〜民国期における農業経営の発展—長江下流域の場合」(中国史研究会編『中国史像の再構成—国家と農民』、文理閣、1983年。後に足立『明清中国の経済構造』、汲古書院、2012年の第二部第七章として収録) が参考になる。
28) たとえば、角崎信也「土地改革と農業生産—土地改革による北満型農業形態の解体とその影響」『国際情勢』80号、2010年、参照。
29) 丸田孝志「抗日戦争期・内戦期における中国共産党根拠地の象徴—国旗と指導者像」『アジア研究』第50巻第3号、2004年。
30) 金野純もやや異なる視角から愛国公約運動を分析し、この過程で政府が構築したプロパガンダ・ネットワークが、その後の大衆動員で大きな役割を果たしたことを示している(「毛沢東時代の『愛国』イデオロギーと大衆動員—建国初期の愛国公約運動を中心に」『中国—社会と文化』第26号、2011年)。
31) その後の調整政策の中で、食糧問題を緩和するために多くの都市の青年を農村に移住させたが、毛沢東は当時この下放に言及して、「我々の人民はいいなあ！数千万人が招いたらすぐ来て、手を振ればすぐ去る」、と感慨を込めて語ったという (薄一波『若干重大決策与事件的回顧』(修訂本)、人民出版社、1997年、1094頁)。毛らは、

ここにいたるまで組織・支配された人々の行動を、彼や党に対する人民の積極的な支持の現れだと、誤認し続けたのである。なお、このような非自律的な組織化・集団化は、改革開放政策の過程で解体されたが、そこで現れた社会を 1949 年以前の状況の単なる復活だとするのも、この「歴史的経験」を無視する非歴史的な捉え方であろう。

補注) 2012 年 7 月 28 日に、東京大学東洋文化研究所でワークショップを行ったが、この時の報告や討論も『ワークショップ　中国基層社会史研究における比較史的視座』(中国基層社会史研究会編、汲古書院、2012 年、非売品) として刊行された。

第1章 アジア太平洋戦争下日本の都市と農村
――総力戦体制との関わりで――

原田　敬一

はじめに

　本稿は、アジア太平洋戦争という大きな強制力によって、日本の都市と農村がどのように変化したのか、変化しなかったのは何か、を考える。当該期は、総力戦体制の下にあり、戦争の絶対的遂行という国家的強制条件が認められねばならないが、それ以前に組み立てられていた、さまざまな国家的社会的諸制度も、この条件下で作用を及ぼしていたはずである。「総力戦体制による社会の編成替えという視点」[1]の重要性を指摘する山之内靖氏は、総力戦が全面的な編成替えを実現した、という結論を先行させ、当該社会そのものの位置づけが弱い。
　そのことを考察するために、日清戦後からの射程をとりながら検討してみたい。「社会の軍事化」が開始されるのは、まさに近代日本という国家が戦争を推進する中であり、逆に言えば、戦争という構造的な強制力がなければ、「社会の軍事化」が始まらなかったことを意味している。アジアの諸国と比べて、近代日本の場合、日清戦争以来の「50年戦争」と言うべき、連続した戦争遂行過程が存在することが、「社会の軍事化」を考察する場合の重要な視角と考えられる。
　問題の検討は、五つの分野（徴兵システム、軍事後援会、村財政、都市制度、町内会）に焦点を当てて進める。

I　徴兵システムと実態

1　基本的制度と変化

　近代日本の徴兵システムは、1872年の徴兵令で「少数精鋭」主義を原則として制定され、その後の改正でも大きな変化はなかった。その結果、徴兵適齢期にある同一年齢男子の15～20％程度しか、現役兵採用、入営、訓練という兵士としての基本的過程を踏まなかった[2]。
　「少数精鋭主義」は、軍隊で訓練されて兵器を自由に使用できる国民を多数うみだすよりも、練度の高い少数の兵士を丁寧に育て、予備役とすることによって、国家財政上の弱点を補い、戦時に対処しようとした戦略に基づく。しかし、この戦略も、日露戦争のようなプレ総力戦的戦争規模になると、極端な戦力不足に陥った。そのため日露戦争では、戦時下の対策として、予備役を7年間務めて、次の段階である後備役に移っている兵士たちを大量動員するため、後備役の年限を12年から19年に引き上げるという措置を急きょ取らざるをえなくなった。日露戦争が終わって以後も、現役兵の獲得数や訓練の意図などは、前に述べた「少数精鋭」主義が貫徹した。1872年以来の徴兵令が廃止され、全面改定を行って、1927年4月1日兵役法として公布施行される。1941年2月14日兵役法改正により、「後備兵役」の名称を廃止し、予備役期間を陸軍は5年4ヶ月から15年4ヶ月に、海軍は5年から12年に延長した。後備役を予備役期間に繰り込んだのである。
　そうしたいわば穏健な徴兵思想が約70年続いたが、日中戦争で大きく変化することになった。日中戦争が参謀本部等の当初予想とは異なり、長期戦となり、出征兵士の増加を求められたからである。表1はアジア太平洋戦争直前の1940年段階での徴集状況を示しているが、少数の志願兵（徴兵検査後現役兵か補充兵かを決める前に、現役兵を志願した者）を含めて52％が、同一年齢層に占める兵士の割合である。このままでは52％以外の青年は、甲種・乙種合格を含めて現役兵としての入営を免れるのだが、1940年ともなると、

「補充兵」としての徴集がなされる。この人々が21％おり、合計すると73％の同一年齢の青年が遅かれ早かれ入営することになった。補充兵は、現役兵のような訓練を受けず、部隊で欠員ができれば召集令状で集められる人々であり、現地で訓練を受けて初めて兵士となる。その意味では現役兵より危険にさらされる度合いの強い人々であった。

表1　1940年徴兵の壮丁人員比率
（同一年齢男子に占める％）

		人数	％
陸軍	現役	336,861	
	志願兵	900	
海軍	現役	29,238	
合計		366,999	52％
陸軍第一補充兵		147,200	
志願による第一補充兵		2,100	
合計		149,300	21％
総計		516,299	73％

備考：壮丁総員数は、703,670人。
出典：加藤陽子『近代日本と徴兵制』、吉川弘文館、1996年、66・222・223頁。

2　制度から漏れる人々

　大日本帝国憲法第20条により兵役は臣民の義務とされ、それに応えず、逃亡することは困難だったとされる。しかし、適齢期になっても徴兵検査を受けず、行方不明になる男子青年は毎年数千人の規模で存在し、その対策が問題となっていた。市町村の兵事文書綴には、必ず「所在不明者名簿」が作られ、各地の警察署に問い合わせて追及した経年の変化が記録される。市町村から上がってくる「所在不明者」のリストと統計は、陸軍省で集約され、対策が練られている。その実態を見てみる。

　表2から表4は、『陸軍省統計年報』から「Ⅱ兵役」欄に掲載されている統計を表にしたものである。残念ながら、日中戦争開始後の状況を表すはずの『昭和十二年陸軍省統計年報（第四十九回）』（1939年3月印刷）には「Ⅱ兵役」欄が存在せず、また現在のところ第50回以後の『陸軍省統計年報』の所在が報告されていないため、アジア太平洋戦争下の徴兵をめぐる状況は不明と言うしかない。

　表2は1916年から1936年の21年間にわたる徴兵検査の際、「徴兵忌避」と認定された受検者数の推移を示したものである。ほぼ50万人から60万人

表2　徴兵忌避人員

年度	検査人員	事項1		事項2		合計
		告発	告発せず	告発	告発せず	
1916	476,498	53	915	893	166	2,027
1917	491,797	37	655	954	170	1,816
1918	508,149	34	544	809	56	1,443
1919	492,651	14	869	686	214	1,783
1920	524,527	16	571	806	52	1,445
1921	554,513	12	384	673	15	1,084
1922	558,096	7	425	480	17	929
1923	554,274	9	477	365	5	856
1924	531,842	10	780	336	8	1,134
1925	521,991	13	406	257	46	722
1926	521,254	7	312	167	12	498
1927	581,307	4	298	138	65	505
1928	563,796	3	330	166	43	542
1929	585,819	9	380	149	29	567
1930	595,506	9	429	111	28	577
1931	619,146	2	472	96	3	573
1932	621,844	6	357	75	21	459
1933	631,099	12	210	68	16	306
1934	641,969	11	348	51	7	417
1935	633,886	10	135	115	8	268
1936	630,802	6	76	60	10	152

備考：「事項1」：「身体ヲ毀傷シ疾病ヲ作為シ又ハ傷痍疾病ヲ詐称シタル者」
　　　「事項2」：「逃亡又ハ潜匿シタル者其ノ他詐偽ノ所為（傷痍疾病ヲ詐称シタル者ヲ除ク）アリタル者」
　　　「告発」：「告発シタル者」は「処刑セラレタル者」と「其ノ他ノ者」の2項目からなる。
　　　「告発せず」：「告発セサルモ其ノ疑アル者」
出典：『大正九年陸軍省統計年報（第32回）』、1920年。
　　　『大正十四年陸軍省統計年報（第37回）』、1927年9月。
　　　『昭和元年陸軍省統計年報（第三十八回）』、1928年7月。
　　　『昭和三年陸軍省統計年報（第四十回）』、1930年6月。
　　　『昭和五年陸軍省統計年報（第四十二回）』、1932年7月。
　　　『昭和七年陸軍省統計年報（第四十四回）』、1934年7月。
　　　『昭和九年陸軍省統計年報（第四十六回）』、1936年5月。
　　　『昭和十年陸軍省統計年報（第四十七回）』、1934年7月。
　　　『昭和十一年陸軍省統計年報（第四十八回）』、1938年4月。

の毎年の徴兵検査受検者のうち、自ら身体を傷つけたり、障害や疾病を詐称した者と逃亡して不在の者の合計が2000人から1000人の規模で1910年代から20年代に存在したことがわかる。ただこうした明確な「徴兵忌避」者は、1926年からほぼ半分以下に激減して、500人ほどになり、1931年の満州事変以後400人規模、300人規模、150人規模というように段階的に減少し、占有率はいっそう明確に縮小していることも明確である。この減少が、ナショナリズムや軍国主義的気分の高揚により、青年たちの徴兵検査に向かう国民的意識を変化させた結果であるかどうかは、1937年以降の統計の欠落という問題が存在するので、単純には言えないだろう。

　別の史料で、この減少についての説明ができないだろうか。材料の一つは、表3の「海外在留徴集延期者」の統計である。この表は、20歳の徴兵検査の際、海外に在留していて受検できない青年の総数を示している。未受検ということは徴兵処分（甲種・乙種などの区分けや入営の決定など）ができないことを意味している。徴兵処分の保留状態という状況としては、表4の「所在不明者」と同じで、だから陸軍省も、「兵役」の統計表を並べた中で、表2から表4に該当する一覧表を、この順序で掲載したのだろう。

　国民兵役の終わる40歳まで徴兵検査受検の義務が存在するので、この「海外在留徴集延期者」集計表は該当年の徴兵検査該当者だけの数字ではない。表にあるように、1919年から1936年の18年間の推移は、ほぼ3万人から次第に増えて5万人台に増加している。増加の中心はアメリカ移民（ハワイ）で、1919年の2万8000人から1936年の4万5000人へ約60％の増加である。府県別統計をみると、沖縄県と広島県が多い。この後国策の満州移民が増えてくると、ますます「外国在留徴集延期者」も増える。アメリカ移民や満州移民に赴く家族のなかに、こうした「徴集延期」を期待していた人々がいた可能性も考えられる。

　表4はもっと興味深い統計である。表2と同じように、1916年から1936年の21年間にわたる徴兵検査の際「所在不明」で「徴兵処分未済」となった青年数の推移である。この21年間では、漸減してはいるが、ほぼ2000人台

表3　外国在留徴収延期者

年度	合計	アジア		ヨーロッパ	アメリカ	アフリカ	フィリピン	その他の諸島
		関東州満洲国	中華民国					
1919	32,286			903	183	28,319	52	2,778	1
1920	33,201			928	239	28,984	33	3,037	4
1921	35,051			940	211	30,649	45	3,201	5
1922	36,585			945	192	32,561	44	3,113	1
1923	38,249			838	210	34,149	17	3,032	3
1924	39,787			758	195	35,870	20	2,943	1
1925	38,861			814	194	34,920	38	2,895	0
1926	36,944			706	173	32,879	19	3,167	0
1927	35,759			783	161	31,405	13	3,397	0
1928	35,733			879	152	30,851	6	3,840	5
1929	37,328			977	181	31,973	4	4,192	1
1930	39,941			1,065	140	33,869	1	4,863	3
1931	42,388		201	1,116	152	35,370	4	5,539	3
1932	44,856		267	1,254	136	37,171	10	6,018	0
1933	47,208	311	66	1,055	162	39,032	14	6,565	3
1934	49,131	269	64	1,186	188	40,712	12	6,700	0
1935	51,722	238	71	677	130	42,764	10	4,829	3
1936	53,819	205	72	698	105	45,248	13	7,478	0

備考1：地域名は漢字表記、フィリッピンは「比律宝群島及大洋州」の表記。
備考2：1931・1932年の地域分類は「中華民国、亜細亜、欧羅巴、亜米利加、阿弗利加、南洋及大洋州、其ノ他ノ諸島及帝国外ノ地ヲ往復スル帝国船舶船員」。
備考3：1933年以後の地域分類は、「関東州又ハ満洲国」が「中華民国」の前に加えられた。
出典：表2に同じ。ただし『大正九年』は含まない。

から1600人台まで毎年「所在不明」で徴兵検査未受検、「徴兵処分未済」となる青年が出ている。これは1931年の満州事変以後も、漸減はしているが、表1の「徴兵忌避」者のような激減現象は見られない。20歳の時点で「所在不明」となっている者と徴兵検査未受検の者のうち、半分程度（1916年で56.2％）がその後に発見され、「徴兵処分」（懲罰的に甲種合格＝現役兵入営とされた者ばかりではなく、高年齢により徴集されなかった者もいただろう）の完了した者がいる。その一方で逃げ続けた青年もおり、その累積数が「徴集不可能」欄の①＋②で、4万4000人から2万人ほどいた。1916年から

第1章　アジア太平洋戦争下日本の都市と農村

1927年まで3万人台を維持しており、その後に減少するというのは表2の「徴兵忌避者」数の推移と似ている。こうして「所在不明」となるため逃亡した青年のうち、20歳から27歳未満のものが「徴集不可能」欄の①である。これは1916年の1万6000人から1936年の1万人と漸減していて、約40％の減少となっている。「徴集不可能」欄の②は、27歳以上40歳未満の数でこちらのほうが減少幅は大きい（62％の減少）。ただ「当年40歳超」欄にあるように、「徴集不可能」欄の②に数えられた青年のうち、毎年2000人から1000人超が満40歳を超えてもう兵役に取ることができない年齢に達している。集計するとこの21年間だけで4万2699人の人々が、兵役義務から逃げおおせていた。「総動員」の掛け声が強まり、現役兵に加えて補充兵が戦場に次々と送られるようになると、こうした逃亡者や行方不明者など徴集不可能者の存在が噂として広がり、不公平感をもつ人々は増えていた。「総力戦体制」の美称の下の実態として確認しておかねばならない。

表4　所在不明徴兵処分未済者

年度	当年発生	徴集不可能 ①	徴集不可能 ②	所在発見当年徴兵	当年40歳超
1916	2,433	16,605	27,851	1,369	2,525
1917	2,628	15,920	26,893	1,249	2,536
1918	2,803	16,090	25,730	1,074	2,353
1919	2,683	15,760	23,782	1,022	2,447
1920	2,609	15,496	22,432	990	2,315
1921	2,671	14,904	21,813	1,169	2,431
1922	2,369	14,662	20,238	938	2,133
1923	2,217	14,364	19,310	892	1,937
1924	2,266	14,976	18,437	815	1,795
1925	2,112	14,027	17,592	837	1,870
1926	2,075	13,183	17,435	672	1,742
1927	2,217	13,063	17,462	716	1,812
1928	2,253	12,536	13,087	532	6,225
1929	2,159	12,280	12,326	572	1,533
1930	1,985	11,924	11,864	544	1,309
1931	1,910	11,511	12,002	436	1,310
1932	1,968	11,535	11,758	479	1,310
1933	1,912	11,073	11,172	683	1,177
1934	1,832	11,103	11,048	531	1,249
1935	1,883	11,049	11,041	428	1,402
1936	1,649	10,280	10,553	408	1,288

備考：「当年発生」：「当年初メテ生シタル人員」
　　　「徴集不可能」：「逃亡所在不明ノ為徴収シ得サリシ人員」
　　　　①：「民法第三十条ノ規定ノ期限ヲ過キサル人員（当年ノ者ヲ含ム）」
　　　　②：「民法第三十条ノ規定ノ期限ヲ過キタル員」
　　　「民法第三十条」：普通失踪の認定は7年間。特別失踪（戦争・沈没など）の認定は1年間。
　　　「所在発見当年徴兵」：「所在発見ノ上当年徴兵処分ヲ為シタル者」
　　　「当年40歳超」：「逃亡所在不明ノ為徴収延期ニ属スル者ニシテ当年十二月一日満四十歳ヲ過クル者」
出典：表2に同じ。ただし『大正九年』は含まない。

II　徴兵制と地域―軍事後援会の存在

　日本近代の徴兵制を、単純化して言えば、一定の年齢（満17歳）の青年を「国民兵」として登録し、さらに20歳に達したとき全国一斉に徴兵検査という行政措置を施して甲種・乙種などの体格優れた青年を認定し、さらにその中から抽籤で選んで兵営に入れ（入営）、厳しい訓練を受けさせる。その結果彼らは「良兵」であるとの認定を受け、故郷に戻る。こうしたシステムは、日本近代国家が作りあげた効率的な制度であったが、制度が優れていたから効率的に機能したのではない。それを支える社会にもさまざまなシステムが装置されていたからシステムとして継続したのである。その中から自覚的に洩れていく人々が継続的に存在したことも前節で述べたとおりである。ここでは徴兵制度を支えた社会の「装置」について検討する。

1　在郷軍人会

　効率的に徴兵制を支えたのは、ようやく日清戦争前後に地域に続々と結成されていった予備役・後備役軍人からなる在郷軍人会だった。1870年代から80年代には徴兵制度が定着しなかった。3年間の入営になる徴兵を忌避する青年や家族は多かった。「徴兵逃れ」のパンフレットなどが発行されたのは、それを読んで役立たせようという青年や家族がいたことを物語っている。徴兵令に、戸主や独子独孫などの徴兵免除を規定しているので、それを活用する徴兵忌避が多くみられた。

　そうした状況を断ち切らせたのは、それらの免役制度が廃止され、徴兵制度が平等化されていった1880年代である。それをさらに実体化させ、徴兵をめぐる青年層の迷いを吹っ切らせるためにも、地域の軍人会が必要とされ、動き始めねばならなかった。村々では、徴兵検査（4～6月）と入営（12月1日）が毎年の年中行事となった。事前教育を担当するのが在郷軍人会である。入営して訓練を受け、下士官や兵士になった人びとからなる、村ごとの

組織であった。在郷軍人会は、平時から青年会・青年団と連携した行動を展開し、夜学などの形で、徴兵検査前の事前教育や、退営後の事後教育を行った。中心的な人物の性格や意識により、地域による相違はあるだろうが、こうした在郷軍人会と青年団の連携、徴兵システムへの繰り込みという事象は、日露戦後には一般的に認められる。在郷軍人会が主催する春秋2回の慰霊祭は、会員の軍事訓練の機会でもあった[3]。

　在郷軍人会の役割に対する社会的国家的認定があって、1910年11月に陸軍省が公的全面的に協力する、全国組織としての「帝国在郷軍人会」が発足する。

2　軍事後援会

　日清戦争を契機とする、町村単位の軍事後援会（尚武会、尚武義会、兵事会など地域によりさまざまな名称をつけた）の発足は、地域が軍人たちとその家族を援護するため、道府県庁の指示に基づき、市郡役所・町村役場が結成を呼びかけ、地域有力者を中心に下から応えるという方式で、全国的に広がっていった。これは国家や行政が、出征兵士の遺家族に対して責任ある対策をまったくとらないため、地域有力者層が対策をとらざるを得なくなったという側面があった。それにしても地域は、国家や行政の無策の中で、これら軍事後援会を増やしていった。高知県吾川郡では、日露戦争開戦5ヶ月の1904年7月には、吾川郡26町村のうち、17町村に町村別の兵事会が結成されていた[4]。吾川郡伊野町兵事会は、1904年7月に開いた総会で、

> 出征者の家族救助のため、農業扶助（耕運、収穫作業の援助。種子・農具の支給、公課の免除）、食料供給（15歳以上60歳以下は白米2合／1日、他は3合）＝第2条
> 救助料の支給（子守・看護賃は5銭以上10銭以下／1人1日）＝第4条
> 戦病死者・負傷者に祭祀料（10円以上30円以下）、慰労金（5円以上15円以下）＝第3条・第4条

という救助内容を決定した[5]。こうした内容は全国類似のもので、確かに金額はそう大きいものではないにしても、地域が出征者を支援するというシステムの成立により、戦場の兵士と未来の兵士に与える影響は大きかったのではないか。

いったん結成された組織は消滅することなくほぼ維持され、日露戦争、満州事変、日中戦争と動員規模が大きくなるにつれ各地に広がっていき、ほぼ全国を網羅するようになる。戦争を契機に、徴兵検査や入営は避けるものではなく、男子青年として受けるものであるという意識がしだいに強められ、「軍隊」の社会における存在感が増していった。

3　愛国婦人会と国防婦人会

予備役・後備役の軍人による在郷軍人会、地域有力者による尚武会、という男性中堅層による組織が、軍人となる青年を支えただけではなかった。

子どもを生み育てる母性が強調され、軍事援護の中心を担うべきだという団体が、まず1901年2月愛国婦人会として成立する。各道府県に置かれた支部は、支部長が知事夫人、副支部長が師団長夫人となる慣例がつくられ、上流女性層による最大の官製女性団体となった。会員は700万人という。義捐金を集めるバザーの主催や戦地の兵士個人へ送る慰問袋作成など、戦争のたびに女性を銃後の支援者として動員することに努力したが、村々の出征現場に立ち会う組織ではなかった。

全国組織である愛国婦人会と組織上のつながりをもたない婦人会も各地で組織されており、日露戦争に協力していった。兵事会や尚武会などの地域軍事後援会が地域有力者層のリーダーシップで結成され、運営されていったことに比べると、地域の婦人会は、地域有力者層の夫人層を中心として組織されるので、戦争協力は当然のこととととらえられていた。高知県吾川郡伊野町の婦人会は、1904年6月演芸会を町内の大黒座で開催して純益26円を獲得して、それを伊野町兵事会に寄付した[6]。

出征現場に現れ、青年たちを元気良く見送ったのは、満州事変後に現れた別の女性団体だった。満州事変に出征する青年兵士の姿に感動した大阪の鉄工所夫人が1932年3月結成したのが、国防婦人会である。大阪の師団の協力を得て急拡大した国防婦人会は、陸軍省の後援を得て、同年12月には全国組織として大日本国防婦人会となる。ここでも出征兵士を見送る母性が強調され、白いエプロンと襷がけを制服として、家庭の主婦が応援する軍隊、のイメージが急速に広がった。大日本国防婦人会は、1934年12月には123万人の会員を擁する[7]。

4　都市と農村の差

そうした軍事後援団体の組織化は、網羅性や地域への強制力という点では、都市と農村では大きな差があった。

目に見える一つの指標は、戦争後に地域で建立していった「忠魂碑」の分布である。国立歴史民俗博物館の報告書『戦争記念碑の研究』によれば、全国に2万8000基ほど建立されたと推定されるが、農村部に緻密に分布し、都市部は薄い。また農村部にしか史料が発見されていないが、忠魂碑建立にあたっての資金集めも、農村部の方が強制度の強さが見られる。農村部の史料によれば、「寄金」の形を取るが、1軒あたりの額を決めた強制性が見られる。

もう一つの指標は、市町村誌・史の戦争記述である。1945年以後に市町村誌が作成されるとき、町村では戦没者の氏名を「英霊」として人名表を掲載する例が多いが、都市部にはほとんど見られない。市町村いずれの地域にも単位遺族会が1945年以後組織されているが、地域に名を残す（戦没という残念な形ではあっても）ということに、町村遺族会のほうが執着性が強いと思われる。

5　方面委員制度の改編

軍事に直接関係する在郷軍人会・尚武会・婦人会だけが、人々の出征を見送り、銃後の憂いなく戦うことを青年に求めたのではない。さらに既存の社

会組織の改編も、総力戦体制下には進められた。方面委員の名称でよばれる下層社会対策の公的委員が、戦時対応で姿を変えるのである。

1918年に大阪府で始まった方面委員制度は、生活困窮者を把握し、対策を施すための情報を収集する基礎的制度である。京都府では、1920年に京都市で「公同委員」の名で発足して、1924年4月方面委員と改称して、1930年には府の制度となり、府下の主要な町に設置することになった。

1936年11月、方面委員令（勅令）で国家的制度となり、全国の町村に設置されるまでに広げられた。1941年婦人の委員が初めて置かれて、この頃全国の方面委員は、男性6万人、女性3000人と言われた[8]。女性方面委員の場合、「カード階級」の保護・援助を実現することより、1937年制定の母子保護法を活用しての母と乳幼児の保護・扶助が大きな仕事となり、救護法・母子保護法・医療保護法に基づき保護、援護を行った[9]。

生活困窮者の把握を主任務としていた方面委員制度が、アジア太平洋戦争下、総力戦遂行の中で、「人的資源」を把握し、配置するための制度に転身していく。

1938年1月厚生省が設置され、戦力確保のための健康維持、体力確保の指導を進めることになる。「健民健兵」政策である。1942年7月、「産めよ、殖やせよ」をスローガンに、厚生省によって「妊産婦手帳」が作成され、全国配布される。今や日本の人口は過剰ではなく、戦力と労働力を確保するための人口増加策こそが求められていた。全面戦争によって国家が「人的資源」に注目せざるをえなくなり、その再生産・維持・発展に政策重点を置き、展開していくことになった。

1945年7月10日、厚生省は、「方面委員決戦措置要綱」を制定し、都道府県知事へ指示した[10]。これは、貧困階級の救済を主眼としていた方面委員制度を、「必勝国民生活指導の尖兵」とするよう求めたものだった[11]。担当する厚生省健民局では、各市町村・府県ごとに「方面委員護国挺身隊」を組織し、「国民の衣食住、保健、教養など全生活部門の実情を把へ、国民の常に欲求するところを正確迅速に上通するとともに政府の施策の浸透徹底にその豊富な

体験を活かす一方、軍人援護の徹底、戦災者の援護指導、都市要残留者の共同生活を指導してその戦力化をはかり、あるひは疎開地における疎開者と受入者の生活の融合、全国民をして耐乏忍苦の決戦生活の徹底と明朗親和を旨とする戦時生活の振作など戦ふ一億国民の先登にたつて国難突破に挺身しようといふのである」[12)]と構想している。健民局が挙げている①軍人援護、②戦災者の援護指導、③都市要残留者の生活指導、④疎開者の融合、⑤戦時生活の振作という5項目は、敗戦間近のこの時点になってもいかに戦争協力体制が完全には構築されていないか、という実情を示している。「総力戦体制」の構築については、制度の緻密さの指摘にとどまらず、どれだけ人々の生活に浸透していたのかまで深めて分析しなければならない。

Ⅲ　町村制施行後から1930年代にいたる町村の変化

1　町村財政の膨張

　町村の財政を、少し長めに歴史的に検討することで、共同体や行政組織と人々の関係を確認する。

　1889年町村制が施行された時期の町村財政は小規模であり、多くが役場費と教育費（小学校費）にあてられていた。1889年の町村制施行を前に、江戸時代以来の小規模な村を統合する町村合併が1888年に強力に進められたが、それでも村の規模は相対的に小さなものだった。地域に生活し、働く住民の関心の的は、道路や河川に費やされる土木費である。実際に支出される土木費の規模は大きすぎて、町村財政では支出することが出来なかった。殆どの町村では、町村レベルの下位組織である大字（旧部落）＝財産区に頼るしかない。財産区は、歴史的に溜池や部落共有林を所有していたので、その支出に耐えることが出来た。そうした部落有財産は、内務省の指導によって、1900年代頃までに町村有に移され、その頃から町村財政が膨らんでくる。

　日露戦争という辛勝は、労働力の消失という形で農山漁村部（以下、「農村」

で農山漁村部を代表させる）を襲った。大量の戦死者と、ほぼ同数の戦傷者は、集約的に維持されてきた農村労働力を低減させることになった。疲弊した農村部に、内務省が指導を強めたのは、質素倹約、つまり支出を抑えよ、を原則とする精神主義的要素を多分に含みつつ、「明治農法」に象徴的な農作業の改良や副業の奨励など、生産力向上への努力を求める地方改良運動の展開だった。農村部の再建という課題は、優秀な兵士を求める陸海軍にとっても必要であった。「良兵即良民」という軍部の考えたスローガンは、地域からも求められる「良民」像に照応するものであり、そこに地方改良運動のさなかの1910年に帝国在郷軍人会が結成される意味があった。徴兵が当然の義務であった社会では、徴兵すら地域の発展にどのように役立たせるのか、という地域の視点があった。

2 「50年戦争」と地域

東アジアへの利権の拡大という、一貫した「50年戦争」の目標は、東アジア地域での、さまざまなレベルでの緊張や紛議、衝突に際し、一挙に「戦争」を展開することになるという事態を予想させるものでもあった。「50年戦争」という、全体を貫く戦争理念などが、それぞれの戦争を始める前にあったわけではないが、結果として、「戦争の予感」という社会の共通した認識があったのではないか。そのことを想定することによって、町村で進められた、戦争を契機としての町村財政造成への取り組みの歴史的意味づけが明確になる。

「戦争記念」や「戦勝記念」を名目とした「村有財産」「学校財産」造りが、日露戦争以後全国で展開する。都市では、財政造りはほとんど見られず、記念碑などモニュメント、「戦争の記憶」創成が課題となっている。この点においても、都市と農村の意識上の差異が見えてくる。

当事者である町村は、「日露戦争記念」や「御大典記念」などを名目とした「村有財産」「学校財産」造りに励んでいた。京都府何鹿郡口上林村の場合、表5のような「村有財産」変遷史である[13]。所有している有価証券は122通

表5　京都府何鹿郡口上林村基本財産の推移

		合計 1891年	1912年	1926年
普通基本財産	整理公債	650円	—	—
	有価証券	—	770円	1,650円（年利82.5円、18通）
	府農工銀行株券	—	200円	5,150円（年利515円、22通：勧銀株券）
	貯蓄債券	—	—	30円（年利0.9円、6通）
	勧業債券	—	—	280円（年利13.86円、28通）
	銀行預金	78.36円	—	2,522円（2,170円は役場建築費積立金、口上林信用組合）
	郵便貯金	—	3.368円	—
	貸付金	—	32.502円	—（年利515円、22通：勧銀株券）
	合計	728.36円	1,005.87円	9,632円
	建物	—	3棟、73坪	15棟、617.25坪
	土地	—	0.92反、地価33.81円	畑 58.207反：地価308.75円　山林 5,748.802反：地価1,065.95円
学事基本財産	整理公債	300円	380円	—
	有価証券	—	—	910円
	府農工銀行株券	—	200円	887円
	銀行預入金	43.30円	—	—
	郵便貯金	—	20.33円	516円
	合計	343.30円	600.33円	2,313円（2,170円は役場建築費積立金、口上林信用組合）
	建物	—	—	5棟、361.5坪
	土地	—	—	0.704反、地価27.74円
罹災救助積立基金	有価証券	—	590円	1,880円（年利93.82円、19通）
	郵便貯金	—	2.16円	346円（利率4.8%）
	合計	—	592.16円	2,226円

備考：土地は1915年に区有から村有へ。
出典：三木明応編『口上林村誌』、綾部市口上林支所、1951年9月。

という多さであり、さまざまな機会を捉えては村人から寄金を集め、国債などを買い貯めていったことを表している。国債を購入する、という形式にも、町村の戦争協力が表現されている。1891年から1935年の44年間に、普通基本財産で728円から1万1313円へと15.5倍化している。そのほかに「学事」「罹災救助」「社会事業」など科目もしだいに増やしている（表6[14]）。

　同じことを別の地域で調べてみよう。京都府何鹿郡綾部町は、明治末から

表6　京都府何鹿郡口上林村1935年度基本財産

普通基本財産	土地	山林	5,806.02 反	247 筆、賃貸価格：1,284.83 円
		田	0.626 反	2 筆、賃貸価格：23.66 円
		原野	2.427 反	4 筆、賃貸価格：1.48 円
		墓地	3.512 反	4 筆、賃貸価格：0 円
		雑種地	0.12 反	1 筆、賃貸価格：0 円
	建物	5 棟	90.6 坪	―
	有価証券		8,480 円	79 通、年利 645.5 円
	郵便貯金		2,833 円	利率3%
学事基本財産	土地	学校敷地	1,619.5 反	14 筆
	建物	13 棟	523.25 坪	910 円
	有価証券		2,257 円	33 通、年利 140.45 円
	郵便貯金		1,811 円	利率3%
罹災救助資金積立金	有価証券		1,710 円	10 通、年利 80.6 円
	郵便貯金		1,705 円	利率3%
	預金			
社会事業資金積立金	口上林信用組合		972.39 円	利率4%
	預金			
学事特別基本財産積立金	口上林信用組合		3,650.69 円	利率4%
	預金			

備考：社会事業資金積立金と学事特別基本財産積立金は 1928 年に設置。
出典：三木明応編『口上林村誌』、綾部市口上林支所、1951 年 9 月。

500万円を目標に基本財産蓄積を始めている。同郡物部村では、1918年に「基本財産蓄積条例」を制定し、1935年頃には3万円余りを蓄積した。同郡吉美村では、小学校改築を目標に、1933年から積立を始め、1941年に20万円で起工、1943年に完成させたこれらの村々でも、国の発行する整理公債や、日本勧業銀行の発行する勧業債券など種類も多く、通数も多く、細かく分かれていることが明瞭である。これらもやはり機会を捉えては購入し、蓄財していたことがわかる。

3　国家的イベントの利用

こうした有価証券の種類や通数の多さは、村有財産の蓄積が、凱旋記念、

御大典紀念など国家的行事をきっかけとして行われる特色を持っていたことを教えてくれる。戦争や天皇に関連した拠金の呼びかけや町村会での財産蓄積決議は、住民の関心をひき、彼らを納得させるものだった。戦争記念や天皇の即位祝賀など、国家レベルで全国一律に行われるはたらきかけを理由として「寄金」を集める方法は、人々の「抵抗」「嫌悪感」を削り取り、事業を障害なく進めるものとなった。一方こうした「機会」を逃すことなく利用する町村指導層は、町村の基本財産を成長させるという直接的な目標の提示だけでは進めにくいと考えていたことをも示している。

さまざまな国家的イベントに、町村や部落を挙げて参加することは、村民を「国民」へと上昇、統合させていくものだった。イベントを通じての国民的一体感を創りあげていくという国民国家の手法は、近代日本においても採用されている。

4　共同作業の様相

江戸時代の村を支えてきた「結い」にあたる共同作業が、戦争を契機として、強く試みられたのも、農村部の協同的まとまりを生み出し、強めるのに役立った。東京府南多摩郡戸倉村（300戸、2000人）では、日露戦争で「労力補助団」が結成され、村内出征者32人の家へのべ573人が耕作補助に取り組み、1906年の小学校改築では百数十人の労力提供があった[15]。

総力戦体制下では、農村部内での労働力融通はできなくなった。有効な労働力は兵士として戦場に送り出され、農村部は慢性的な労働力不足に陥っていた。日中戦争下では、都市の学生・生徒が勤労動員され、「美談」として報道されていく。

5　簡素な市町村機関

こうした行政機能を支える町村の機関はきわめて簡易なものだった。1930年代にあっても、役場で町村の事務を遂行する町村吏員と、町村の産業である農業の指導を担当する農会や養蚕実行組合の職員を含めて総数十数人ほど

であった[16]。

　総力戦体制下にあっては、いっそう行政機関の簡素化が求められた。総力戦体制は、軍事の遂行に一点集中するための国家体制の構築を求めるから、下位の行政機関は簡素でなければならず、上位の（とくに国家レベル）行政機関も簡素化と重点化が同時並行的に進められる。国の官吏も府県の官吏も削減され、南方軍政の担当官などとして戦地の運営スタッフとしての派遣が求められた。

　1942年6月16日の閣議決定「行政簡素化強力化実施要綱」は、8月11日にその実施方策も閣議決定となり、強力に進められることになった。国家機関に勤務する勅任・奏任・判任官に嘱託・雇傭員の合計114万1892人のうち12万5355人を削減するという大ナタだった。市町村でも同じような要綱が閣議決定され、都市有給職員17万7776人のうち2万2461人の減員が求められた[17]。これらの減員のうち南方司政官などで転出する職員も続出していた。地方において、こうした減員を補う機能を期待されたのが、地方事務所と町内会・隣組という二つの新しいしくみだった。

6　地方事務所の設置

　1942年6月地方官官制が改正され、道府県内に地方事務所を設置することになった。これは、設置の範囲や規模からいっても、1926年7月1日に廃止された郡長・郡役所の復活だった。設置された地方事務所は全国の府県に427ヶ所となった。廃止された郡役所は566ヶ所で[18]、ほぼそれと同じ範囲、つまり郡を範囲とする地方事務所となった。道府県と町村の間の中間機関は不要、という判断で廃止された中間機関（郡役所）が復活したのは、総力戦体制による行政事務が増加し、住民に直接対応する市町村でとりわけ業務過多となっているのを、府県庁ではなく、より近いところで整理・指導しようという意図からである。

　地方事務所設置の意味を考えるために、郡役所廃止問題に遡って検討する。1926年3月の第52議会は、若槻内閣の推進する郡役所廃止法案をめぐって、

とくに貴族院で紛糾した。郡長経験を多く共有する地方長官出身による貴族院勅撰団は、「郡は地方生活の中心なり、従つて郡長の存在は地方民の最も便利とするところなり、郡役所は各町村の共同の顧問であり、相談所である」[19]などの趣旨をもった「反対理由書」を枢密顧問官や貴族院議員などに配布して反対運動をくりひろげた。彼らの作成した別の反対理由書では

　一、納税、勧業、兵事、学務等に関し町村吏員には郡吏員の如き法令の意義又は手続に明かな者がゐない
　一、町村の財政はすこぶる貧弱でその併合も実際上不可能なる上郡役所を存置し共同の相談所とするのは最も便利経済的である

などの箇条を挙げている[20]。確かに町村事務と財政は彼らの指摘するような弱点をまだ持っていた。全国市町村会は、長年「自治の拡大」をスローガンに郡役所と郡長の廃止を求めてきたので、若槻内閣の進めた郡役所廃止は「自治権の大拡張」[21]と歓迎されたものの、実は前途は容易なものではなかった。

16年後の1942年に復活した地方事務所は、郡役所のような指導機関ではないとされ、町村の自治権に配慮して説明されたが、府県庁の指示が地方事務所を通過して降りてくるという構造になっており、しだいに郡役所類似の機構となっていった。

1942年6月5日の定例閣議が決定した「地方事務所要綱」は、次のように目的と要綱をまとめている。

　目的　重要農産物資の増産、生活必需物資の配給等各般の経済統制の事務、部落会、町内会の自治的活動の指導事務、貯蓄奨励等に関する事務、軍事扶助、軍事援護その他軍事に関する各般の事務の整理等府県庁における時局下重要なる行政事務の敏活徹底をはかるを主目的とす
　要綱　(一)府県の事務(支庁の管轄区域及び市の区域に係るものを除く)の

一部を分掌せしむるため各府県管内枢要の地に地方事務所を置く（一）名称及び管轄区域は内務大臣之を定む（一）地方事務所長は地方事務官を以てこれに充つ（一）地方事務所は知事の指揮を承けその定むるところにより地方事務所主管の事務を掌握し部下の官吏を指揮監督す[22]

「目的」に示されたように、地方事務所は地方行政の大きな部分をカバーし、「行政事務の敏活徹底」を推進することが求められた。新聞の社説でも、「今日の町村役場が国や府県庁の照会と調査の洪水に悩まされてゐることは驚くの外ないのである。地方事務所がこれらの仕事の濾過機となり代行者となつて思ひ切り整理して行くことになれば、それだけでも事務簡□の上では相当の効果をあげることにならう」[23]と町村事務の膨張と混乱を解決する手段の一つとして地方事務所設置を歓迎している。

Ⅳ　1930年代の都市政治

　1930年代、満州事変から日中全面戦争へと展開する中で、大都市部などで軍需工業を中心とした重化学工業化が進んでいった。大都市の肥大化、第二次都市化の時代となったのである。重化学工業化による大都市の肥大化は、郊外住宅の増加などの形で、周辺地域にも広がり、町村を都市へと押し上げていった。第二次都市化は、大都市をさらに大規模化しただけでなく、大都市周辺の郡部に中小都市を簇生させることになった。

　この時に、都市の基本法制である「市制」が改正され（1929年）、それまで「有給市長」しか認めていなかったのに、市条例により無給の「名誉職市長」を選ぶことが出来るようになったのである（市制第73条の改正）。地方制度研究史では、「名誉職とすることによって、むしろ一層適材を得やすい場合のあることによる改正」[24]と解釈してきたが、第一次都市化から第二次都市化への移行期に行われた改正であるという点から、なぜこの時期に「適材」

が問題となったのかなど、再検討する必要がある。

改正翌年の1930年には、全国105市のうち、改正第73条を使って「名誉職市長」を選んだのは3市。その後「名誉職市長」は漸増していき、1942年には195市のうち27市（13.8％）を占めるまでになった。27市は、堺・横須賀・徳島・川口・高岡・浦和・吹田・防府・都城・大宮・今治・小田原・藤沢・平塚・新居浜・桑名・芦屋・池田・松阪・八代・伊丹・人吉・福知山・七尾・泉大津・多治見・熱海であり、重化学工業を拡大している大都市周辺が多いことは明確である。工業地帯との関係を示してみよう。表7に見られるように、四大工業地帯に隣接する都市が27市のうち19都市と70％を占めている。

工業地帯の拡充により、隣接するこれらの都市では、工員・職員の住宅が増え、彼ら新住民と農村部の旧住民との軋轢増加が推測される。四大工業地帯ではないが、新居浜市は別子銅山の企業城下町として戦時下の膨張がある。より多数の都市で、工業化の進展との関連が確認できるだろう。

新住民と旧住民の軋轢、という想定を考えるために、これら27市の人口の変化を確認しておこう（表8）。国勢調査の資料で1930年を100とし、1942年と比較すると、川口市の437を最高に、200台が6、100台が12認められる。この間の都市人口増加指数は、京浜地域136.8、名古屋地域140.2、京阪神地域134.0、関門地域143.7であり[25]、該当地域の人口増をけん引している都市が、これらの名誉職市長都市であったということができる。

四大工業地帯に隣接する19市は、大都市から溢れ出た工場や住宅を受けとめている地域である。こうした地域は、旧住民と新住民、企業との間に矛盾

表7 工業地帯と名誉職市長都市（1942年）

地域		中核都市	名誉職市長都市
工業地帯	京浜	東京	横須賀・川口・浦和
		川崎	大宮・小田原・藤沢
		横浜	平塚・熱海
	中京	名古屋	多治見・桑名・松阪
	阪神	大阪	堺・吹田・芦屋・池田
		尼崎	伊丹・泉大津・福知山
	北九州	（北九州）	防府
その他	北陸		高岡・七尾
	四国		徳島・今治・新居浜
	九州		都城・八代・人吉

備考：（北九州）は八幡・戸畑・若松・門司・小倉市を意味する。
出典：『日本都市年鑑』のデータによる表8から作成。

表8　名誉職市長都市27市の人口変化

都市	市制施行日 年	市制施行日 月.日	1930年 (人)	1942年 (人)	指　数
横須賀	1907	2.15	110,301	193,358	175
川口	1933	4.1	22,226	97,115	437
浦和	1934	2.11	25,328	59,671	236
大宮	1940	11.3	29,324	39,291	134
小田原	1940	12.20	26,102	27,860	107
藤沢	1940	10.1	25,473	36,769	144
平塚	1932	4.1	33,498	43,148	129
熱海	1937	4.1	13,121	24,477	187
多治見	1940	8.1	11,829	26,820	227
桑名	1937	4.1	23,086	41,848	181
松阪	1933	2.1	26,019	35,391	136
堺	1889	4.1	120,348	182,147	151
吹田	1940	4.1	24,314	65,812	271
芦屋	1940	11.10	28,404	39,137	138
池田	1939	4.29	14,947	35,494	237
伊丹	1940	11.10	13,833	24,099	174
泉大津	1942	4.1	11,804	27,800	236
福知山	1937	4.1	22,086	31,848	144
防府	1936	8.25	24,373	58,890	242
高岡	1889	4.1	51,760	59,434	115
七尾	1939	7.20	12,016	29,987	250
徳島	1889	10.1	90,634	119,581	132
今治	1934	2.11	43,735	55,557	127
新居浜	1937	11.3	10,491	42,392	404
都城	1924	4.1	35,512	58,819	166
八代	1940	9.1	13,513	33,586	249
人吉	1942	2.11	7,396	22,142	299

備考：指数は1930年を100とする。
出典：『日本都市年鑑』、1943年版。

が発生し、対立へと拡大する可能性を強く持っていた。それらを解決するための緩衝材として「名誉職市長」制度が活用された。従来の、能力型「有給市長」ではソフトに解決できない地域の問題に対処する、地域型「名誉職市長」が選出されたのである。これらの分布は、「経済の軍事化」という段階で

の矛盾の解消を狙ったものと考えられる。

V　1940年の町内会設置令

　農村では、財産区（大字、多くは江戸時代の藩制村にさかのぼる行政村）が旧村廃止後も生き続け、先に述べたように部落有財産を根拠に、道路や橋、池などの補修費用を、村財政からの支出に加えて、事業を完成させる余力があった。都市では、そのような機能を持つ下位組織はなかった。財政力を持たないが、類似の下位組織としては、都市部の「町内会」が挙げられよう。大阪市が、1937年2月、満州事変後5年の時点で調査・作成した「増補　町内会助長ニ関スル件」というガリ版刷り33頁の冊子がある。これによると、大阪市では、町内会を「助長ノ必要」がある、と冊子冒頭で説明している。

　　本市ニ於ケル町内会ハ最近漸ク発達ノ緒ニ就キタルモ他ノ大都市ニ比シ其ノ運営著シク幼稚ナル憾ミアリ、（中略）現今市政ノ運営ハ最早ヤ市民ヲ支配スルコトニ非ズシテ市民ト共ニ自治行政ニ協力スルニ非ザルベカラズ、（中略）速ニ之ガ助長発達ヲ図リ以テ市政運営上ノ補助機関タラシムルハ刻下ノ急務ナリト言フベシ。

　大阪市が町内会育成の必要を認めたのは、「自治行政ニ協力」させ、「市政運営上ノ補助機関」たらしめることにあった。なぜ大阪市という公的な行政機関が、町内会という小単位を「補助機関」として必要とするにいたったのだろうか。

　この段階の大阪市における「小単位」組織として、この冊子は町内会と衛生組合を挙げている。表9により、町数と比較すると、ほとんどの区で1.00、つまり町数と町内会数が一致する数値を超えていて、町内会数が町数を超えないのは東区・西区・住吉区の3区だけだった。実際の町内会は、「〇〇町一

表9　大阪市の「小単位」組織

区	町　数 (A)	町内会数 (B)	(B)/(A)	衛生組合数
北	202	350	1.73	12
此花	115	520	4.52	7
東	205	161	0.79	11
西	177	100	0.56	11
港	226	530	2.35	5
大正	87	92	1.06	3
天王寺	68	77	1.13	4
南	92	120	1.3	9
浪速	83	300	3.61	7
西淀川	67	104	1.55	11
東淀川	194	245	1.26	10
東成	129	500	3.88	18
旭	70	175	2.5	10
住吉	260	173	0.67	26
西成	211	220	1.04	7
計	2,186	3,677	1.68	151

備考：此花区の衛生組合数は出典史料に記されていなかったため総数から逆算した。
出典：大阪市「増補　町内会助長ニ関スル件」所載の統計から作成。

丁目町内会」などの規模であるため、この3区では、町内会結成があまり行われていないことを推測できる。冊子で「昨年十一月創立ヲ見タ南区日本橋五丁目町内会」と例示されているように、町内会の結成如何は、住民の必要性によって決まるものであり、江戸時代以来の伝統的都市地域である旧4区（東西南北区）においても、丁目ごとの町内会が全て結成されているのではない、という事情が見える。

衛生組合は、国内防疫制度の完成と位置づけられる伝染病予防法（1897年4月公布）にともなって、1898年に制定された大阪府衛生組合規則により組織された住民組織である。それが大阪府における初発ではなく、それより10年前の1888年3月の大阪府令「衛生組合準則」が最初の衛生組合規定だった。「大約十戸乃至三十戸」を単位としての組織化が求められている。これも府下全域で実現したのではないが、大阪市内では「東区伏見町二丁目」や「西区西六会」などの結成が確認できる[26]。表9で報告されている「衛生組合」が、どの規模のものなのか確認できないので、町内会との比較はできない。

さらに総力戦状況が進んだ時点での史料を見てみる。

1944年3月に「元京都市公同組合聯合会事務所」が刊行した『公同沿革史』上巻は、「元京都市公同組合聯合会長　吉村禎三」の記す、次のような「序

を冒頭に掲げている（1943 年 11 月 3 日付。「明治節」であることを示す日付である）。

　　今や町内会、部落会は我国の津々浦々に至る迄整備せられた。斯くして<u>政府の意図するところ直に遍く全国民に徹し、全国民の施行するところ忽ち当局者に達するに至つた</u>のみならず、近隣の親和協力は特に一段と増進せらるゝに至つたのである。国家興亡の岐路に立ち、全国民の総力を結集して戦力増強と決戦体制確立の焦眉の急を要する秋、此の町内会が実に重大なる役割を果たしてゐることは改めて縷説する迄もない。<u>町内会の設置なかりせば支那事変、大東亜戦完遂上甚大なる障碍を各方面より蒙つてゐたのではなからうか</u>とさへ想へる。（下線部引用者）

　ここまで吉村会長が「町内会」の意義を力説するのは、京都市において「公同組合」という特殊な地域組織が、1897 年以来 50 年近い歴史を持っていたからにほかならない。歴史はそこにとどまらず「遠く応仁の乱以後に発生した町組制を其の前身として此処に培はれた久しき伝統」と、15 世紀末以来 400 年を数えあげてもいる。次いで、その果たしてきた役割を、吉村は次のようにまとめている。

　　公同組合が皇道を重んじ敬神崇祖の念を固め、更に自治政上多大の寄与を為し、顕著なる事蹟を残して我国庶民自治組織の範との讃辞さへ受くるに至りたる。

　整理すると、公同組合の役割は、まず①敬神崇祖の念を強め、②自治政上多大の寄与、と二つを挙げてはいるが、イデオロギー的強調である①ではなく、実質として重要なのは②であろう。「地方自治体」の美称で捉えられる「市町村」ではなく、行政の一段下位に位置する「公同組合」が、「自治」に貢献したこと大である、という吉村の認識は、何を意味するのだろうか。

以上のような前史をふまえて、十五年戦争下に、初めて全国的に町内会の必要が指摘され、具体化されていく。1940年9月11日、内務省訓令第17号による町内会・部落会の官制化と全国での一律組織化が命じられ、町内会が全国に立ち現れたのである。ただし全国一律の結成は容易ではなく、内務省は同年11月7日本省で開催した総務部長会議で、「本月中に部落会、町内会の整備を完了せよ」との留岡幸男地方局長の指示を出す[27]。内務省訓令17号発令から約2ヶ月後の時点で、組織化が終了しているのは約8割と把握されている。組織化が良好なのは、生活必需品の切符制が実施されている大都市と、農事関係で必要のある農村で、切迫した実利のない中小都市では遅れている、という状況だった[28]。町内会は住民の必要があるところで組織されていたのであり、住民が必要と思わない市町村に強制的に組織化させるのは困難だった。内務省訓令に基づく町内会組織が、それまでに自主的に結成されていた町内会と異なるのは、政治権力化することを避けるため、学区以上の連合組織を認めなかったことである。また、食料や衣料などの配給組織を兼ねるとして、傘下に隣組を組織したため、学区内では強い統制力を持つようになったことである。

　京都市の公同組合（町内会にあたる）連合会の指導者は、「町内会の設置なかりせば支那事変、大東亜戦完遂上甚大なる障碍を各方面より蒙つてゐたのではなからうか」（1943年）と町内会と戦争の深い関係を指摘している（前掲「序」の下線部）。総力戦段階の地域組織として町内会は機能し、戦争を支えた。「国民の画一的組織化」[29]と位置づけられる組織である。

　町内会を実際に動かしたのは、その下位組織である「隣組」である。「隣組」が、日常的な生活物資の配給や、生活統制、防空動員などを実施する最小単位であった。前田賢次東京市市民局長は「隣組」の果たすべき機能を次のように説明している。

　「隣組機能は①町会の細胞、②交隣団体、③防空防火等非常災害の備え、④防諜組織、⑤防犯組織、⑥国民貯蓄実践、⑦生活刷新の実行団体、⑧物資配給の基本単位」[30]

「隣組」は、近所づきあいという「交隣団体」であるとともに、お互いを監視する「防諜組織」「防犯組織」でもあり、その監視は貯蓄奨励の名のもとに「国民貯蓄実践」団体でもあった。とりわけ日常的に大きな役割を持たされていたのが「物資配給の基本単位」という機能だった。戦時統制下で物資不足が予想されるなか、町内会―隣組という機構は、住民の生殺与奪権を握っていく。

表10　東京市隣組組織数（1939年11月現在）

規模（戸）	隣組数	％	規模（戸）	隣組数	％
5以下	6,228		21～25	6,841	
6～8	18,493		26～30	3,229	
9～11	24,492		31～35	1,050	
12～14	21,106		36～40	423	
15～17	12,403		41以上	191	
18～20	8,983				
計	91,705	88.7	計	11,734	11.3
総計	103,439				

出典：熊谷次郎『隣組読本』（非凡閣、1940年）、14～15頁から作成。

　町内会の細胞組織である、と認定されている「隣組」はどのような規模のものだったのか。「向こう三軒両隣」の言葉に表されるように、近隣5、6戸前後で組織するのが最も行動的で、推進されたが、実際には「隣組」のリーダーの問題もあり、そのような少数の隣組はあまり多く組織できなかった。東京市の場合、総隣組数10万3439のうち、5戸以下が6228と6.4％しかなかった（表10）。やや大きい「6～8戸」規模1万8493を含めても2万4721で、25.3％と全体の4分の1にしかならない。21戸以上という、ところによっては町内会規模のおおきさの「隣組」が1万1334（18.3％）を占めていて、「大隣組」状況を呈していた。「⑧物資配給の基本単位」である「隣組」が、このように大規模化すると、たちまち物資配給をめぐる不当な措置が問題となってくる。1941年の大阪市阿倍野区西田辺町東町内会で報告された事例は次のようなものであった[31]。

　昭和十六年ごろ隣組十九、二百三世帯のこの町会でも買物行列が随分と続いた、そして行列のまつ先にゐる奥さんがほしいといへば一人当りの割当量を越さない限りどんな品物でもお好みのまま買取ることができた、たとへば一人の配給量廿五匁づつの魚のある日、七人家族の奥さんが「その

鯛を下さい」といへば百七十五匁以内のものなら全配給品中のただ一匹の鯛でもほしいといつたその人の手に渡つたのである、出征の息子をあす送らねばならぬお母さんも順番を遅れたばつかりにめでたい鯛を門出のわが子の膳に供へられないやうなこともあつた、そんな時どうしてもその鯛をほしいと思ふものがあつたら配給所員に特別の心づけでもしてあらかじめ店のどこかに隠しておいて貰ひ後でこつそりと買取るといふ方法を考へだしてゐたものもあつた、

そこで「町会経済部長津田栄助」が考えたのが、「共同購入」だった。「当番のものが配給所から全隣組員の品をそつくり受け取つてくるといつた平凡な方法」の採用である。こうすれば「行列から起るかうした時間の無駄と違反行為を封じる」ことができる、と想定した。しかし、次に別の問題が起きてくる。配給品全量を「分配については配給所員と経済部員が責任をもつて公平に割当てることにした」。「ところがほしいものが一向手に入らないのに嫌ひなものを無理にも買はされるといつたゆき方にはやはり不平の声が多かつた」。こういう「不平の声」が出ると非難の目が向く階層があった。町会長の回想談話として「知識層の人が多いだけに理屈つぽくて同じ枠の中へはめるのにとても苦労しましたよ」が新聞に紹介されている[32]。それ以前にも、「大森区新井宿の某隣組長から、比較的知識階級に属する人が軍事援護について冷淡だ、時局についても自己流の意見を述べて足並を乱す憾みがある、国民に燃え上がる熱気を喚起するため政府は今少し時局の真の姿を明示してほしい」と、東京府・東京市共催の「隣組長懇談会」で発言した人もいる[33]。中学校・高等女学校卒の学歴をもつサラリーマン層家庭が多い大都市では、こうした階層の「非協力」が目立つようになった。

全国一律に町内会の組織化が命じられて5年目の1944年、「共同購入」方式が新聞紙面で紹介され、結論を「信じあふところに"大和一致"」（見出し）とまとめている。ここにも、町内会―隣組による物資配給システムが軋んでいることが見える。この記事には、他の地域の話として「ほかの町会で顔の

きかないものには腐りかけの魚しか売つてくれないとか、青物を食べたくてもすぐ買占められて思ふやうに手に入らないといつた不愉快な話が囁かれるころ、ここだけは少いながらも全く公平にそれを分けあつて楽しい食膳についてゐるのである」34)と紹介している。全体に食糧不足になっていることを「配給品が目立つて減り」35)と表現しており、現実となった食糧不足の中でどのように「公平に」分配するのか、が公然と議論されていた。

これは大都市だけの状況ではなく、地方都市でも、「(引用者注：隣組長の) 一番悩みの中心となつてくるものは「平等」の方法である。どの家もみんな同じ数量に割付けることが平等であるか、またはその家族人員や家族の構成等の実情に応じて割当てるかといつたことである」36)と、隣組という小さな集団にあっても、構成員の平等、公平に気配りしなければ組長は務まらなかった。

「向こう三軒両隣」に示される、近所づきあいの「隣組」も先の東京市市民局長が例示していた機能をすべて果たすのは不可能に近かった。1944年の『日本産業経済新聞』は、「隣組へ仕事を押し付けるな」という題の記事を掲載し、「当局は宜しく、この実情を直視し、その行過ぎを速かに是正すべきである」と主張している37)。この記事が例示する「配給事務」を見てみよう。便宜的に記事内容について番号を振る。

① 蔬菜は先づ例外なく、隣組に一括配給となるが、大抵の家庭は秤を持たないから、公平に分配せんとすれば一時間位を費さねばならぬ。佃煮の如きは百匁の配給があつても、之を十世帯に分割すれば、秤使用の不慣れ、目減り其他の理由によつて、十匁宛にならないことがあり、隣組の空気を悪化することになる。
② 豆腐の一括配給に当つては、女子一人では運搬し難く、また運搬や分配に際して近頃はニガリを利かさないのと、材料を節約する関係とで、破壊する虞れが甚だ多い。
③ 缶詰の如き比較的高価な商品の一括配給に隣組長の立替へる代金は可

なり多額であつて、組長は隣組の金融機関の役をも勤めねばならない。
④ 而して最近は米も木炭も隣組に配給する場合が多いから、組長は集金事務をも代行せざるを得ない。
⑤ 近く実施せんとする指定衣料の隣組配給の如き、隣組表、世帯表の複雑なる二通の登録表によつて組長が割当てることになつてゐるが、これが処理には異常なる能力を有せざる限り混乱を生ずべきは察するに難くない。
⑥ その他納税にしても町会に於いて為すべきを、隣組長に事務を代行せしむるものがあり、
⑦ また隣組長と防空群長を兼ねるところでは、その事務の煩雑なること想像の外である。

食糧の配給をめぐる困難が①から③の3件、これから始まる衣料の配給では1件⑤、集金事務に関しては③で、納税⑥も隣組の役割が大きく期待されている。①から③の困難の原因は、「商人を排除せんとする企業整備が当を得なかつたことにある」という記者の指摘は、当局の政策実施が誤っている、という厳しいものであった。「総力戦体制」構築への動きは、言論封殺の側面を持つと同時に、体制構築のためには施策そのものを当局に問いただすという、制限された「自由」をももたらしていた。

VI　戦時下の食料供出と配給制度

　物資不足があちこちで囁かれ、現実のものになっていくと、密かに物資を高額取引する「闇」が登場する。『読売新聞』で最初の「闇取引」事件として報道されたのは、1938年7月綿製品3万反が禁制令に反して取引されていたというものだった。続いて皮革製品などが「闇取引」として検挙され、食料品の「闇取引」が報じられたのも同じ1938年である。

〈続く卵飢饉　統制くゞつて闇取引〉卵不足は一体どうなる—標準価格がきまつて百匁四十銭以上したものが卅六銭に値下げされヤレうれしやと思つたのも束の間、こんどは肝腎の卵が市内の乾物屋から消えてなくなり帝都はまさに卵飢饉（中略）これにつけこむ一部問屋が産地商人と公定価格以上で御法度の闇取引をはやらせ産地を攪乱、よけいに市内の混乱に輪をかけてゐるというのが実情だ[38]

　政府の決めた「公定価格」以外に、物資不足から「闇価格」という高値が幅を利かすようになると、戦争協力もあやうくなる。そう判断した政府は、「闇価格」追放、低物価政策に取り組まざるを得なくなった。
　当初は、厳罰主義で対処して「闇」を一掃するというのが治安当局の方針だった。生活物資の「卵飢饉」が報道された2ヶ月後、警視庁経済保安課は、「従来の微温的態度を一擲してどしどし臨時措置法を適用、鶏卵一個で"三年以下の懲役、五千円以下の罰金"といふ経済警察の妙味を利かす方針を決めた」[39]と報じられている。1938年7月に「公定価格制度」が施行されて以来、1939年1月末までに警視庁に摘発された「物価違反」は1万件にものぼっていて、「各種経済違反」の3分の1を占めていた[40]。これまで暴利取締の戒告程度ですませていたが、輸出入臨時措置法の適用による厳罰主義で臨む、という[41]。しかし、厳罰主義が功を奏さないことは、当然だった。経済記者の記事でも「闇取引は公然と行はれてゐる、元々需要は際限なくあつて而も物資の供給が益す減つて行くのだから物価は騰貴せざらんと欲しても騰貴せざるを得ないのである」[42]と「公定価格」以外に「闇価格」が存在するのは、物資不足の状況下ではやむを得ないと言い切っている。
　こうした事態は、政府でも予想されていた。おりから開かれていた第74通常議会で、「物価公定の蔭にかくれて公然の秘密とされてゐる闇相場はこの頃も依然としてその蔭を潜めるにいたりませぬ」という代議士の質問を受けて、新倉利広商工省商務局長は「単に警察の取締をもつて足りるといふこと

は全く申上げかねるのでございまして」と答えている。新倉局長は「実際問題と致しましては所謂配給機構の問題が極めて重要な関係に立つといふ風に考へております」として、「配給機構の整備」に着手したいと発言している⁴³⁾。治安当局は、問屋や卸商人などの闇摘発を続けていたが、商工省などの政府機関では機構整備を進めなければ「闇価格」「闇取引」の廃絶は難しいと考えていた。

こうした「闇取引」「闇価格」の存在を、総力戦体制を揺るがす異物と考えていたのは、当時の行政当局であったが、実際にはこれを完全に取り締まってしまえば、物資の流通に大きな影響が出る、という見方をとる官僚もいた。

> 坂兵庫県知事：闇相場は実際ある、然しその全面的検挙といふことは中々不可能な問題ですね、一口に闇といつても倫理的、道徳的にほんとに憎むべき性質のものと、動機も別にこれといふ悪意のない過誤からだしその害の程度もさゝいのものとあります、どちらかといへば寧ろさういふ小さなものが大部分なのです、これを一概に同じ考へ方で検挙するとすれば、それから生ずる悪影響を考へねばならない、<u>警察などでも無暗に闇を峻烈に検挙すると、その管内には物資が流れて行かなくなるんです</u>、ですから闇の統制として已むを得ない、ほんとの悪質の者は断乎として検挙し取締らねばならないことは勿論です、然し、経済警察を過信することは如何かと思はれます、⁴⁴⁾（下線部引用者）

「闇取引」を厳しく取り締まると、いっそうの物資不足になっていく、という実態から、どのように生活物資を確保するか、という現場の声が反映したものだろう。坂千秋知事の提案は、「消費規正」が必要というものだった⁴⁵⁾。これは町内会や隣組を動員して、「適正な需要」を求めて解決しようというものだろう。しかし、物資不足が常態となっている状況下での「適正な需要」は、最終的には我慢を求めることでしかない。

つまり、統制経済によって公定価格が決められ、その水準で国民生活が維

持されており、その少し外れたところで「闇取引」「闇価格」が生まれている、という当時の行政当局の捉え方は無理があり、状況を正確に把握したものとはなっていなかった。坂根嘉弘氏の分析では、「闇経済を含む統制経済外の部分は、市場経済の論理に基づいて動いていた」と見るべきであり、その観点に立てば、「広くひろがった闇経済の上に、一部統制経済が浮かんでいるような状態」と捉えることができる、としている[46]。この分析が妥当であるならば、日本の総力戦体制下では、国家の統制経済が国民生活のすべてを覆っている、という認識は現代の歴史研究者の幻想ではないのだろうか。

むすびにかえて

　日本における総力戦体制の確立を示すのは、1938年4月の国家総動員法施行である。これが最も基本的な法律となって、次々と勅令が出され、人・モノの動員と統制が進められていった。総力戦体制は、人・モノの動員を進め、社会の平準化・強制的同質化をもたらす、と一般に理解される。確かに総力戦体制を進める国家は、平準化・強制的同質化をもたらす政策を採用するが、それが額面通り実行されることは、実は少ないのではないか。兵力動員と労働力動員の間には、当然競合関係があるので、それへの対策はあった。1927年に創設された在郷軍人の召集猶予制は、戦時生産に必要な在郷軍人の召集を延期させるもので、これが発動された1944年度には約70万人、1945年度には約85万人に達した[47]。技術者や熟練労働者などが兵役を猶予され、家族とともに暮らしているという風景を眼にした国民の中には、「平準化」や「同質化」ではなく、「不公平」や「異質化」の思いを抱く者も多かっただろう。
　こうしてアジア・太平洋戦争下の生活や町村の動向を検討してみると、経済や社会の本来持っているエネルギーが、あいかわらず動き続け、国家の進める政策をも巻き込んでいる様相が見えてくる。
　本稿ではとりあげることができなかったが、工業の生産力を極限にまで高

めるための企業組織として期待されて出発したのが、産業報国会であった。産業報国会は、国家総動員法の下で「産業報国ノ精神ヲ一段ト普及徹底セシメ労資一体トナリテ精励スルト共ニ非常時国策ニ協力スル」（厚生省「産業報国会指導方策要綱」）ための組織であり、工場や事業場を単位に労資一体となって結成されていった。組織率は100％であったが、これによって労資の自発性や積極性を十分引き出したかと言えばそうではなかった。1944年1月に開かれた埼玉県会では、「現在ノ支部ノ活動ハ誠ニ熱意ニ乏シイ、サウシテ実ニ低調ヲ極メテ居ル」（埼玉県『第六七回通常県会議事速記録』[48]）という議員による糾弾があった。埼玉県産業報国会が、1945年5月10日の『埼玉新聞』で、「産報会員に告ぐ、生産戦線の脱藩兵たる勿れ」と呼びかけたのは、労働者の欠勤率や、生産品の不合格率が高まっている状況への必死の叫びでもあった。同時に、総力戦最終盤にあっても、総動員体制にさまざまな形での欠落があったことを示している。

注

1) 山之内靖、ヴィクター・コシュマン、成田龍一編『総力戦と現代化』（柏書房、1995年）10頁。
2) これは、加藤陽子『徴兵制と近代日本』（吉川弘文館、1996年）で明らかにされた。
3) 『池川町史』（高知県吾川郡池川町、1973年）250頁。
4) 『伊野町史』（高知県吾川郡伊野町、1973年）458頁。
5) 同。
6) 同459頁。
7) 藤井忠俊『国防婦人会』（岩波新書、1985年）。
8) 『東京朝日新聞』1941年7月19日朝刊。
9) 同。
10) 『読売新聞』1945年7月13日朝刊。
11) 『東京朝日新聞』1945年7月13日。
12) 同。
13) 三木明応編『口上林村誌』綾部市口上林支所、1951年9月。
14) 『綾部市史』下巻、1979年3月、388頁。
15) 石田伝吉『地方研究　新優良町村及優良団体』日本評論社、1922年。

16)『綾部市史』下巻、1979年3月、386頁。
17)『日本都市年鑑』1943年用、77頁。
18)『東京朝日新聞』1926年7月2日朝刊。
19)『東京朝日新聞』1926年3月10日朝刊。
20)『東京朝日新聞』1926年3月18日朝刊。
21)『東京朝日新聞』1926年7月1日夕刊。
22)『読売新聞』1942年6月10日夕刊。
23)「社説　地方事務所開かる」『読売新聞』1942年7月1日朝刊。
24) 亀掛川浩『地方制度小史』(勁草書房、1962年) 197頁。
25)「大都市周辺人口」『日本都市年鑑』1943年用。
26) 拙著『日本近代都市史研究』(思文閣出版、1997年)。
27)『読売新聞』1940年11月8日夕刊。
28) 同。
29) 吉田裕・森茂樹『アジア・太平洋戦争』(吉川弘文館、2007年)、227頁。
30) 前田賢次東京市市民局長「町会と隣組」、『隣組読本』(非凡閣、1940年12月初版、1941年2月第60版)。
31)『大阪毎日新聞』1944年7月25日朝刊。
32) 同1944年7月26日朝刊。
33)『東京朝日新聞』1941年10月8日朝刊。
34) 同1944年7月27日朝刊。
35) 同。
36)『信濃毎日新聞』1944年4月21日。板垣邦子「決戦下国民生活の変容」221頁より再引用、山室建徳編『大日本帝国の崩壊』日本の時代史第25巻 (吉川弘文館、2004年)。
37)『日本産業経済新聞』1944年8月12日。
38)『読売新聞』1938年10月27日第2夕刊。
39)『読売新聞』1938年12月22日第2夕刊。
40)『読売新聞』1939年2月17日第2夕刊。
41) 同。
42)「物価高の正体」『読売新聞』1939年2月1日朝刊。
43)『読売新聞』1939年1月27日朝刊。
44)「地方の要望を聞く　地方長官座談会」『東京朝日新聞』1940年5月8日朝刊。
45) 同。
46) 坂根嘉弘「戦争と戦時農業統制の開始」、木村茂光編『日本農業史』(吉川弘文館、

2010 年）334-335 頁。
47）注（29）吉田・森前掲書。
48）『浦和市史』通史編Ⅲ、710 頁。

第 2 章　戦後中国における兵士と社会
―― 四川省を素材に ――

笹川　裕史

はじめに

　一般に、社会のあらゆる資源を長期にわたって動員し、自国の国民にも苛酷な犠牲を求め続ける総力戦は、その犠牲の代償を要求する権利主体を自らの体制内において創出・蓄積していく。そのような新たな権利主体とどう向き合っていくかということは、戦時だけではなく、戦後においても避けては通れない重要な課題の一つであった。

　たとえば、近年の日本における福祉国家研究のなかで、第二次世界大戦下の日本に「福祉国家に非常に近い体制」を見いだし、その総力戦体制を「福祉国家の源流」として位置づける見解が提起されている[1]。「福祉国家」という理念がまだ存在もしていなかった日本の戦時下で、このような動きが見られるのは一見奇妙な現象であるが、そこには一定の根拠がある。

　つまり、国民に苛酷な犠牲を強いる総力戦を長期にわたって安定的に維持するためには、深刻な混乱や窮乏化へと向かう国民生活を、国家としてもそのまま放置するわけにはいかないからである。こうして、国家が国民生活に大幅に介入し、所得や富の再配分によってその生活の最低水準を保障しようとする圧力が、平時とは比較にならないほど高まる。そして、その実現をめざす政策主体の形成や制度化も一定程度進んでいく。日本でいえば、戦時下で各種社会行政を主管する厚生省という政策主体が創設され、国民健康保険

や厚生年金保険（当時は労働者年金保険）などが導入された。これら戦後日本の社会保障制度の「骨格」にあたる部分は、総力戦体制が整っていくなかで形成されたのである[2]。

もちろん、戦時中国の場合は、国家と社会の双方において日本とは異なった条件をもっていたために[3]、上記と同様な議論は簡単にはできない。それに加えて、戦後中国の歩みも、日本とは大きく異なっていたことも考慮しなければならない。周知のように、中国の場合は、戦後1年足らずでもう1つの総力戦である国共内戦が勃発し、それが4年間にわたって継続する。しかも、その結果、劇的な体制変革（革命）がもたらされた。革命後の社会では、旧体制のもとで権利主体であった存在（たとえば、日中戦争を戦った国民政府の元出征軍人）が、逆に政治的迫害の対象として位置づけ直されてしまう[4]。

しかし、そのような中国においても、総力戦に内在するメカニズムは作動していたのであり、上記のような社会政策・社会保障を求める圧力と全く無縁であったというわけではない。そして、このような圧力とどう向き合うかが、日中戦争後においても厳しく問われていた。これへの対処を誤れば、再び総力戦に臨もうとする国家に対する社会の信任は大きく揺らぎ、ひいては内戦の帰趨をも左右しかねない危険なリスクを背負うことになるからである。

本論では、日中戦争期およびその後の内戦期を通して最も多くの戦時負担を強いられた四川省という地域を対象として、戦後内戦期における退役軍人および出征軍人家族に対する社会的支援をとりあげる。そして、その軌跡を追うことを通じて、上記の圧力にさらされる戦後中国社会の動向や特質の一端を素描することが、本論の目的である。こうした作業の過程で、革命前夜の国民政府が着手しようとした「限田」や「戦士授田」についても、その歴史的意義が明らかになろう。

管見によれば、以上のような視角から戦後中国社会を考察した先行研究は見あたらない。しかし、日中戦争を戦った退役軍人が戦後にどのように扱われたかという点については、すでに私の前著[5]で具体的に触れている。その点で、素材としては部分的に前著と重なるが、本論は異なった視角からのア

プローチであることを断っておきたい。

I 退役軍人たちの現実とその位置

1　一般兵士の場合

　まず、日中戦争を戦って、戦後故郷に帰還した退役軍人たちに焦点をあてる。彼らは戦後社会のなかで、どのような存在であったのか。ここでは、便宜上、①日中戦争期に導入された徴兵制を通じて招集された一般兵士たちと、②彼らの上官でもある各部隊の小隊長以上の幹部たちに分けて論じていく。後者の多くは、職業軍人であるが、多大な権力と富を保持している高級軍人は、さしあたり考察対象から除く。まず、前者の一般兵士から始めよう[6]。

　日中戦争の終結後、国民政府は復員兵士の故郷への送還を円滑に進めるために、全国各地に復員兵士送還の中継拠点である「復員站」を設置した。四川省でいえば、省内に5つの「復員站」を1946年8月15日に設置し、翌年の2月15日に撤廃されるまでの6か月間に組織的な兵士送還事業を実施した。

　この事業を統括した四川軍管区が集計したデータによれば、省内各地の「復員站」が収容した復員兵士の数は1万5157人、送還途上で病死したり入院治療に回されたりした者74人を差し引くと、実際の帰還兵士の数は1万5083人になる[7]。この数字は、日中戦争期四川省の徴兵数約256万人とくらべれば、ほんのわずかに過ぎない。たとえ戦場で死傷した者がおびただしい数にのぼっていたことを考慮しても、これはやはり異常に少なすぎる数字である。もちろん、駐屯地が四川省に比較的近かった兵士のなかには、「復員站」を経由せず、独力で帰還した兵士もいたであろう。しかし、その数は、当時においてもきちんと把握されていない。

　他方で、激しい戦闘の過程で所属部隊との連絡を断ち切られ、散り散りとなって遠方の戦場に取り残されたり、逃亡して行方不明となったりした四川人兵士たちも大勢いた。四川省の兵役業務の責任者も認めているように、

「軍隊を整頓したとき、逃亡したり、衰弱したり、退役時に四川に戻らなかった者はいくらでもいた」のである[8]。そのような兵士たちは、軍隊の側でもその数を把握していなかったし、責任をもって改めて調査しようとする動きも鈍かった。

そして、彼らの一部は、帰郷したくてもできないまま、故郷から遠く離れた異郷の地で悲惨な流亡生活を強いられていた。当時の新聞報道によれば、その数はほぼ10万人にのぼると推測されているが、正確にはわからない。彼らのなかには、生きるために犯罪行為に走る者も多く、各地の治安を悪化させていた。そうした犯罪が多発した地域では、四川なまりを操るというだけで、その地で生計を立てることはもとより、安全に通行することさえ困難になっていた[9]。

もちろん、このような孤立無援の境遇に陥ったのは、四川人兵士だけではなかったはずである。しかし、四川人兵士の場合は、比較的数が多いうえに、故郷四川が戦場から遠く隔たっており、独力で帰郷することは容易ではなかったのである。

こうした事態が四川省に伝わると、四川省参議会が彼らの救済を決議し、それをうけて、四川省政府社会処が中心となって、1947年2月、具体的な救済策を取りまとめた。その内容には、流亡兵士たちの捜索、帰郷のための旅費・食費の支給、帰郷後における就業支援などが盛り込まれている。その際、各地に散在する兵士たちの人数や所在の把握には、長江流域に張りめぐらされていた四川人同郷会のネットワークを利用することになっていた。すなわち、四川省政府が事業資金を拠出し、実際の業務は四川人同郷会が担当するという計画であった[10]。

ところが、省政府は財政難のために、さしあたり南京・上海の2ヶ所に事業対象を限定せざるをえなかった（当初の計画では、長江流域の拠点都市である南京・上海・九江・漢口・宜昌の5ヶ所）。それでも、南京の事例からは、やはり資金不足の実態がうかがわれる。南京の四川人同郷会からの緊急書簡によれば、準備した資金源が枯渇した後も、毎日、数人ないしは数十人が救

済を求めて集まってきて、省政府の救済基金だけでは機動的に対処できない状況が報告されている[11]。一定の取り組みが行なわれていたとはいえ、流亡四川人兵士の救済問題は、本格的な解決に向かうことはなかったのである。

　他方、四川省参議会の圧力を受けて、四川軍管区は、中央の国防部に対しても四川人流亡兵士の帰還と救済を繰り返し要請していた。しかし、その要請は聞き届けられることはなかった。すなわち、国防部が1947年5月に出した流亡兵士の扱いに関する指針は、そのことをはっきりと示している。そこでは、各部隊が駐屯地で流亡兵士に遭遇した場合、彼らを収容して部隊の欠員補充にあてることになっていた。つまり、出身地への送還は想定されていなかったのである[12]。したがって、故郷に帰るすべのない流亡兵士たちの多くは、新たな内戦の戦場へと再び送り込まれていったと判断してよいだろう。

　それでは、出征兵士の総数からみればほんのわずかではあるが、帰郷してくる退役兵士たちは、故郷である四川省においてどのような存在であったのであろうか。

　四川省政府社会処の行政文書のファイルには、退役兵士たちによる陳情書の類が数多く綴じ込まれている。そこには、出征中に妻や家屋・土地・財産を違法に奪われ、生活のすべを失い途方に暮れる彼らの姿が浮かび上がってくる[13]。

　戦地から帰郷してきた兵士たちの目に映ったのは、日中戦争期において出征兵士家族の生活援護や権利保障が制度化されていても、脆弱な法秩序の下でそれがほとんど機能していない酷薄な基層社会の現実であった。一家の大黒柱の長期にわたる不在に乗じて、その家族に牙を剥いた「敵」は、主として行政末端の悪辣な権力者や基層社会に巣くう札付きの悪漢たち（史料では「土豪劣紳」と表現されている）であった。彼らは、戦時下で窮乏化し荒廃する社会のなかで、剥き出しの暴力や狡猾な違法行為をも辞さず、したたかに立ち回って富や勢力を保持・拡大してきた人々であった。

　しかし、「敵」は彼らばかりではなかった。兵士たちの身近な近親者もまた、少なからず加害者の列に加わっていたのである。たとえば、妻方の父親や実

家、あるいは面倒を見ていた同族の小作人などが、違法な手段によって、出征兵士家族の権利や生活を踏みにじって自らの利得を手にしていた。加害者側の言い分を記した史料は見あたらないが、加害者側もまた、苛酷な戦時下をなんとか生き延びるのに精一杯であって、より困難な状況に追いやられた近親者をいたわる余裕をなくしていたのである。

　当時の新聞報道は、成都市の大通りの真ん中で、元兵士たちが貧困と疾病のために行き倒れている姿を伝えている。その記事は、周囲の市民たちの冷淡な態度をも見逃さず、「人々のあるべき同情心は、どうして消え去ってしまったのだろうか」と憤慨している[14]。帰還兵士たちは、抗戦の勝利に貢献した英雄として、常に賞賛と感謝をもって迎えられたわけではなかった。

　ここで、日中戦争中に軍隊から逃げ帰った兵士を、地元の人たちが「非国民」として批判するどころか、むしろ「やり手」として迎えたというエピソード[15]を想起してもよいだろう。逃亡兵士を「やり手」として迎える社会においては、逃亡兵士とは対極に位置する凱旋兵士に対して特別な尊敬の念が共有されていたかどうかは、必ずしも自明のことではない。端的に言い換えれば、ナショナリズムが深く根を張っていない社会では、国家のために貢献した凱旋兵士を歓待する社会的雰囲気が醸成されにくく、また、彼らを大切にする規律も機能しにくかったのである。

　しかし、以上のような不条理や悲劇に直面した兵士たちが、ただ途方に暮れてその悲惨な境遇に押しひしがれていたわけではない。彼らを、たんに物言わぬ無力な被害者としてのみ描くことは誤りであろう。上述したように、彼らの知られざる窮状を浮かび上がらせたのは、彼ら自身が行政機関に向けて提出した無数の陳情書にほかならなかった。生命の危険を顧みず、国家のために貢献した自分たちは、本来は社会的支援を受けるべき正当な権利をもった存在であって、粗末に扱われてはならないことを、彼ら自身は明確に意識していた。少なくとも長い軍隊生活のなかで、ナショナリズムにもとづく強烈な権利意識を抱いていた兵士たちも大勢いたのである。そして、そのような彼らから妻や財産を奪い取る違法行為は、通常の犯罪を越えた、国家

への許し難い背信行為としてとらえられていた[16]。

　さらに、注目したいのは、兵士たちとその家族を襲ったさまざまな理不尽な被害について、同じ部隊の上官が本人に代わって、その出身地の行政機関に対して訴えている文書も少なくないことである[17]。そこからは、戦場で生死を共にすることを通じて培われた軍隊内の濃密な絆の存在がうかがわれる。一般に、国民政府の軍隊内に兵士虐待や汚職が蔓延していたことは多くの史料が伝えるとおりであるが、それだけで当時の軍隊組織を論じることはできない。上記の文書群は、部下の身の上に降りかかった理不尽な事件に同情し、それを黙って見過ごすことができない上官たちが、たしかにいたことを示している。

　もちろん、遠く離れた駐屯地から届けられる書簡に、どの程度の実際的な効果があったかは疑問であろう。とはいえ、少なくとも地元の行政機関の対応が、直接の被害者だけではなく、彼らの所属していた軍隊の上官たちからも注視されるようになっていた。その点では、被害を受けた帰還兵士たちは、全く孤立していたとはいえない。帰還兵士たちをその管轄区内に大勢抱え込んだ末端の行政機関は、帰還兵士たちの背後に軍隊という集団の圧力を意識せざるをえない状況に置かれていたのである。

2　職業軍人の場合

　それでは、彼ら上官たちの戦後は、どのようなものであったのか。視点を、一般兵士から、職業軍人である各部隊の幹部クラスに移そう。

　戦後しばらくすると、余剰人員として解任され失業を余儀なくされた「軍官」（各部隊で小隊長以上の幹部を指す。多くは職業軍人。以下、括弧を外す）が中心となった集団的な示威行動が、各地で出現するようになる。彼らは、日中戦争期に徴兵制によって大量に招集された一般兵士とは異なって、大半が日中戦争以前から従軍し、職業軍人としてその半生を過ごしてきた人々である。そのなかには、なお軍人としての栄達や活躍の場を求める者もいれば、長く劣悪な軍隊生活によって心身ともに衰弱しきった者もいたであ

ろう。そして、彼らもまた除隊後の生活難に直面し、不満を募らせていたのである。

成都市では、1946年後半ごろから、「余剰・失業軍官」を名乗る集団が軍隊への復帰を求めて示威行動を繰りひろげていた。政府は、一方で彼らの一部を改めて軍隊に吸収・再雇用するとともに、それでもあぶれた軍官たちの集団的示威行動については、人心を惑わせ、治安を害する非合法活動であると断じて、取り締まりの対象とした。その結果、示威行動の首謀者たちは逮捕された[18]。こうしたなかで、前途を悲観した「失業軍官」が入水自殺をしたという事件が、当時の新聞で大きく報道されている[19]。

その後、1947年6月初め、成都市では退役軍官600人余りの名義で、師管区や団管区（地方レベルの徴兵機構。当時、軍管区－師管区－団管区の3級制であり、この下に各県政府の軍事科が置かれていた）の長官が退役金を不正に流用したとして告発される事件が発生した。当時の新聞は、この事件の背後に在郷軍官会と国家の軍政機構との離間を謀る悪質な企てがあったと報じている[20]が、退役軍官の集団行動が、たんなる軍隊への復帰を求める猟官目的から抜け出しつつあったことを示している。彼らの目的は、すでに軍隊への復帰ではなく、民間社会で生きていくための生活支援と権利擁護に軸足を移していた。そして、先ほどの事件は、それを妨げていると考えられた徴兵機構の不正行為を告発したものであった。

このような変化の背景としては、おそらく、この頃には、内戦の拡大にともなって、なお戦場での戦闘行為に堪えうると判断された退役軍官の再雇用が大きく進展し、陳情集団の内部構成が変わっていたという事情があったと思われる。また、同じころ、1947年5月に、中央の国防部が「各県（市）退役軍官就業委員会」を設置させ、その就業を支援する姿勢を明らかにしたことも背景として指摘できるだろう[21]。

こうして退役軍官の動向は、一般の退役兵士たちが個別的な被害案件に即して行なっていた無数の陳情活動と内容的に重なり合うような性格を帯びていく。違いは、退役軍官の場合、部隊を指揮する幹部にふさわしく、集団行

動や世論への働きかけなど、より効果的で洗練された戦術を駆使していたことである。

　彼らの集団行動における意識を、彼ら自身の言葉によって取り出してみよう。やや時期は下って、内戦末期の事例であるが、1949年4月、成都市の在郷軍官の請願団は、同市の新聞記者を招いて、自分たちの苦境をひろく社会に向けて訴えている[22]。このような戦術を採用すること自体、彼らが知的エリートであったことを物語る。そのなかで、請願団の代表者は、次のように述べている。

　8年間の抗戦において我々は非人間的な生活を送ってきました。しかし、国家に尽くすことを思い、最後まで苦しみに耐え抜いたのです。勝利を得た後、戦死者は幸いにして忠義に骨を埋めたが、生き残った者は除隊して帰郷し、農業もできず軍人にもなれず、商業を営む資金もありません[23]。

　職業軍人として半生を過ごし、軍隊以外で職業生活を営む技能や経験に欠けている彼らにとって、除隊後に生計の手段を見いだすことは容易ではなかったのである。もちろん彼らには、一般兵士とは異なって、その職階に応じて半年に一度の年金が支給されていた。しかし、内戦末期の凄まじいインフレのもとで、その額は最低の生活を営むことさえ困難なレベルにまで下がっていた。

　再び彼ら自身の言葉を引用しよう。たとえば、半年ごとの年金支給額は「中将なら4万余元、尉官ならわずか1万5千元程度」であったが、「半年とは6ヶ月のことです。その1万元の金円券で水を飲みましょうか、それともお茶を飲みましょうか」と皮肉っている。つまり、すでにこの時期には、「法幣」から切り替えられた「金円券」の信用も急激に下落し、ほとんど紙くずに近い価値しかなくなっていたのである。そして、「我々は軍人の脳髄をもち、愛国の観念だけしか持ち合わせていません。それでも忍耐の限度を超えれば、生存を要求する権利はあります」と強調したという[24]。

このような在郷軍官たちの集団行動の事例は、成都市以外でもひろがりを見せていた。当時の新聞報道から主な事件を拾っていこう。

　1948年9月、沱江流域の資中県では、在郷軍官が県参議会に「優待穀」の追加支給を提案したが、財源不足のため、この要求は受け入れられなかった[25]。ここでいう「優待穀」は、出征軍人家族の生活支援として、毎年3回に分けて支給される穀物である。そして、当時の規定では、「優待穀」の支給も含めて、出征軍人家族の各種援護項目は、出征軍人が退役した後3ヶ月以上を経過すれば、停止されることになっていた[26]。

　県参議会の上記決定に憤慨した在郷軍官たちが60〜70人ほど集まり、県参議会副議長張玉階（当時、議長代理を務めていた）に面会を求めて大騒ぎとなった。副議長だけではなく、騒ぎの連絡を受けた県長も姿をくらましてしまい、率先して混乱の収拾に乗り出そうとはしなかった。その後、この事件の責任をとって、副議長は辞職を申し入れ、県参議会が機能停止に陥る事態にまで発展した。報道によると、県参議会は、対日抗戦に貢献した在郷軍官の困難な境遇に対して、むしろ深く同情を寄せていた。ところが、同県には在郷軍官が900人余りいて、そのうち「優待穀」を受領していない者がなお約400人にのぼっており、もし要求どおりの額を全員に支給すれば、膨大な数字となってしまう。その負担は、新たな出征者への援護にも迫られていた県政府の力ではどうにかなるものではなかったという[27]。

　1949年3月、重慶の北西部に位置する銅梁県では、200余人の在郷軍官がやはり「優待穀」の支給を求めて集団で県政府に乗り込む事件が発生した。資中県の場合とは異なって、県長徐競存は勇気をもって自ら面会に応じたが、説得の努力も実を結ばず、逆に幾重にも包囲されたまま身動きもとれない窮地に陥った。次いで、在郷軍官たちは代表者を出して、県政府の関連部署とともに、出征兵士に支給された「優待穀」の残高を調査し、そのすべてを在郷軍官に支給することにした。これによって、その場の騒ぎは収まったという[28]。この事件は、在郷軍官の集団的な陳情が県長を団体交渉の場に引きずり出し、それでも決着がつかずに、強引な直接行動に踏み切ったことで、一

定の成果を引き出した例である。
　同年4月、重慶の北側にある合川県では、在郷軍官会が会員大会を開催し、そこに集まった600余人の会員が協議して、「優待穀」の追加支給を迅速に行なうように県政府に求めることを決めた。その後、県政府前広場に向けて整然としたデモ行進を行ない、代表者が県長・県参議会議長と交渉に入ったが、回答は曖昧で、満足する結果は得られないまま散会した。同会の会員たちは、次のように語ったという。

　我々は半生を費やして心身ともに国家のために貢献し、日中戦争期には血と汗を流した。その結果が失業である。政府が規定する「優待穀」は地方の少数者の手に握られ、久しく支給されていない。我々は生活に迫られている。このままでは終われない[29]。

　以上の3つの事例は、おそらく氷山の一角であろうが、参加者が多い場合で数百人程度の規模の集会や請願が行なわれていたことがわかる。また、彼らを率いる代表者たちは集団を暴徒化させることなく統率し、県長や県参議会ともきちんと渡り合える交渉能力をもち、ときには新聞記者を招いて世論に訴える手段も身につけていた。しかも、抗戦で辛酸をなめ尽くした彼らの経歴と、愛国の理念を大義名分に掲げる彼らの言動は、当局の自制を引き出していたように思われる。少なくとも上述の事例からは、公的な場では露骨な弾圧を加えることを、地方当局が手控えている様子がうかがえる。
　在郷軍官たちは、行政側からいえば、強硬手段に出て力ずくで抑え込むこともできず、かといって、財政難のために要求をそのまま受け入れることもできない、厄介で扱いにくい集団であったのである。

3　戦後社会における位置

　一般の帰還兵士たちも含めて、このような法的にも道義的にも正当性を背負った権利主体の登場は、戦前には存在しなかった戦後社会の新たな要素で

あるといってよかろう。総力戦となって人的資源を動員し続けた日中戦争は、戦後社会に国家による保護・救済を正当な権利として主張できる新たな社会層を生み出していたのである。

さらにいえば、国家が彼ら退役軍人たちを放置ないしは敵視することができない、もう1つの事情が存在していた。国共内戦の本格化にともない、1946年10月から徴兵制を再開したことである。つまり、彼らを無惨な境遇にそのまま放置したり、露骨な弾圧を加えたりして、その姿を衆目にさらせば、再開した徴兵制の前途に重大な悪影響をおよぼすことになる。新規に兵役対象となる者やその家族たちが、彼らの姿に自らの将来の姿を重ねて見てしまうからである。そうなれば、ますます徴兵に積極的に応じる者はいなくなってしまう。

そればかりではない。1949年1月1日から施行された「戡乱期間徴兵要則」によれば、県長は自衛総隊長を兼任し、徴発した壮丁の編成・訓練・管理・徴集を行なう責任を負うが、在郷軍官のなかから副総隊長1人を選抜し、これらの業務に協力させることになっている[30]。総隊長を兼任する県長が県行政全体を統括する立場にあることを考えれば、副総隊長という役職の重要性は自ずと明らかであろう。つまり、在郷軍官は軍人としての経験や能力を買われ、徴兵制の実務を指導する役割を担わされた。内戦末期になって徴兵制の維持がますます困難となり、在郷軍官を体制外へと押し出すよりも、体制内に取り込んで利用する方が得策であると、国家によって判断されたわけである。

また、同年3月、四川省第10区行政督察専員公署は、在郷軍人の管理を強化する一環として、保安団隊や地方自衛隊の各級幹部に欠員が出た場合は、できる限り在郷軍官から補充すべきだという方針を示している[31]。在郷軍官を徴兵制や自衛組織へ組み込もうとする方針は拡充されつつあった。

もちろん、上述の職務を与えられたのは、退役軍官のなかのごく一部であったと思われるが、彼らの協力を引き出すためにも、退役軍官たちの生活保障や要求の充足はおろそかにできない課題にほかならなかった。

総じていえば、徴兵の再開は、国家が退役軍人に対して支援の手を差し伸べる圧力を強めることになった。しかし、内戦下で急激に拍車がかかる国家の財政破綻は、このような圧力を現実化する能力を国家から奪い取っていた。先ほど紹介した集団的な陳情の前で、なすすべもなく立ち往生したり、巧みに身を隠したりして、事態の収拾を率先して主導できない県政府当局者たちの姿は、その解きがたい矛盾を象徴的に示していたのである。

II　内戦期出征軍人家族援護の動向

1　「安家費」の中央負担方針の顛末

　1946年10月に再開された徴兵制は、当然、新たな出征軍人家族を生み出していく。それは、とりもなおさず、国家に救済を求める権利をもった援護対象者の数が再び増殖していくことを意味していた。日中戦争期にすでに地方財政の枯渇や末端行政の乱脈さのために、各地で紛争を引き起こしていた出征軍人家族の援護事業は、これにいかに対処しようとしていたのだろうか。
　出征軍人家族への援護は、日中戦争期において物心両面にわたる相当に周到な内容をもった条例が整えられていた。ここでは、物的援助（穀物・金銭などの支給）に話題を限定するが、その他にも、臨時の強制寄付や労役の割当免除、生活・就業支援や子弟の教育援助、出征期間中の小作権の保全、無償の代理耕作、慰労会や慰問の実施など広範な事項が規定されていた。しかし、その実効性は低く、指定された財源は、ほとんどが地方が自前で調達しなければならない項目であり、中央政府からの財政支援は計上されていなかった[32]。
　実態からいえば、当初の援護事業において財源の基軸になったのは、各県が自然災害や凶作に備えて歴年備蓄してきた非常用穀物である「積穀」であった。その備蓄量の5分の3までが、援護事業に流用できることになっていた。ところが、日中戦争が長期化して年ごとに出征軍人家族の数が膨れあがって

いくと、「積穀」からの流用だけでは事業の需要を支えきれなくなる。こうして、次第に増大したのが、住民に対する寄付の強制的な割り当てであった。それでも、この強制的な寄付への依存は、抜本的な解決策にはなりえなかった。戦時下で極度に疲弊した一般住民にとっては重い負担であり、他方で負担能力のある富裕者は積極的に寄付に応じようとはしなかった[33]。これに末端職員の不正行為が重なって、予定の額を確保することは困難であったのである。

このようななかで、戦後になると、中央の国防部は徴兵業務を円滑に遂行するために、「安家費」（留守宅手当、兵士の出征時に家族に支給される一時金）については中央から支出する方針に切り替えた。しかも、四川省で徴兵を再開する直前の時期には、その増額を打ち出した。すなわち、四川軍管区によれば、1人当たり2万元であった「安家費」は、5万元に増額され、「壮丁徴召費」（「安家費」とは別枠で、徴兵業務遂行のために必要な行政経費）も1人当たり5千元が1万元に増額された。また、これと同時に、入営した壮丁1人当たりに支給する被服・食事の量を細かく規定し、病院・診療所の増設、遠距離行軍時の車輛・船舶の利用など、待遇の改善も示されていた[34]。

戦後まもないこの時期には、まだ国民政府に財政的余裕があり、徴兵の再開を円滑に進めるために中央からの財政支出、さらにその増額を打ち出すことが可能であったわけである。しかし、性急な経済の自由化政策の失敗と内戦の激化によって、国家の財政的余裕は急激に失われていく[35]。

先の増額された「安家費」についても、全額が規則どおりに中央から支給されていたわけではなかった。たとえば、1946年12月の四川軍管区の報告によれば、四川省に支給されるべき「安家費」「壮丁徴召費」を併せた総額は、37億2千万元余り（同年度の徴兵割当数6万200人分）であったが、実際に四川軍管区が受け取った額は7億元余りにとどまっており、同軍管区は中央の国防部に残額の支払いを要求していた[36]。ところが、その直後、先の増額分を削減して、元の額にもどすという通告が国防部から改めて届けられた[37]。徴兵再開後すでに2ヶ月近く経過し、なお徴兵業務が継続されているなかで

の、まるで絵に描いたような朝令暮改ぶりである。

　増額分を差し引いた元の額で計算し直せば、四川省に支給されるべき「安家費」「壮丁徴召費」を併せた総額は15億元余りであるから、それでもなお不足額は半分以上にのぼっていたことになる。翌年(1947年)2月下旬になって、ようやく5億3千万元の追加支給が四川軍管区に届いたが、すでに徴兵再開から数えて4ヶ月近くも遅れており、しかもなお2億2千万元ほど足らなかった[38]。同年6月下旬になっても、なお支給に与れていない県政府が10数県にのぼっていた[39]。

　このように、中央からの「安家費」の増額方針は完全な「空手形」に終わり、減額後の支給額についても大幅に執行が滞っていたのである。その多額の不足分は、結局、地方行政機関が手段を講じて立て替えるしかなく、自前で捻出しなければならなかった。前述した日中戦争期と同じ財源問題が、戦後においても再現していたのである。

　その後、1947年度になると、前年度には「空手形」に終わった増額方針が再び提起される。ところが、内戦の戦況が悪化し、四川省の徴兵ノルマも急増する1948年度(四川省の徴兵割当数17万4800人、1946・47年度の約3倍)になると、「安家費」を中央から支出する制度そのものが打ち切られてしまう。「安家費」は、日中戦争期と同様に、全額、地方が自ら調達しなければならなくなり、その額も中央が統一した基準を示すのではなく、各県政府によって管轄地域の財力や住民の生活水準に応じて決定されることとなった。

　徴収の方法は、新兵を徴発されていない家に負担させることを原則とし、「赤貧」の家を除き、住民の負担能力にもとづいて等級に分け、強制的に寄付を募ることになっていた。その際、末端の郷鎮や保甲が寄付金を恣意的に住民に割り付けたり(「攤派」)、規定額を勝手に増減させたりする行為は禁止されている[40]。

　しかし、日中戦争期の末端行政の乱脈さと、それによる紛糾事件の多発を想起すれば、この指示が文字通りに実施されたとは考えられない。財源の手当てを放棄して、過重な業務だけを末端行政に「丸投げ」する行為は、職員

の規律の弛緩と機能不全を生み出さざるをえないだろう。この点を、もう1つの出征軍人家族に対する直接の物的支援である「優待穀」(前出)の支給に即してみてみよう。

2 「優待穀」支給の限界

「優待穀」の支給については、「安家費」のように財源をめぐる新たな動きはなく、戦後においても一貫して地方が自前で捻出しなければならなかった。ここでも、日中戦争期と同じように、当然、財源不足は深刻であり、これに末端職員の汚職が加わって、出征軍人家族に「優待穀」が行き渡らない紛糾が多発していた。当時の新聞報道から、いくつかの具体例を紹介しておこう。

まず、保長の不正行為の事例である。省北西部に位置する安県の住民である陳新泰は、1943年に保長に拉致されて従軍したが、その家族が受領すべき「優待穀」は保長によって横領されていた。陳の家族には農作業ができる壮年はおらず、残された老人と幼児は貧困のどん底にあえいでいた。1947年7月に短期の休暇を取って帰省した陳は、その状況を見て憤慨し、保長にかけあった。ところが、相手にされず、逆に口汚く罵倒されて引き下がるしかなかった。付近の住民たちの話によると、この保長は保内の「優待穀」を出征軍人家族には一切支給せず、ことごとく横領しており、最近ではそれで得た利得によって良田を10数畝購入、瓦葺きの家を1軒新築し、まるで富豪のようになっているという[41]。

次は、郷長と区長が引き起こした暴行事件である。省西部にある仁寿県の「優待穀」は、国防部の規定よりも相当に少ない額が毎年支給されてきたが、1947年5月(旧暦)、同県楊里郷の郷長は米不足のために「優待穀」を支給することができなくなった。そのため、出征軍人家族と会おうとしなかった。このような事態に直面し、出征軍人家族たちは、たまたま楊里郷にやってきた区長(ここでの「区」は県と郷鎮の中間に位置する行政区画)に会って、支給を求める請願を行なった。すると、区長は怒りだして、その場で請願者の1人であった張光裕を縛り上げ、激しい暴行におよんだ。張は体中傷だら

けとなり、息もたえだえの状態に陥った。この事件によって義憤にかられた退役軍官王某は、中央の国防部や四川省政府、さらには全国各地の在郷軍官会などにも事件の経緯を伝え、加害者の懲戒免職を訴えたという[42]。

　以上のような事件は、新聞報道だけではなく、当時の行政文書からも各地で頻繁に発生していたことが確認できる。とくに、後者の暴行事件については、退役軍官が抗議の「声」をあげていた事実に注目しておきたい。前節で触れたように、戦後社会における彼らの存在は、たんなる救済対象というだけではなかった。それは、実効性は十分ではなかったとはいえ、少なくとも末端行政や基層社会に規律を持ち込む圧力の1つであった。

　さて、「優待穀」の支給には、もう1つの問題があった。受給資格をもつ出征軍人家族が厳密に把握されていなかったことである。「安家費」の場合は、出征時における1回限りの支給だけで済んだが、「優待穀」は、出征期間を通して、毎年3回、出征軍人家族の生活支援のために支給されるものであり、出征者やその家族に関する基礎的な個人情報の収集・管理は、より一層重要な意味をもっていた。

　日中戦争末期の1945年3月に、四川省政府は、出征軍人家族の実態をより正確に把握するために、各県に対して管轄内の出征軍人家族を「赤貧」・「自給」・「小康」に分けて、それぞれの数を報告するように求めた。「赤貧」・「自給」・「小康」の3分類は、限られた事業財源を、出征軍人家族のなかでもとくに生活困窮者に重点的に配分しようとする意図にもとづいていた。

　当時の行政文書をひもといてみると、この命令にもとづいて作成・報告された各県の統計表を断片的に確認することができる。ところが、その統計表が確認できる県の数はごく限られており、県政府のなかには、過去の記録が不確かで、期限どおりに調査を完了できないと訴えたり、管轄下の郷鎮公所に繰り返し督促しても調査報告を提出してこないといった回答を提出したりした事例も見いだすことができる。政府による出征軍人家族の把握自体が、きわめて脆弱なものであったことがうかがわれる[43]。

　さらに、戦後になると、前述したように、軍隊の整理・縮減によって部隊

を離れる軍人も増加していく。そのような変動を改めて捕捉したうえで、援護対象としての出征軍人家族を再点検することが求められた。しかも、その後、徴兵再開によって新たな援護対象者が増加し、財源不足がさらに深刻になると、事業支出を抑制する意味でも、過去に登記した援護対象者の再点検は緊要な課題として浮上していく。

たとえば、成都市では、1947年2月に全市を対象に出征軍人家族を再登記し、身分証の切り替えが実施された。その際、各種証明書や最近前線から届いた手紙類の提出が求められた。書類に不備があった場合は保甲長の誓約書によって認定を受けたが、偽って出征軍人家族になりすましている者が判明すれば、当地の保甲長が厳罰を受けることになっていた[44]。

同市では、このような再登記は、1949年9月にも実施され、このときには援護対象となる出征軍人家族として資格に欠ける者が市内全体で1252人もいたことが判明したという[45]。この数字が正しいとすれば、同市の出征軍人家族の全登録数4318人の約22パーセント強にあたり、従来「優待穀」を受領していた5人に1人以上が、「偽者」ないしは「不適格者」であったことになる。

このような問題は、岷江流域の彭山県でも起こっていた。同県の兵役協会は、1949年11月に会議を開き、そこでは出征軍人家族になりすまして「優待穀」を受領している者が多すぎて、そのために「優待穀」が不足しているという議論が行なわれていた。同県の県長は、こうした議論をうけて、各郷の保甲に職員を派遣し、現地で戸籍にもとづく再調査を実施することを決定した[46]。

しかし、ここでは意図的な「偽者」だけが問題ではなかった。1948年初め頃になると、法規にもとづいて援護対象者を厳密に絞り込み、不適格者を排除する命令が繰り返されるようになっていた[47]。その背景には、前述した退役軍人や出征軍人家族による「優待穀」支給を求める陳情活動が各地でひろがりを見せるなかで、法規を逸脱した不適切な要求も増えていたからである。

優待条例の規定によれば、次のような場合は、出征軍人家族であっても援

護対象から外すことになっていた。すなわち、①入営後、逃亡した者、②逃亡後、捕獲されて兵営へと送り返された者、③逮捕命令が出て指名手配された者、④帰省・退役・除隊して3ヶ月以上経過した者、⑤休暇を取得して1ヶ月以上部隊に復帰していない者である。この規定は日中戦争期から変わっていないが、財源不足の深刻化がすすむこの時期に、国防部から改めて法規どおりの運用に留意するように命令が出されたわけである[48]。

なお、このうち、とくに④の規定が退役軍官の集団的な陳情で問題になっていたことは、前節で触れたとおりである。④の規定を機械的にそのまま適用すれば、退役軍官の要求の多くを退けることができたが、道義的にはそれでは収まらず、各地の県政府は苦慮していた。ここには、過去の出征期間中に「優待穀」を満額支給されなかった場合にどう救済するかという悩ましい問題もからんでいた[49]。

このほか、1947年12月に、出征軍人が軍隊から逃亡した場合の扱い方について、国防部から四川省政府に対して指針が提示された。それによると、徴兵制を通じて招集された一般兵士の場合は、兵士の逃亡後、「安家費」を受け取っていたその家族から県政府が金を返還させ、県兵役協会がそれを保管することになっている[50]。当時、国民政府の軍隊から多くの兵士が逃亡する現象は、戦況の悪化にともなって拡大していたから、この指針を厳格に執行すれば、けっして局部的な小さな問題にとどまらなかったはずである。しかも、出征兵士家族の多くは生活に困窮しているため、過去に支給された「安家費」はすでに生活費として使われている場合がほとんどであったと考えられる。彼らから、改めて金を返還させることは容易ではなかったであろう。

とはいえ、逃亡兵士にしろ、退役兵士にしろ、軍隊から離脱した者をきめ細かく把握していない当時の実情からすれば、法規通りに援護対象を厳密に絞り込むことは困難であったといわざるをえない。その意味では、援護事業の財政負担を合理的に軽減しようとする試みは、効果をあげることはなかったのである。

III 事態打開に向けた新たな模索

1 軍隊内部における動揺

　他方、内戦の戦況が悪化するなかで、退役軍人や出征軍人家族に対する援護事業を適切に実施しなければならない圧力は確実に高まっていた。とりわけ、注目すべき点は、援護事業の機能不全が、前線で戦う軍隊にも不安や動揺をもたらしつつあったことである。

　軍隊の最高指揮官である蔣介石は、比較的早い時期からこの点についての危機感を募らせていた。蔣介石は、1947年末ごろに援護事業を重視せよという2通の「手令」（正規の指揮・命令系統を通さない直接命令）を連続して出している。まず、その1通目の「手令」[51]の一節を引用してみよう。

> この全国を動員し反乱を鎮圧する期間にあたって、出征軍人家族は多くが貧苦の人民であり、その生活は著しい困窮のなかにある。さらに、彼らのなかには郷保甲長に愚弄され、援護物資を差し止められて受領できない者が多数存在する。このような状況では、反乱鎮圧（中国共産党との内戦を指す――引用者注）に対する悪影響はきわめて大きい。

　蔣介石は、このようなリアルな現状認識を示したうえで、①「優待穀」を規定どおり確実に支給すること、②何度も慰問を行なって出征軍人家族に敬意を表し、彼らに対して「失礼な振る舞い」がないようにすること、③兵士本人の婚姻問題（出征中に妻が奪われる事件が多発していた）や子女の教育問題を解決することの3点を強調した。そして、これによって、故郷から離れて戦闘行為に専念している軍人の心理に悪影響を与えないようにすべきであると述べている。

　次いで、2通目の「手令」[52]では、上記のうち②の慰問表敬訪問だけを取り上げている。すなわち、省政府主席は、毎月1回、省内の出征高級軍人家

族の家に自ら出向いて慰問すること、市県長は、毎月1回か数回、当地の一般の出征軍人家族の家に自ら出向いて慰問し、地元の民意機関とともに、彼らが直面している一切の困難を解決するために力を尽くすことを要求している。

このような、精神論的色彩が強く、具体的な解決策を含まない最高指導者の命令が、どこまで実効性をもちえたかは大いに疑問であろう。しかし、この2通の「手令」は、故郷に残してきた家族の生活問題が軍人たちにもたらしていた不安や動揺の大きさを、軍隊の最高指揮官として、蒋介石が深刻に認識していたことを示している点で重要であろう。

その後、1948年後半の段階になると、蒋介石が軍隊内部の動揺に対して抱いていた危惧は、より一層明解な形をとって顕在化していくことになる。すなわち、同年10月に中央の行政院が四川省政府にあてた命令[53]が、それを示している。そこでは、管轄下の各県が出征軍人家族に対する援護事業にきちんと取り組むように、省政府が経常的に指導・監督することを、特に強く命令した。その理由として、当時の軍人たちが動揺している様子を次のように述べている。

近頃、各地の戦闘に従事している部隊の官兵たちは、その出身地の県市政府が出征軍人家族に対して法規どおりの各種援護を与えず、地方の臨時徴発や「積穀」の割当徴収の減免、「優待穀」の支給、および臨時救済など法律上の権益の多くを未だに享受していないと、次々と申し出てくる。

このころは、前線の軍隊への食糧供給も滞り、各地の戦闘も連戦連敗が続いて内戦の敗色が濃厚となっていた時期にあたる。そこに、故郷に残した家族が生活援護も受けられず、困窮の極みに置かれているという情報が、戦闘中の軍人たちにも漏れ伝わっていたわけである。軍隊の士気が地に落ちるのは当然であろう。

出征軍人家族への援護事業は、直接の援護対象者を救済するというだけで

はなく、前線で戦う軍隊の戦闘力を維持するためにも、抜本的な改善がより切実に求められるようになったのである。早くから危惧されていた事態が、いよいよ抜き差しならない深刻な段階へと達していた。

2　出征軍人家族への土地散布構想―「戦士授田」「限田」政策―

このような事態を打開するために、新たな施策として浮上したのが、兵士とその家族への土地の支給であった。内戦末期の凄まじいインフレの進行で貨幣価値が地に落ち、現物の食糧（穀物）支給も農村からの徴発が滞って限界を迎えるなかで、援護対象者に提供できる最後の富が土地であったわけである。1949年に入って立案され始める「戦士授田」政策と「限田」政策は、このような流れのなかで位置づけることができる。

1949年3月、西南各省の軍政当局は、軍隊の士気を向上させるために、同年度の兵士の徴集に合わせて、「戦士授田」政策を実施することを提案した。ここでは、入営後2ヶ月を経た壮丁に対して、「県の公田」1～5畝を与え、従来実施してきた「安家費」の支給は即時廃止するとしている[54]。つまり、「戦士授田」政策は、出征軍人家族援護の一環として、あるいはその機能不全を克服する代替策として登場したのである。

同じ頃、国防部は新たに「徴兵要則」を公布したが、そこではやや異なった方針が示されている。すなわち、そこでは「安家費」の支給は援護項目として残されており、他方で「戦争において功績があり、障害を負って退役した兵士と戦死した兵士の家族に対して、政府が土地を与える」という項目が存在する[55]。こちらは、傷痍軍人と戦死者遺族に対する補償としての土地分与である。この段階では、土地の受給対象者についての方針が固まっていなかった。

この後、1949年6月、四川省参議会の議員30人余りが、兵士の士気を鼓舞し、「耕者有其田」を実現するという目標を掲げて、「戦士授田」の即時実施を省政府に提案した。そこでは、1家族の土地所有面積を水田なら100畝、畑地なら200畝以内に制限し、超過する所有地は県市政府が無条件でこれを

没収し、これによって兵士1人につき水田2畝あるいは畑地4畝を分配するとしている[56]。

ここでは、兵士に支給する土地を確保するために、土地所有に上限を設け、基準を超過した分を没収するという方針が明示されている点が注目される。「戦士授田」を実現するためには、兵士に分配する土地をどのように確保するかという具体的方針がなければ、「絵に描いた餅」に過ぎないからである。

こうした省参議会議員の提案とも併行しながら、四川省政府の内部でも「戦士授田」政策の具体化が進められていた。すなわち、同じ6月に、省保安司令部、軍管区司令部、省政府社会処、同地政局という関連部署が合同で、簡潔な「戦士授田辦法」を作成し、同年度の下半期から実施することを決定した[57]。

それによると、授田対象は、①入営後3ヶ月を経た壮丁、②傷痍軍人、③退役軍官である。①については公田1～5畝を分配し、②・③については、その服役期間と戦功にもとづいて、それぞれ5～10畝を分配するとしている。ここには、前述の西南各省の提案と国防部の新しい「徴兵要則」の両方の方針が採用されている。また、各県政府がこの業務を専門的に管轄する「戦士授田委員会」を組織することも規定されている。

ところが、この「辦法」には、原資となる土地をどこから調達すべきかという点は、全く触れられていない。その理由は、少し時期を前後して、「限田」政策の具体的検討が開始されていたからであろう。

「限田」政策とは、地主の土地所有に一定の上限を設けて制限し、その超過した所有地を政府が徴収して農民に分与する土地改革である。このような政策は国民政府が公布した土地法に根拠をもつが、その即時執行に向けた立案を後押ししたのは、戦時下における農民の窮乏化や貧富の格差の拡大、そして戦時負担を忌避している富裕者に対する敵対的世論の高揚であった[58]。

四川省政府は、「限田辦法原則」の原案を作成し、1949年6月4日、省参議会に審議を委ねた[59]。その後、6月12日に、省参議会で一定の修正を経た上で審議が終了し[60]、さらに、再度、地政局による若干の修正が加えられて、

8月12日、四川省政府の省務会議で最終案が決定された[61]。つまり、①最初の四川省政府の原案、②省参議会によるその修正案、③最終決定案の3つがあり、いずれについても当時の新聞報道で内容を確認することができる。

そのなかで、土地所有の上限をどのように設定するかは曲折があり[62]、この政策の性格を評価する上でも重要であるが、ここで注目したいのは、授田対象者の規定である。いずれの案も、優先順位をつけて授田対象者を列挙している。その部分を抜き出せば、以下の通りである。

〈①の原案〉
　1) 耕作を引き受けた佃農、2) 現在の耕作人、3) 耕作能力がある本籍の退役兵士および現役兵士の家族、4) その他の耕作能力があって土地を必要としている人民、5) 本区内で耕作に3年以上従事した農民。

〈②の修正案〉
　1) 現役軍人家族、2) 雇農、3) 現佃農、4) 自作農で農地が不足している者、5) その他の土地が必要な農民。

〈③の決定案〉
　1) 現役軍人家族で耕作能力が有る者、2) 雇農、3) 現佃農で農地が不足している者、4) 自作農で農地が不足している者、5) その他の土地が必要な農民。

以上から、いずれにおいても授田対象者として現役軍人の家族が列挙され、とくに②・③では現役軍人家族が優先順位の1番目に位置していることがわかる。①にあった「退役兵士」が削除された経緯や、③において現役軍人家族に「耕作能力が有る」という条件が新たに付された経緯などは説明されていないが、現役軍人家族の救済が最も重視されていたことは間違いないであろう。そういう意味では、「限田」政策の立案は、「戦士授田」の内容を吸収し、それを包摂した形でまとめられたといえよう。

ただし、もともとの「戦士授田」政策に盛り込まれていた「傷痍軍人」「退

役軍官」への土地の支給は、ここでは抜け落ちている。この問題がどのように取り扱われることになったのかは、現時点ではうかがい知ることはできない。

いずれにせよ、四川省では、「戦士授田」も「限田」も実施に移されることはなかった[63]。1949年春夏以降になれば、四川省の農村には政府の統制がおよばない大小の暴力的な私的権力が跋扈し、大勢の飢民や難民が満ちあふれるような状況が生まれていた。しかも、そうした現象のひろがりは、末端行政の空洞化と手を携えて進んでいた[64]。煩雑な業務をともない、強い抵抗も予想される「戦士授田」「限田」の執行主体の構築など、当時の状況を考えれば、すでに望むべくもなかったであろう。まもなくして、旧四川軍閥が国民政府を見限って中国共産党側に寝返り、1949年12月27日、共産党の人民解放軍は四川省の省都成都に無血入城した。

おわりに

中国の近代史上において初めての本格的な総力戦となった日中戦争とその後の国共内戦は、国家による保護・救済を正当な権利として要求する新たな社会層を析出し続けた。その代表的な存在の1つが、退役軍人および出征軍人家族にほかならない。

しかし、本論で明らかにしたように、日中戦争後の基層社会は彼らを大切にいたわることはしなかったし、国家は彼らへの社会的支援を呼びかけながらも、末端行政にも基層社会にも、彼らを大切にする「生きた規律」を植え付けることはできなかった。激しいインフレのもとで国家財政は破綻に瀕し、社会秩序は崩壊に向かうなかで、彼らへの援護事業を下支えする土壌はついに育まれることはなかった。そして、そのことが、結果として、前線で戦う軍隊に深刻な動揺をもたらし、軍隊の士気や戦闘力を、絶え間なく、着実に奪い続けていたと考えられる。内戦の開戦当初には優勢を誇っていた国民政

府軍のあっけない敗北は、こうした側面からもとらえる必要があろう。

とはいえ、総力戦である以上、こうした事態を回避しようとする圧力も確実に作用していたといわねばならない。たとえば、当事者である退役軍人や出征軍人家族が大小さまざまな陳情活動を通じて抗議の「声」をあげていたし、それに同調するマスメディアも健筆を振るっていた。遠く離れた地に駐屯する軍隊からも告発や憂慮の「声」は強まりこそすれ、途切れることはなかったし、軍隊の最高指揮官である蒋介石もまた危機感を募らせ、厳しい叱責を繰り返していた。

そして、このような圧力のなかで、兵士とその家族に土地を散布するという「戦士授田」「限田」政策が、内戦最末期に立案されたのである。国民政府にはこれを実施に移す時間も余力も残されていなかったとはいえ、これこそ、機能不全と矛盾に満ちた同政府の出征軍人家族援護が、行き着くところまで行き着いた最後の姿にほかならなかった。通貨の価値は凄まじいインフレによって地に落ち、食糧の確保も限界を迎えて、兵士とその家族に提供できる確かな富は土地以外にはなくなっていたのである。

ところで、日中戦争前において国民政府の内部では土地改革（自作農創出）がすでに構想されていたが、それは農業経営や生産力の発展に軸足を置いたものであって[65]、ここには明らかに断絶が認められる。しかし、「戦士授田」「限田」政策を、国民政府の壊滅寸前の最後の悪あがきとして、この時期だけに固有の、何か例外的で特異な１つのエピソードに過ぎないとして片付けることはできない。なぜなら、農業発展の論理よりも、社会政策ないしは社会救済策を優先させた土地散布であったという点においては、その後の中国共産党の土地改革とも通底する側面をもっていたからである[66]。どちらも、史上空前の総力戦がもたらした甚大な犠牲と極度の社会的混乱に対する危機対応という共通した性格を有していた。

注

1) このような福祉国家研究の動向については、高岡裕之『総力戦体制と「福祉国家」――

戦時期日本の「社会改革」構想』岩波書店、2011年、序章、参照。
2) ただし、高岡裕之前掲書は、戦時と戦後との連続面ばかりではなく、その非連続性についても周到に目配りした手堅い歴史的分析を提示している。
3) 笹川裕史・奥村哲『銃後の中国社会——日中戦争下の総動員と農村』岩波書店、2007年、参照。
4) 2010年6月5日に放送されたNHKハイビジョン特集「歴史から消された兵士たち——中国"抗日老兵"の歳月」は、日中戦争に従軍した国民政府側の元兵士たちの「現在」を見つめている。今日の中国では、彼らの名誉回復や支援活動は、国家や党ではなく、若者を中心とした民間人のボランティア団体によって推し進められており、上記特集は、その地道な活動の一端を追跡しながら、様々な困難や限界に遭遇している様子を描いている。その活動は、現政権との対立を慎重に回避しながら、権力によって管理されてきた〈国民の記憶〉を自らの手で取り戻そうとする、いわば草の根の営みにほかならない。
5) 笹川裕史『中華人民共和国誕生の社会史』講談社選書メチエ、2011年、第1章第2節「退役兵士たちの戦後」、参照。
6) 一般の退役兵士についての以下の叙述は、同上書、40-55頁にもとづき、少し観点を変えて要約したものである。
7) 「韓任民報告軍管区工作」(『新新新聞』1947年6月27日)。
8) この発言は、上記報告に対する四川省参議会議員の質疑への回答である(同上)。
9) 『新新新聞』1946年10月3日・4日、11月13日など。
10) 四川省政府社会処→代理主席鄧、簽呈、1947年2月18日、四川省檔案館所蔵四川省社会処檔案186-1270。
11) 四川省旅京同郷会理事長傅況鱗・幹事陳毅夫→(四川省)主席、快郵代電、年月日不詳、同上檔案。
12) 「流浪士兵収容辦法」(『新新新聞』1947年5月25日)。
13) 具体的な事例については、笹川裕史前掲書(2011年)、49-53頁、参照。
14) 「小鉄椎・壮丁変乞」(『新新新聞』1947年6月11日)。
15) 程致君・路廉清・譚正品「回憶解放前塾江抓壮丁的情状」(政協塾江県文史資料委員会編『塾江県文史資料選輯』第2輯、出版年記載なし)、49頁。
16) この点については、笹川裕史「日中戦争期における中国の出征軍人家族援護と地域社会」(『歴史学研究』第831号、2007年9月)も参照。このような権利意識は、兵士だけでなく、その家族も共有している場合が多かった(同論文8-9頁)。
17) 笹川裕史前掲書(2011年)、49頁。具体例としては、同書第1章の注37〜40に提示した行政文書。

18)『新新新聞』1946 年 10 月 3 日。
19) 同上。
20)『新新新聞』1947 年 6 月 3 日。
21)『新新新聞』1947 年 5 月 25 日。
22)『新新新聞』1949 年 4 月 12 日。
23) 同上。
24) 同上。
25)『新新新聞』1948 年 9 月 28 日。
26) この規定は、日中戦争期から継続している。注 48、参照。
27)『新新新聞』1948 年 9 月 28 日、10 月 9 日。
28)『新新新聞』1949 年 3 月 4 日。
29)『新新新聞』1949 年 4 月 27 日。
30)『新新新聞』1949 年 1 月 7 日。
31)『新新新聞』1949 年 3 月 14 日。
32) 笹川裕史前掲論文、3-4 頁。
33) 同上、5-6 頁。
34)『新新新聞』1946 年 12 月 8 日。
35) 久保亨「国民政府の政治体制と経済政策」(池田誠ほか編『中国近代化の歴史と展望』20 世紀中国と日本・下巻、法律文化社、1996 年)、50-55 頁。
36)『新新新聞』1946 年 12 月 8 日。
37) 四川軍管区参謀長韓任民の新聞記者に対する談話(『新新新聞』1947 年 3 月 23 日)。
38) 同上。
39)『新新新聞』1947 年 6 月 27 日。
40)『新新新聞』1948 年 4 月 14 日。
41)『新新新聞』1947 年 7 月 21 日。
42)『新新新聞』1947 年 7 月 24 日。
43) 笹川裕史前掲論文、5 頁。
44)『新新新聞』1947 年 2 月 27 日。
45)『新新新聞』1949 年 9 月 22 日。
46)『新新新聞』1949 年 11 月 18 日。
47)『新新新聞』1948 年 2 月 7 日。
48)『新新新聞』1948 年 1 月 6 日。日中戦争期の援護停止規定については、方秋葦「優待出征抗敵軍人家属条例之研究」(侯坤宏編『役政史料』下冊、国史館、1990 年)、157 頁。

49）『新新新聞』1948 年 2 月 7 日。
50）『新新新聞』1947 年 12 月 6 日。
51）『新新新聞』1947 年 11 月 28 日。
52）『新新新聞』1947 年 11 月 30 日。
53）『新新新聞』1948 年 10 月 22 日。
54）『新新新聞』1949 年 3 月 18 日。
55）『新新新聞』1949 年 3 月 21 日。
56）『新新新聞』1949 年 6 月 11 日。
57）『新新新聞』1949 年 6 月 19 日。
58）笹川裕史前掲書（2011 年）、第 3 章「富裕者を一掃せよ」、参照。
59）『新新新聞』1949 年 6 月 5 日。
60）『新新新聞』1949 年 6 月 13 日。
61）『新新新聞』1949 年 8 月 13 日。
62）①の原案では、水田・畑地をそれぞれ 3 等級に分け、それぞれについて所有限度面積を細かく設定していたが、②の修正案、③の決定案では、所有地の面積ではなく、所有地の年間収穫量に基準を変更している。すなわち、年間で籾殻つき米 300 市石（30 キロリットル）以上を収穫できる土地を所有する土地所有者が土地徴収の対象となった（主要生産物が小麦その他の雑穀の場合も、その収穫量を時価で籾殻つき米に換算）。この変更は、政府によって土地測量が正確に行われていない現実を反映していた。
63）「限田」政策は、広西省ではごく部分的に実施された。その詳細は、山本真「広西派政権による総動員体制と農地改革、1946-1949 年」（久保亨編『一九四九年前後の中国』汲古書院、2006 年、所収）、参照。
64）笹川裕史前掲書（2011 年）、第 4 章「滅びゆく姿」、参照。
65）笹川裕史『中華民国期農村土地行政史の研究――国家-農村社会間関係の構造と変容』汲古書院、2002 年、参照。
66）笹川裕史前掲書（2011 年）、第 5 章第 2 節「土地改革とその社会的条件」、参照。

第3章　建国前の土地改革と民衆運動
——山東省莒南県の事例分析——

王　友明（奥村哲訳）

はじめに

　建国前の土地改革における中国共産党（以下、中共）の民衆動員の役割については、すでにおびただしい研究があるが、多くは中共が土地改革を発動して農民の土地問題を解決し、農民には「農地を保持する」という自覚があったので、中共が指導する革命運動に主体的に参加できた、と考えている。筆者は山東解放区莒南県の土地改革における民衆動員の問題についての事例研究を通して、建国前中共の土地改革の民衆動員に対する役割は否定できず、土地改革は確かに中共が民衆動員を実行する有効な道具・手段になったが、その役割の発揮には、やはり必ず一連の具体的な動員プロセスや動員テクニック、さらには組織的コントロールの有機的組合せを経なければならず、そうして初めて現出していくことができたと考えている。莒南県の土地問題の解決は早くも【日中戦争期の】減租減息【小作料と借金の利子の引下げ】の時にすでに行なわれ、しかも基本的に解決できていたから、本稿は伝統的な土地改革研究が中共中央の「五四指示」の発布を起点としているという限界を越えて、減租減息運動も土地改革研究の範囲に入れる。

I　民衆動員──土地改革の重要な目的

1　生産か？　動員か？

　毛沢東は『連合政府論』の中で次のように指摘している。「『耕す者がその農地を持つ』は土地を封建的搾取者の手から農民の手に移し、封建地主の私有財産を農民の私有財産に変え、農民を封建的土地関係から解放し、それによって農業国を工業国に変える可能性を作るのだ」[1]と。解放戦争期に中共華東局書記を担当した饒漱石も、華東局の会議で次のように語っている。「土地改革は農民の生産手段を保証し、生産力を高め、古い生産関係を打破し、新たな生産関係を樹立するためで、こうして初めて生産力を発展させられるのだ」[2]と。見ての通り、土地改革の本質的要求は、農民を解放し、生産を発展させ、国家の工業化のために原料・資金・市場を提供させることであるべきである。しかし、中共は土地改革の導入から政策の具体的な運用まで、すべて戦争の動員と結合させ、また戦争動員の必要に服し奉仕することを、土地改革の重要な、時には何よりも重要な目標とさえ見做していた。

　杜潤生は、「土地改革は初めから終わりまで激烈な権力争奪の階級闘争だった」、と考えている[3]。中国の土地改革を高くほめたたえるアメリカのジャック・ベルデンは、「中国では、土地改革はそれに匹敵するものがない革命的・軍事的戦術だった」、と考えている[4]。日本の田中恭子は、「中共の土地政策が過激化した直接的要因は軍事的なものだった」、と考えている[5]。アメリカのスザンヌ・ペパーも同様に、「土地改革の究極の本質も、共産党の権力を奪取するという直接の利益のために奉仕する政策である。これは共産党員自身の見方でもある」、と考えている[6]。

　確かに、早くも土地革命の時期に、毛沢東は次のように指摘している。「現在の闘争の時には、生産を発展させることは主要ではなく、大衆を勝ち取ることこそが切迫した要求で、ただ広範な貧・雇農大衆を決起させ、徹底的に封建勢力を打倒してしまい、全国の革命の勝利を勝ち取ってしまって、初め

て生産の発展に言及できるのだ」、と⁷⁾。「五四指示」における「一般には富農は動かさない」という規定が破られたことについての、後の毛沢東の説明は次のようであった。「政治情勢を離れて問題を語ってもはっきりした話はできない。生死存亡で、こちらには貧雇農・中農・都市プチブル、あちらには国民党・地主・帝国主義という、そんな時に富農はそれほどよいものか？だからその時は富農を中立化するというスローガンを提起できなかったのだ」。「貧雇農と富農、『この２つは、どうしても【どちらか】１つに気を配るしかない』のだ」⁸⁾、と。中共山東分局書記の朱瑞は、減租減息の初めに次のように明確に指摘していた。「我々が大衆工作を行なう最高の目的は、大衆を動員し組織し、彼らを指導し団結して革命の戦場を歩ませ、一定時期の革命の任務を実現するために闘争させることだ。これは共産党の戦略的任務だ。大衆の動員・組織を実現し、また当時の革命の任務を解決するための戦闘をさせていくのに、道は１つではないが、基本的で通常のやり方の１つは、切実な経済生活を改善してその政治的自覚を高めることから、さらに一歩進んで彼らを組織して、彼らが積極的に抗戦に参加し、積極的に新中国の建設に参加するよう導きやすくすることだ」⁹⁾、と。では何が農民に最も基本的な要求なのか。朱瑞は次のように言っている。「農民の最も基本的な要求は土地であり、耕す者がその土地を持つということだ。だからソヴィエト期には、『地主の土地を没収して農民に分配する』のが最もよく大衆を動員し組織するスローガンになった。しかし今日では、連合して抗戦する時期であり、土地革命は許されない。小作料が重く、利息が高く、待遇が低すぎること、これが今日大衆が最も苦痛を感じているものだ。だから抗戦期には、『減租減息増資』【小作料引下げ、利息引下げ、賃上げ】が大衆（主要には農民と雇工）を動員し組織する基本的なスローガンになった」¹⁰⁾、と。ここには、減租減息と土地改革の実行を通して「大衆を動員し組織する」という目的が、きわめて明確に表現されている。

2 孫文の「耕者有其田」

　実際には、農民の土地問題を解決することの民衆動員への作用を強調したのは共産党だけではなく、最も早く「耕す者がその耕地を持つ」ことを提起した孫文でさえもまた、農民の土地問題を解決することを、農民を勝ち取り立ち上がらせる手段や突破口だと見做している。1924年8月23日、農民運動講習所への訓辞、つまり「耕す者がその耕地を持つことについて」という有名な演説の中で、孫文は次のように指摘している。「皆が農村へ行って宣伝を行なうなら、どのような方法で三民主義を明確に説き、一般の農民を全て覚醒させられるでしょう。……もし口を開くなり国家の大事を説いたりすれば、どうして知識のない農民が実感を持てるでしょう。まず農民自身にどのような利益があり、国家にどのような利益があり、農民が責任を負って国家をきちんと整えれば、国家が農民にどのような利益をもたらすのかを説いてこそ、農民は容易に実感を持ち興味を持って、国事に関わるようになるのです」[11]と。孫文は進んで農民の利益がどこにあるかを指摘し、次のように語っている。「我々が農民の苦痛を解決するには、結局のところ耕す者に田畑を持たせねばならないのです。その意味するところは、農民に自分の労働の成果を得させ、その労働の成果を他人に奪われないようにすることであります。現在では農民の労働の成果が、農民自身には4割しか分けられず、地主が6割を得るのです。政府が徴収する税は、全て農民から出すのであり、地主から出すのではありません。このような状況は、不公平なものです。我々は従来、このような不公平を明らかにする宣伝に努めてこなかったので……農民が将来に幸福を享受できるようにするには、諸君が早く宣伝と連携に赴かねばなりません。農民が全て連携してこそ、我々の革命は大成功できるのです」[12]と。ここでは、孫文の「耕す者がその耕地を持つ」という思想の真の意図が一目瞭然である。

3 動員のための土地改革

　土地改革の目標が多くて、しかもその主要な目的が民衆動員の実現にある

以上、そこで、土地改革の実践において目標の間の摩擦・衝突、はなはだしくは対立さえ発生することは免れがたいが、主要目標の実現のためには、暫時次に重要な目標を犠牲にすることも道理にかなったことになる。だから、土地改革の条件は主要には土地占有が集中しているか否か、小作制度が発達しているか否か、搾取が厳しいか否かで決まるのではなく、主要にはすでに大衆を起ちあがらせているか否か、民衆動員という目的に到達しているか否かを見るのであり、大衆の動員がないか不徹底でさえあれば、土地改革は一再ならず再三繰返し進められ、土地問題が存在しないか、あるいはもはや深刻ではない状況下でさえも、土地問題の存在あるいは程度の深刻さを強調するのであり、「目標は財産の平等ではなく、貧乏人を連合して他の人に反対させること」[13]で、運動する大衆のために十分な「糸口」を探し出すのである。莒南県は減租減息・土地改革の全過程において、経済的に農民の土地問題を解決すると同時に、いつも民衆に対する動員を緩めることなく、正確に言えば、経済的目的は終始動員の必要に奉仕し服従していた。そして民衆に対する動員を実現しようとすれば、2つの互いに対峙する階級—搾取階級と被搾取階級—を強調するか構築し、「訴苦」【苦しみの訴え】をやったり闘争会を開くことを通して、農民の「階級的自覚」を啓発し、権力・権威・信念など各方面から「旧を破って新を立て」、これによって民衆動員という目標の実現を保証したのである。

II　階級的自覚の啓発

1　農民の階級意識の欠如と士紳・会門の利用

　伝統的農民について言うなら、けっして明確な「階級意識」はもっていない[14]。中共が莒南に入る前には、階級という概念は庶民にとっては初めて聞く語彙だっただけでなく、八路軍が入って根拠地を樹立した後でさえ、階級の概念はなお一般民衆には受容れられず、農民は地主を「資産家」「金持」と

呼び、「雇農」に対しては「仕事捜し」と言っていた。莒南は大部分が「みな雑姓村だが、階級対立が顕著ではないので、これまで団結はとてもよく」[15]、「農村の住民は集落や親族関係（宗族のメンバー、隣近所、村落など）に基づいており、被搾取階級と搾取階級に基づいて彼ら自身を扱っているのではなく」[16]、日常生活において階級意識を持たないだけでなく、1941年以前に党を発展させた過程においてさえも、階級・出身を際立って強調することはなかった。根拠地を初めて創設した時期、敵・傀儡・頑固派の各勢力と犬の歯のように交錯し互いに闘争するという状況の下で、中共は旧勢力を利用し各階層を団結させることの重要さを深く感じとり、また陳徳軍が次のように描くことを体得できた。「革命は必ずしも現存の社会構造全体と決裂するものではない。草の根の社会では、農民は人口の大多数を占めるが、制御する資源はきわめて少ない。しかし、一定の地域的範囲内で上層の有力者の力を借りれば、反革命の政治秩序の中にある資源を転じて革命に用いることができる。これには革命陣営内に相当の声望がある人物が必要だ」[17]と。中共は莒南県で組織を発展させるのに、伝統社会の士紳の威望を十分利用して党の影響を拡大し、党の組織規模を壮大にした。たとえば、「士紳の劉坏川は入党した後すぐにあらゆる富農・地主に入党を呼びかけ、士紳の徐干卿が入党し、壮崗【地名】周辺で40人余りの士紳が入党した。下子策同志が入党し、特委巡視員になって巡視工作に行き、君らはやるのが遅すぎると言った。彼は一方では宴会で接待し、他方では自身の族弟に行って増やさせ、人に子策はみなやってしまって、何も問題のないことを保証するから、君たちもやれ！と言った。結果は一夜で紹介して入党した者が14〜15人いた」[18]。次のように、伝統社会における封建的迷信組織を利用して党を発展させさえしている。「金鐘罩の香屋子【現地の会門（秘密結社）の信徒】の集団入党の場合、みな会に参加することは党に参加することだと思い、党に参加するのもまた会員だけだと思っており、他にきわめて普遍的なのが会門の名義で紹介し入党させることで（仏教会・大刀会に入るなど）、このため党員は入党だとは知らず、まだ木偶に向かって頭を地に打ち付けて、マルクス・レーニン主義をちゃん

第 3 章　建国前の土地改革と民衆運動

と学習するのをお助けくださいとお願いする者がおり、党員と会員が未分離の現象が作られた」[19]。

2　「運命なんだろうさ」

　入党した党員の誰もが階級や階級闘争の認識がないのに、ましてや普通の民衆はいうまでもない。大店【区の名】の 60 歳の老小作人である王成の場合は、6 世代も小作人をやり、1 揃いの衣裳も持たぬほど貧しい。彼に「おまえは博打をしないし、酒も飲まず、毎日力仕事をしていて、どうしてまだこんなに貧しいのだ？」と問うと、彼は暫く考えて、「最近短工【の賃金】がひどく高くなったんだ」（彼は大佃戸で、収穫期に短工を雇う）と答えた。また他の原因を聞くと、「俺が植える畑はいつも苗を捨てるようなもので、ちょっとしか穀物の収穫がないんだ」と答えた。さらに問い詰めた時、彼は出まかせに「俺は苦しい運命なんだろうさ、どんな手があるというんだ」と言った。逆にまた彼に、「なぜ地主は年中、生涯、力仕事をしないのに、うまいものを食べ、きれいなものを着、良い所に住んでいるんだ？」と訊ねた。彼の最初の考えは、「その家は大官になって、当初大店で 12 挺の駕籠が出たり入ったりしたのに、まだ金はないなんてことがあるかね？」で、2 番目の言い方は、「その家は大きな商売をやって、まだ金がないなんてことがあるかね？」で、最後の答えは「その家はよい運命なんだろうさ！　御先祖様が……」であった。「どんな手だてもないのか？」と訊ねた時、彼の答えは「土匪になる以外はね！　でも俺にはそれもできないよ」だった。このため工作隊の報告では、「大店の大衆は長い間地主に騙されていて、階級的自覚は普遍的ではない」、と言っている[20]。後に劉少奇が山東に来て工作を指導した時、山東で大衆の階級闘争の観念を啓発しないことについて、「大衆を立ち上がらせる反地主闘争をまじめに実行せず」[21]、地主に対する統一戦線しか強調しないことが、「根拠地が軟弱・無力に陥り、各種の工作が停滞に陥った基本的な原因だ」[22]、と見做された。スザンヌ・ペパーはさらに過激に、次のように考えている。「階級闘争という中心的任務を通して大衆を立ち上がらせることを習得する

以前には、共産党員はいかなる成果も得なかった。山東では、黎玉【現地の党指導者】は闘争・運動を党の建設と徴兵を含む他のあらゆる農村工作の起点だと言っている」[23]、と。

3 「双減・査減」運動

ここから、莒南県の階級闘争は双減【減租と減息】・査減【減租減息の点検】・土地改革という大筋で広範に展開されていき、「共産党員は、地主の問題が村民の関心にはならない地域でさえも、『階級闘争を通して大衆を立ち上がらせる』という公式を探し出したのだ」[24]。

莒南県における土地占有の特殊性のため、平野部に多くの大佃戸が存在し、普通の百姓は土地を小作するのがとても難しく、こうした状況では再度上級の減租減息という要求に基づいても、基本の大衆を立ち上がらせてその自覚を高めるという目的を果たすことができず、このため、わずかに抜地運動【抜地とは旧時に土地無しの百姓が地主の口利きを得て大佃戸から土地を借りる習慣のことで、抜地運動とは地主に迫って地主－大佃戸－百姓の租佃関係を地主－佃戸の租佃関係に整理・再編させることを指す】・食糧借上げ運動だけを起こしたが、この時の階級闘争は、根拠地がなおかつ十分安定しておらず、まだ地方士紳の影響力を利用する必要があり、闘争と団結の問題で後者がさらに重要であったことにより、闘争も制約を受けるのを免れがたかった。「双減」では、農救会の幹部は熱心だったが、一区切り工作をやっても成果は多くはなく、少なからざる障害にぶち当たり、「大部分の農民は訴苦を思い切ってやるだけで、頭を出そうとはせず」[25]、地主もずるずると引延ばした。農救会の幹部は耐えられないと感じ、恥も外聞もなく政府を代表して政府の法令を執行するよう大いに宣伝し、地主が減らさなければ駄目で、小作人が求めないのも駄目だとしたが、請負・代替が普遍的現象になり、こうして闘争は本当には起こらず、大衆を立ち上がらせるのも不徹底だった。1943年10月1日、中共中央政治局は「根拠地の減租・生産・擁政愛民【人民は政府を擁護し、政府は人民を愛す】および宣伝の10大政策を展開する指示」の中で、

次のように指摘している。

　党部はすぐに中央の土地政策および現地の状況に基づいて指示を出し、また自らいくつかの農村を点検し、模範を作り出し、他の所に推し進め、同時に新聞で社説および減租運動の模範のニュースを発表すべきだ。減租は農民の大衆闘争であり、党の指示と政府の法令はこの大衆闘争を指導し援助するものであって、大衆に恩恵を与えるのではない。およそ大衆の自発的な積極性を起こさない恩恵の減租は、正しくはなく、結果は強固ではない。減租闘争の中で農民団体を生み出すか、農民団体を改造するのだ。政府は減租の法令を執行し、また地主・小作の利益を調節する立場に立つべきだ。現在根拠地はすでに縮小しており、わが党の根拠地で細心に真面目に徹底的に大衆を勝ち取り、大衆と生死存亡を共にするという任務は、過去6年よりさらに差迫った意義を持つ。今秋減租政策の実施度を点検し、また徹底的な減租が実行できれば、農民大衆の積極性を発揚し、来年の敵に対する闘争を強化し、来年の生産運動を推進できる[26]。

しかし、この時には山東の抗日根拠地はすでに安定しており、抗戦も中・後期に入っていた。1944年7月、中共山東分局は「7・8・9・10の4カ月の大衆工作の補充指示」を発し、右に反対し特殊論に反対することを強調し、査減【減租減息の点検】を貫徹するよう強く求め、また毛沢東の『湖南農民運動考察報告』さらには半年来の各地の闘争状況の紹介を印刷配布した。浜海【区の名】は大衆運動を支持し幹部を激励するという方針をとり、右傾の観点を批判することに意を注ぎ、「大衆がたちあがった後の地主が『左』だと罵り叫ぶのに対しては断固退け、党内の少数の同志が『左』を叫ぶのには批判を加えて、浜海は44年以来、勇往邁進して発展した」[27]。この時展開した査減運動で、大衆の階級的自覚は高められた。

4　生存の倫理から階級意識へ

　ただし階級的自覚の啓発には、低いものから高いものへ、生存の倫理から階級意識に転換するという過程がある。盧臨暉は、「土地改革の初期、貧苦の農民の地主・富農に対する告発は、基本的には『生存の倫理』の方向を指向していた」、と考えている[28]。ヒントンの『翻身』における張庄の農民が地主を告発したことについての描写も、この点を次のように説明している。「あいつらは毎日食べ尽くし、たっぷり飲んでいて、俺には粟粒が数えられるほど澄んだ薄い粟粥だけを食わせた」[29]。「俺はお前の畑で麦の穂を拾って、お前に殴ったり罵られたりして追い出されたことがある。お前は何をもとに俺を殴り罵ったんだ？　何をもとに俺が拾った麦の穂を奪っていったんだ？」[30]と。莒南県では工作隊が地主の罪悪の資料を調査した時、小作人は「あれこれ些細なつまらないこともすべて個人の苦痛として話すのだが」、「自分の小作関係は言いたがらず」[31]、はなはだしくは、地主に闘争する減租大会で、先に減租のことを提起してから次に他のことを提起するというように、事前に手筈をしておいたのに、「最初の発言ですぐに地主にどのように殴ったり罵られたりしたかが出され、殴られた、罰せられた、いじめられたという一連がみな出されて、減租の要求は提起されなかった」ことさえあった。工作隊はこれに対して、「このことから、封建経済的搾取の実質に対し大衆がすぐにひどく恨むというのは簡単ではないが、各個々人が地主のいわれのないいじめを受けたことに対してはとりわけひどく恨んでいるのだ、ということがわかる」[32]と総括し、したがって「大衆の階級的自覚を啓発することが、やはりもっとも基本的な問題だ」[33]と考えた。

5　誰が誰を養っているのか？——「薩摩芋勘定」

　農民が訴苦【苦しみの訴え】の中で表現した主要には生存の倫理に向かうものを、中共がどのように階級意識に導くか、これが民衆を動員するキー・ポイントになった。李康は、次のように考えている。「苦痛にある個人がどのように集団の被搾取を感知するのか？　また、いかにして自身の苦痛を集

団の被搾取の一部だと見なすのか？　こうした被搾取をどのように普遍的な革命の推進力に転化し、境遇を変える集団行動に導くのか？……人々に無念の思いを意識させて責任の所在と境遇を変える道を捜し当てさせること、これがまさしく革命の動員の過程であった」34)と。莒南県の工作隊も次のように認識していた。「我々多くの人はもともとみな平等で、労働者が天下を作り、貧乏人の労働がなければ、地主は食物がなくて餓死し、住も衣もなく凍死するだろうということが、つまるところ『貧乏人が地主を養っているのか？　それとも地主が貧乏人を養っているのか？』を説明している。地主はまさしく『資産家が貧乏人を養っている』という道理で大衆を欺いているので、この道理をはっきりさせなかったら、大衆は闘争に立ち上がらないだろう」35)、と。工作隊が大店の民校【農民を対象とする学校】で、「誰が誰を養っているのか」という問題をテストしてみると、結果は4分の1が挙手して、「地主が俺たち貧乏人を養っており、あの人たちが俺たちに農地を貸してくれなかったら、みな餓死してしまうんじゃないか？」と言い、根気よく上述の教育を行なって初めてはっきりして、また挙手して「貧乏人が地主を養っているんだ」と言った36)。「つまるところ誰が誰を養っているのか」という問題について、聴取りで元農民救会長が次のように語っている。

昔の道理は地主の畑が小作人や長工を養い、畑がなかったらどこから食糧をもって来るのかというもので、数畝の畑を小作するにはまた年越しや節句に地主に贈物をし、年末には酒席に招かねばならなかった。共産党が来たらまったく逆になってしまい、道理ではなかったのが道理になり、道理だったのがそうではないことになって、俺が力仕事をしてやらなかったら、お前の畑は自分で食糧を生長させられるのか？で、地主が小作人や長工を養っているのではなく、小作人や長工が地主を養っていることになった37)。

この問題を説明するために、工作隊は「薩摩芋勘定」という方法を発明し、後に山東根拠地で広範に流行し、農救会長は今なお耳にこびり付いていて詳

しい。

　1畝で薩摩芋【を作るの】に種イモが30元、下肥40元、10人ほどの日工の賃金が15元、飯代が毎日10元必要で、全部で費用は300元近くになり、1畝で薩摩芋が1200斤とれ、地主・小作人が折半すると600斤で、210元に相当する。こう計算すると、小作人はやはり80〜90元も損をしているはずだ。当時提起されていたのは二五減租【小作料を25％減らす】で、つまりは小作料を減らして分け前を増やすのだが、それでも損するはずで、こんな薩摩芋勘定というやり方で地主の搾取を理解させ、「貧乏人が耕さねば、金持の根はない」こと、共産党・八路軍について行けばよい暮らしができることをわからせたのだ[38]。

　一般の教育や勘定以外に、大衆の階級的な憎しみの心を大きくするために、深い調査をして地主が大衆を欺いた典型資料を掘り出して、大衆の階級的自覚を啓発し「大衆の限りない憎しみを増やす」中心資料として、闘争で画竜点睛の役割を果たさせた[39]。訴苦においては、一般には次のことが求められた。「訴苦から地主による苦しみの告発へと、農民の低級な苦を階級的苦に高め、少数者の苦を多くの大衆の苦にすることで、大衆は初めて立ち上がらせることができ、内部を団結させて封建階級に対して闘争するという過程となるが、これが階級教育の過程なのだ。その自覚は高まり、訴苦は運動になり、低いものから高いものに発展し、自覚的な訴苦になり、地主の罪悪が暴露され、大衆がたちあがるのだ」[40]と。

Ⅲ　階級成分の区分

1　階級区分の規準

　思想の上で大衆の階級的自覚を啓発すると同時に、農村の階級の境界を明

確にするために、村民全体を異なる階級成分に区分し、「1軒1軒の戸主と家族のメンバーに階級の位相の中に位置を占め」[41]させ、「明確で厳しい階級序列」を作り出し[42]、それぞれ良い悪いのレッテルを貼って、農村の2大階級間の対峙を作り出し、農民を自己の階級的立場にしっかり立ちやすくさせ、昔の族長・一族・お隣・親戚などで今は闘争の目標になっている搾取階級に戦闘を開かせた。まさしく国民党の郯城県政府が「綏靖区郯城県現況調査事項」で、「父と子、叔父と甥姪がみな互いに闘争し、旧道徳・旧礼教はすべて重んじられない」、と描写しているとおりである[43]。階級成分を区分する基準については、毛沢東の『中国社会各階級の分析』[44]以外には、1947年の莒南県に関する多くの檔案史料の中には完備した規定を発見できず、見ることができたのは次のものだけだった。1933年に制定した『農村の階級をどのように分析するか』・『土地闘争におけるいくつかの問題に関する決定』という2つの文献について、1947年12月に中共中央が適用しない部分と階級分析とは関係ない内容を削除して、各地に配布し参考文献としたもの。任弼時が1948年1月12日に行なった「土地改革におけるいくつかの問題」という講演。12月31日の「階級分析の問題に関する中央工作委員会の指示」。1948年5月の中共中央の「1933年の2つの文献に関する決定」。

では、これ以前には階級区分の基準については、何に依拠したのか？ 具体的にはわからないが、「階級区分の時、副業は皆生活での重要な収入として見積もった」[45]ことを証明する史料があり、見るところ、生活水準の高低が重要な基準だった。後に土地改革の総綱領になった『中国土地法大綱』では、ただ「封建および半封建的土地制度を廃除し、耕す者がその耕地を持つという土地制度を実行する」と大雑把に規定するだけで[46]、各階級を区分する具体的な基準はなく、農村社会の構造の複雑・多様性が加わったために、成分を区分する際にしばしば人々の具体的な行為に大きく基づいて[47]、実際の工作で混乱を作り出したのも偶然ではなかった。

2 階級区分の実態

　浜海区では、「地畝の冊子で直接誰が貧農グループに入れるか、誰の家の門を封鎖するべきかを確定する」というように、土地占有数の多少によって簡単に階級成分を確定した所があり、誰の家の生活水準がちょっと高いのかで成分を決定した所があった。さらに多いのは「足の不自由な者の中から将軍を選ぶ」で、搾取の有無・軽重に関わらず、土地の多少にも関係なく、ただ村の中で比較的富裕な者でありさえすれば、占有する土地が当地の平均数を超過するのを地主・富農と定め、平均数より低いのを貧農と定めた所だ。いくつかの地方では3代を調べ、5代を調べ、歴史を追跡調査する方法をとり、何人かの中農・貧農を地主・「破産地主」・「落ち目地主」と定め、はなはだしきは何人かの商工業者を「地主」などと定めさえした。いくつかの地方では政治態度や思想表現も階級成分を区分する基準に入れ、漢奸か国民党員だった者、あるいは幹部の中の腐敗した行為をした者、前線支援などに積極的ではないいわゆる「老頑固」などを、随意にその階級成分を上昇させた。貧農団が通すか少数の者が決定するだけで、階級成分を滅茶苦茶に区分する現象があった。大店区劉家嶺村はそのように成分を区分しており、劉昌礼は次のように回想している。

　47年に成分を区分した際には10数人の年寄りを捜し、彼らに各家の祖先の状況を思い出させ、上は3代を調べた。ある老人が以前に地主だったといえるようだったら、分化地主と呼んだ。土地を持たないゴロツキで、悪いことばかりしているのを、階級異分子と呼んだのもいた。ある没落富農の一家は、兄弟2人で、弟は後妻が生んだのだ。兄弟2人は分家し、各自40畝の畑を分け、兄は博打で負けて、後妻に食べさせてもらい、最後には10数畝残り、没落富農に区分されたが、彼は「二指先生」(現地では風水師を二指先生と呼ぶ)で、富農の生活で、没落富農に区分されても損ではなかったが、48年に成分の偏向を正して改めた際にまた中農に改められた[48]。

第3章　建国前の土地改革と民衆運動

この村では3代遡って調べただけでなく、地主・富農の区分においていくつか新たに創り出しており、基準も完全には社会の生産様式によって階級を決定するというマルクス主義の基準ではなく、封建的迷信をやっていないかどうかなども基準になったのである。

路鎮区温水泉村の劉開田は、聴取りで次のように語っている。

全村で人口1000人、60～70畝の畑が多く、50畝以上のも10数軒で、土地を持たないのはきわめて少なく、最小でも2～3畝で、このような家がおよそ5分の1を占め、10～20畝前後が多数を占めた。この村では20軒くらいが地主・富農に区分され、3～4軒の地主は家におらず、外で商売をやっていた。土地が多くない家でも手伝いを求めていた者は、富農に区分された[49]。

階級区分において「生産手段（農村では主要には土地）を占有しているか否か、どれだけ占有しているか、および占有関係とあい関連する生産関係（搾取関係）」[50]を基準にすることが強調された後でさえも、「基準が非常に複雑で、農業収入・搾取量・短工労働雇用日数というこれらの基準すべてが農民がよくわからない複雑な計算に関わる」ため、「偏向が現れるのは免れがたい」[51]。ただし問題は、とりわけいつも現れる偏向が、とくに富農と地主という2つの類別において、成分を引き上げることであった。多くを地主・富農に区分すれば、一方で雇・貧農に多く土地と家財道具を得させ、またそれにかこつけて大衆闘争を起こす標的を見つけられ、また遅れている者を脅かして運動を促進するという目的を達成

莒南県農家の成分区分

成分	戸数（戸）	総戸数に占める%	人口（人）	総人口に占める%
特務地主	1,305	4.05	7,446	2.17
一般小地主	1,687	5.20	9,138	2.70
富農	4,912	15.30	19,497	5.60
中農	2,988	9.30	219,771	64.11
貧農	18,715	58.11	68,074	19.90
赤貧	2,599	8.06	18,830	5.50

資料来源：「莒南県反特復査・公平団結運動情況」、臨檔3-1-36、16-17頁。

できる。莒南県の反特務・再点検の中で発表された資料は、全県農家の成分の区分状況について、表のような統計を作っている。

　表の区分に基づくと、地主は総軒数の9.25％、富農は15.3％を占め、2つを合計すると地主・富農はついに24.55％にも達する。これは全県の平均数について言っているのであり、具体的にいくつかの村に行くと、もっと高いはずである。この点は、晋綏解放区興県の後木欄桿村の状況にすこぶる似ており、その村では53軒の家で21軒もの地主・富農を線引きし、総軒数の38.84％を占めた[52]。

IV　闘争大会

　訴苦や階級・陣営の線引きを経て、地主は少数で農民は多数であり、しかも共産党・八路軍の後楯があることを認識したということこそは、「つまるところ誰が力をもっているのか」がはっきりし、恐れずに闘争に立ち上がるということであった。闘争の正式の舞台は闘争大会で、工作隊の入念な画策を経た闘争大会は、旧来の権力体系に対する破壊が進められ、新たな権力体系が樹立され始める、象徴的な儀式になった。

　地主への闘争に対する自信の確立は、しばしばある最も簡単な単独の小事での成功から始まる。莒南県の査減闘争は、まず地主の「手先」への闘争から始まった。

　　大会前夜、宋会長に闘争をし、内部の「おもねる奴」への闘争を展開した。

　　大店東村農会長の宋桂山は、過去に地主の家で手先を務め、一昨年に機に便乗して農救会に来て会長になったが、いつも地主の大きな門の中を行き来し、地主の家で飲み食いし、地主に情報を送り、大衆が闘争しようとすると、地主の矢防ぎの盾になってやり、当然汚職腐敗し、大衆から離れ、

【階級的】立場に立っていない。今回査減闘争が醸成されてくる中で、彼はまた地主に買収されて、大衆を丸めこんだ。階級的立場がはっきりせず、地主と同じテーブルで大いに飲み食いするのは（地主はしばしば小事にことよせて村幹部に大いにご馳走していた）、ほぼ大店村幹部の風習になっており、宋会長は村幹部のおもねる奴の典型だった。

大店の減租闘争の前夜、大店鎮および付近の村の大衆を招集し、会議を開いて彼に闘争をした。大衆闘争の下で、自分が数回地主に買収されたこと、自分がどのようにおもねって地主に代わって話したり仕事したりしたか、ということを認めた[53]。

工作隊は総括の中で、「この闘争の展開は、2日目の減租大会に対する前線に出る前の戦闘動員にほかならず、同時に大衆の闘争力も調べたのだ」、と言及している[54]。

積極分子の組織・掌握が、闘争大会が勝利を勝ち取るカギだった。工作隊は大店を主として、30～40人の積極分子を組織して、大会にとても大きな役割を果たさせた。異なる時間に異なる内容で、4回の積極分子会を開いた。こうした入念な準備が大会で重要な作用を発揮し、「適宜大衆の意見に反応し、大衆の発言を組織し、スローガンを叫ぶのを指揮し、闘争気分をあおる」など、「終始積極分子が最も活躍を示した」[55]。

一般の村には大地主はおらず、地主がいないことさえあるという特徴にずばり対応して、周辺村の大衆の階級的自覚を教育・啓発し、地主に対する闘争力を増強し、闘争の気勢を高めるという目的を達成するために、しばしば連合大会という形態がとられた。大店の最初の闘争大会は、大店区の各村以外に、さらに溝頭区・陡山区・莒中県・莒臨辺県【1942年に成立した莒南・莒中・臨沂3県の辺縁地区を管轄する行政区画。日本軍が県都を占領し、中共の政権は県境に押し込められていた】の大衆代表数千人がおり、第2回闘争大会では1万人余りに達した[56]。大店の闘争大会では、地主階級は初めて頭を低く下げ、開会したばかりの時の「帽子を後頭部に押しやって、どの条

項にも争って論駁」するのから、「後になると地べたに蹲る」ようになり、農民は始まると「ある老小作人はずいぶん長い間躊躇して、立ち上がって『七老爺【荘英甫の通称】、俺もちょっとしゃべっていいか？と言い、唇を打ち震わせ』ているのから、『打倒吸血鬼荘英甫！』、『打倒悪覇地主荘英甫！』、『貧乏人は翻身しなければならない！』と大声で叫ぶ」[57]ようになる。大部分の地主は「綿羊のように過ちを悔やんだ」か、パニックになって逃げるかで、浜海区では逃げたのが2000人余りおり、村の中の工作は活発になり始め、大衆の優勢が確立され始めた[58]。

中共の早期の歴史を研究している陳徳軍は次のように考えている。「党の基準と農民自身の固有の基準が一致しない時、党の基準は実践の中で大部分がやはり目に見えないうちに革命的な農民の意欲や利益の考慮の方に移り、農民の『敵』に関する叙述構造に符合する対象をできるだけ捜し出して革命組織の『敵』とすることに転じた」[59]と。これは秦暉が研究した関中地区の土地改革の際の「土地分配に冷たく、反悪覇に熱い」[60]状況と同様で、莒南は地主とくに大地主が多くはなく、悪覇の概念が地主よりはるかに広く、しかもその悪行がさらに大衆に恨まれていることから、反悪覇闘争の基盤が最も広く、1人に闘争して100人を戒める作用を起こしたのだ[61]。大衆闘争においては、反悪覇闘争の数が最も多い。

旧来の伝統的支配勢力は農村に深い根源を持っており、「封建地主勢力は一揃いの搾取の経験と方法を持ち、地主は手下と悪を助ける各種の武器、四書五経の観念を持っており……彼は孤立していない」。これが旧勢力は一気には打倒できないことを決定づけ、このため中共は再三「地主に対する闘争の頑強性・多様性・長期性」を認識する必要を忠告した[62]。1945年9月の中共山東分局大衆工作第2次代表会議で、黎玉が報告した数字に基づくと、「莒南の42年の統計で闘争は70回、43年には251回、44年には1171回、これは大きな闘争だ。筵賓区の統計では、3年来の闘争は計2500余回だった」[63]。

闘争の発展法則においても、系統的で深い総括を得られ、次のように認識した。「一般には経済闘争から政治闘争へと言うが、同時に政治闘争を確立

できなければ経済闘争は保証しようがなく」、「このため低いものから高いものへ、1点から広く行き渡るように、そして線から筋に、というのでなければならず、このため連続させようとし大衆の翻身を発動しようとすれば、経済的に向上し、旧秩序が破壊され、新秩序で旧秩序に代え、新思想で旧思想に代え、大衆を組織して大衆の既得利益を強固にし、新たな家と新たな国で大衆を教育して、大衆工作の発展に基づいて新たな段取り・方法で大衆を向上させることで……この段階で次の段階のための基礎固めをし、この段階で次の段階の工作を醸成するのだ」[64]と。

V 組織的コントロール

1 党組織

　ハンチントンは、「政治を組織できる者が、未来を掌握できる」と考えている[65]。李康も、革命の持続と成功のカギはできるだけ全面的に深く農村の全大衆を組織することだ、と考えている[66]。中共は減租減息・土地改革運動を通して、もとの緩やかで秩序のない農村社会を党・政・軍・民の異なる系列の組織が緊密に連携し、それによって農村社会に対するコントロールを実現し、立ち上がらせた農民を党の意志に基づいて、革命運動の大きな流れの中に投げ入れたのである。

　各類の組織の中でもっとも大事なのは、減租減息・土地改革の中で中共の党の基層組織を壮大に発展させ整理・改造し、日増しに発展する革命情勢の必要に党の組織を不断に適応させることである。山東分局は減租・減息・雇工待遇改善を公布すると同時に、当日すぐに各級の党委員会に指示して、当面の組織の任務を求めたが、その「中心工作は、減租・減息・雇工待遇改善の闘争を指導する中で、党の整理・改造を実行することだ。そして支部を整理し、幹部を審査し、党員を教育し、党の成分を改善し、適切に党を発展させる」[67]ことだった。

査減運動を経て、党は組織工作において大きく進歩した。まず、党員の発展においては、(1) 公然たる宣伝と個別の発展という方法をとり、これによって党を発展させる数字が拡大し、しかも事前にみな教育を進めていた。莒南では1943年に1532人の党員を拡大し、新たに86の支部を樹立し、党の発展に意を注がない傾向を是正し、教育を経ないで党内に引き入れる現象も克服した。(2) 発展の手続は厳格になり、みな討論を経、数回話して票に記入し承認するなどの手続きを進め、入党の儀式を行なったのもいくつかあった。(3) 絶大多数は闘争での積極分子が発展してなっており、成分にも注意して、80％が貧・雇農だった。1943年春の莒南県の党員総数は2250人で、そのうち労働者が312人（雇工が260人、手工業労働者が52人）、農民が1802人（貧農が1300人、中農が502人）、知識人が4人、地主が8人、富農が39人、商人が4人、その他が81人だった[68]。次に党の基層組織の建設では、(1) 支部委員会を強化し、グループを整理し、少なからざる支部委員会が次第に闘争の中で新たな成分を吸収して健全になっていき、いくつかの支部が工作の性格に基づいてグループに区分されたこともあった。(2) 制度を樹立し、部分的に混乱現象を是正し、支部の定例会議はいくつかは常に開けるようになり、すでに活躍していた支部はこの点で大部分ができるようになり、経常的に党費を納められるようになり、すでに公然化している幹部や支部委員も分業に注意した。(3) 支部の成分が改められ、およそ査減闘争を経た支部は大部分が貧・雇農成分の党員を吸収し、闘争の中で職に合わない者や投機的な腐敗分子は皆改造され、貧・雇農の成分の党員を抜擢して支部委員会に参加させた[69]。(4) 支部の教育工作を強化し、思想闘争と自己批判を展開し、工作教育を思想教育と結合させた。(5) 支部の中核的役割が高まり、大部分がその村の闘争を討論して指導できるようになり、工作方法も転変があり、説得・教育の工作を重視した。少なくない支部が各工作（参軍【兵士なって軍に参加する】・公糧の徴収など）の中で積極的に主導し、模範的役割を果たし、任務の達成を保証した[70]。(6) 闘争で多くの大衆を団結させ、党の大衆との関係を密接にして、支部自身を壮大にしただけでなく、大衆の中の

指導的力にもなった[71]。

2 大衆組織

　党の組織を不断に樹立し壮大にして整理・改造をすると同時に、他の大衆組織も次第に樹立されていった。1942年6月19日、『大衆日報』は「減租減息・賃金増加以後」という社説を発表した。

> あらゆる力を用いて農民を組織し、農民を教育し、農民を武装させ、農民に自分の力を正しく認識させて、経済的闘争だけではない、政治的闘争あるいは武装闘争という、あらゆる闘争を思い切って自分の力で進めさせねばならない。
> 　どのようにして農民を組織し、農民を教育し、農民を武装させるのか？まずは、農救会を成立させ、農救会を健全にし、農民の階級的自覚を啓発し高め、農民自身の力を信じる……このようにしさえすれば、ようやく農民に自己を認識させ、自己を改造し、進んであらゆる経済的・政治的そして武装した闘争に勇敢に参加させられるのだ[72]。

　大店の闘争大会を組織した期間、工作隊は「まず闘争での大衆の大多数を組織することの重要さを思想において認識し、闘争のための闘争をして闘争が大衆を組織するのとずれてしまう現象を防止しようとし、また大衆組織を整理・拡大することや大衆を大きく発展させることを、大店の闘争方針の中の非常に重要な項目に入れた」[73]。20日間の闘争のさなかに、大衆団体は大きく発展し改造され、大店村で大衆組織に参加した人数は2251人に達し、この村の4300人の総人口の52％強を占め、大店区で組織に参加した人数の51％強を占めた。査減運動を経て、莒南県で大衆組織に参加した人数はすでに総人口の49％に達し、溝頭区の邢家水磨は【闘争によって得た】果実の民主的処理の中で大衆の60％以上を組織するという先例を実現した[74]。
　貧乏人の利益を代表する党の各級の組織、さらには階級闘争で成長して

いった新たなエリートは、土地改革の既得利益者であり、その権力の来源も上級の権力組織で、このため上級組織に対して感激と忠誠に満ちており、しかもこれらの新たなエリート自身が農民の一員で、農民が思うこと考えることに対して身につまされた体験を持つだけでなく、農民の土地・財産や家庭の収入についてよくわかっており、党が正確な徴税のデータを収集できるようにした[75]。前線支援・参軍さらにはその他の動員方式において一層的確さを備えただけでなく、これらの組織のコントロールを通して、動員の目的の実現を力強く保証した。まさしくスザンヌ・ペパーが次のように指摘しているように。「土地と動産を分配して得た人々が農会や他の農村組織に加入していった。まさしくこれら農民自身によって管理される公共機構が、共産党が依拠する対象になった。彼らは食糧・税を徴収し、軍事輸送隊を組織し、さらには徴兵運動で軍に参加したがらない農民に社会的な圧力をかける任務を引受けた」[76]と。中共が戦争の勝利を勝ち取るために、重要な保証を提供したのである。

　以上を総合すると、建国前の中共の土地改革が民衆動員に果たした役割は否認できず、土地改革は確かに中共が民衆動員を実行する有効な道具や手段になったが、その役割の発揮も、必ず一連の具体的な動員方式や動員テクニック、さらには組織的コントロールの有機的な組み合わせを経ねばならず、そうして初めて現出できたのである。

付記　2001〜2003年、私は前後3回本県【莒南県】に行って現地調査を行ない、また檔案館で大量の檔案史料を調べ、史料に基づいてまた5つの村で重点調査を行ない、現地の農民さらにはかつて本県で工作した老幹部に聴取りを行なった。この文章はこれらの史料を基礎に書いたものである。

【訳者付記：翻訳に当っては、荒武達朗・丸田孝志両氏の援助を得た。】

注

1) 毛沢東「連合政府論」『毛沢東選集』第1〜4巻、人民出版社1991年版、1074頁。
2) 「生救工作中政策問題」、臨沂市檔案館蔵檔案（以下、「臨沂檔」と略す）3-1-77。
3) 杜潤生「関於中国的土地改革運動」『中国現代史』1997年第1期。
4) ジャック・ベルデン原著、邱応覚等訳『中国震撼世界』、北京出版社、1980年、246頁。
5) 田中恭子「四十年代中国共産党的土地政策」、南開大学歴史系編『中国抗日根拠地史国際学術討論会論文集』、檔案出版社、1985年、505頁。
6) スザンヌ・ペパー原著、王海良等訳、金光耀校『中国的内戦―1945-1949年的政治闘争』、中国青年出版社、1997年、336-337頁。
7) 『毛沢東集補巻（9）補遺』、蒼蒼社、1985年、339頁。
8) 薄一波『若干重大決策与事件的回顧』、中共中央党校出版社、1991年、117頁。
9) 朱瑞「浜海区一個月減租減息増資運動的検討」、山東省檔案館・山東社会科学院歴史研究所合編『山東革命歴史檔案資料選編』第8輯、山東人民出版社、1983年、385頁。
10) 同上、385-386頁。
11) 孫文「耕者有其田」、孫文等『土地改革問題』、国訊書店、1948年、1-2頁。[訳文は深町英夫編訳『孫文革命文集』、岩波文庫、2011年、400-401頁による]。
12) 同上、4頁。[訳文同上、406頁]。
13) E・フリードマン、P・ピコウィッツ、M・セルデン原著、陶鶴山訳『中国郷村、社会主義国家』、社会科学文献出版社、2002年、127頁。
14) 王滬寧『当代中国村落家族文化―対中国社会現代化的一項探索』、上海人民出版社、1991年、53頁参照。
15) 「莒南金嶺、大山前、虎園互助変工調査」、莒南県檔案館館蔵檔案（以下、「莒南檔」と略す）1-1-57、2頁。
16) 前掲『中国郷村、社会主義国家』、124頁。
17) 陳徳軍「郷村社会中的革命―以贛東北根拠地為中心，1924―1934」（復旦大学の未発表の博士論文、2003年）、51頁。
18) 「浜海区五年組織工作総結」、臨沂檔3-1-4、26頁。
19) 同上。
20) 「大店査減闘争総結」『山東革命歴史檔案資料選編』第13輯、110〜111頁。
21) 「中共山東分局関于減租減息改善雇工待遇工作的補充指示（一）」『山東革命歴史檔案資料選編』第8輯、275頁。
22) 「中共山東分局関于減租減息改善雇工待遇改善開展群衆運動的決定」『山東革命歴史檔案資料選編』第8輯、271頁。
23) 前掲『中国的内戦』、377頁。

24) 同上。
25) 『群衆工作必読』、大衆日報社編印、1942年、219頁。
26) 中央檔案館編『中共中央文件選集』第14冊、中共中央党校出版社、1992年、97頁。
27) 「関于山東減租減息土地改革運動的総結」、『山東革命歴史檔案資料選編』第19輯、233頁。
28) 盧臨暉「革命前後中国郷村社会分化模式及其変遷：社区研究的発現」、黄宗智主編『中国郷村研究』第1輯、商務印書館、2003年、161頁。
29) ヒントン原著、韓倞ら訳、邱応覚校『翻身：中国一個村庄的革命紀実』、北京出版社、1980年、41頁。
30) 同上、153頁。
31) 前掲「大店査減運動総結」、108頁。
32) 同上、125頁。
33) 同上、111頁。
34) 李康「西村一五年：従革命走向革命—1938-1952冀東村庄基層組織機制変遷」(北京大学の未発表博士論文)。
35) 前掲「大店査減運動総括」、111頁。
36) 同上。
37) もと莒南県大店区劉家嶺村農救会長の劉昌礼からの聴き取り。
38) 同上。
39) 後にこの史実をもとに原形を変えて映画『平鷹墳』をとった。
40) 「地委関于土改工作的布置」、『李華林筆記本』、臨沂檔5-1-9。
41) 庄孔韶『銀翅：中国的地方社会与文化変遷』、三聯書店、2000年、90頁。
42) 張小軍「陽村土改中的階級劃分与象徴資本」『中国郷村研究』第2輯、商務印書館、2003年、96頁。
43) 「綏靖区郯城県現況調査事項」、臨沂檔10-2-27。
44) 毛沢東は1926年に『中国農民』第2期に発表した「中国社会各階級的分析」という文章で、収入あるいは生活状況を基準に農村の階級を区分することを主張し、「農村についていえば、大地主は大ブルジョアジー、小地主は中産階級、自作農は小ブルジョアジー、半自作・半小作農は半プロレタリアート、雇農はプロレタリアートである」と指摘したが、「プロレタリアート」概念は工業プロレタリアート・農業プロレタリアートやルンペンプロレタリアートを含み、「苦力」もプロレタリアートに等しく、関連する生産様式面からの産業労働者との区別はなかった。この他、彼はまた知識の多少や職業の高低を階級区分の規準にし、「銀行・商工業の高級職員、財閥・

政府の高級事務員、政客、一部の東西留学生、大学・専門学校の一部の教授および学生、大弁護士など」を「大ブルジョアジー」に区分した。同時に彼はまた異なる教育を受けた学生の「中国風」や「洋風」を「買弁」や「非買弁」と同じものに区分し、「知識階級についていえば、小地主の子弟であっただけで東洋の資本主義国に行って学問しえた留学生は、当然のことながら明らかに半身は中国風であり、半身は洋風である。小地主の子弟の資格で国内の専門学校・大学で学問したものも、半中国風・半洋風の帰国留学生の薫陶を受けて依然として半身中国風・半身洋風の代物たるを免れない。この類の人間は純粋の民族ブルジョアジーではなく、彼らを『半民族ブルジョアジー』と呼ぶこともできる。これらの連中は、中産階級の右翼である」、としている。このような財産・知識の多少によって階級を区分する方法は、どんな生産様式と関連しているかに基づき、生産関係と交換関係を基準に区分することに関するマルクス・エンゲルスの観点に背いている（毛沢東「中国社会各階級的分析」『中国農民』第2期、1926年2月、5頁、参照）。これは、中国の革命家が「重視するのは新たな社会的生産力と新たな生産様式の創造ではなく、階級闘争や武装して権力を奪取することである」（姜義華「現代中国思想文化嬗変的新探尋──民国時期思想文化史研究述評」、曽景忠編『中華民国史研究述略』、中国社会科学出版社、1992年、52頁）、ということを物語っている。

45)「莒南県壮崗、団林及贛楡県金山三区農村経済調査」、山東分局調査研究室編『材料滙編』第12期、5頁。

46)「中国土地法大綱」、中共山東省委員会党史研究室『解放戦争時期山東的土地改革』、山東人民出版社、1993年、102頁。

47) Yung-fa Chen, *Making Revolution : The Communist Movement in Eastern and Central China, 1937-1945.* California; University of California Press, 1986, p.xiii.

48) もと莒南県大店区劉家嶺村農救会長の劉昌礼への聴取り。

49) もと莒南県路鎮区温水泉村の劉開田の聴取り。

50) 1947年12月31日、中央工作委員会は「階級分析の問題に関する中央工作委員会の指示」を出し、以下のように指示した。「階級の区分には、生産手段（農村では主要には土地）を占有しているか否か、どれだけ占有しているか、および占有関係とあい連関する生産関係（搾取関係）という、1つの基準しかあるべきではない。もしさらにその他の基準を提起するなら、いずれも誤りで……新華総社が放送したソヴィエト政府の『土地闘争におけるいくつかの問題に関する決定』および『階級をどのように分析するか』という2つの文献に基づいて処理するよう望む」と。「中央工委関于階級分析問題的指示」、中央檔案館編『中共中央文件選集』第16冊、中共中央党校出版社、1992年、603頁、参照。

51）王耕金等編『郷村三十年』、農村読物出版社、1989年、48頁。
52）「関于興県後木欄桿自然村成分的研究」、中共晋綏分局編『土改通訊』第2期、1947年11月15日。
53）前掲、「大店査減闘争総括」、118-119頁。
54）同上、119頁。
55）同上、120頁。
56）莒南県檔案館編『向封建堡塁進攻―莒南双減査減檔案資料選編』（内部資料）、1991年、114-115頁。
57）前掲、「大店査減闘争総括」、123頁。
58）黎玉「論群衆路線与山東群衆運動」、山東省檔案局・中共山東省委員会党史研究室編『山東的減租減息』、中共党史出版社、1994年、365頁。
59）前掲「郷村社会中的革命」、114頁。
60）秦暉「封建社会的『関中模式』―土改前関中農村経済研析」、楊念群主編『空間・記憶・社会転型』、上海人民出版社、2001年、297頁。
61）「甚麼是悪覇？」、浜海地区委員会編『行署通訊』第7期、1945年9月15日、臨沂檔A1-32、44頁。
62）「浜海三地委査減滙報材料」、臨沂檔、3-1-50、43頁。
63）黎玉前掲文、363頁。
64）前掲「浜海三地委査減滙報材料」、43頁。
65）サミュエル・ハンチントン原著、王冠華等訳『変化社会中的政治秩序』、三聯書店、1989年、427頁。
66）前掲『西村一五年』、41頁。
67）「中共山東分局為保証実現関于減租減息改善雇工待遇開展群衆運動的決定給各級党委及組織部的工作指示」、『山東革命歴史檔案資料選編』第8輯、286-287頁。
68）「浜海区五年組織工作総結」、臨沂檔、3-1-4、55頁。
69）「浜海区四三年組織工作報告」、臨沂檔、3-1-4、76頁。
70）同上、73〜74頁。
71）同上、77頁。
72）『大衆日報』1942年6月19日、第1面。
73）前掲、「大店査減闘争総結」、140-141頁。
74）前掲「浜海三地委査減滙報材料」、43頁。
75）Yung-fa Chen 前掲書、405頁。
76）前掲『中国的内戦』、361頁。

第 4 章　伝統の転換と再転換
　　——新解放区の土地改革における
　　　　農民の心性の構築と歴史論理——

呉毅・呉帆（鄭浩瀾・奥村哲編訳）

はじめに

　大きな歴史の視角から見ると、1950〜1953 年の土地改革運動は現代の中国農村社会の変遷に深い影響を及ぼした大革命であり、この大革命は、政治革命が成功した後の社会を変革することを目標とする、「社会革命」という範疇に分類すべきである。中国共産党（以下、中共）は、昔から存在する封建地主の土地所有制こそ多くの農民が搾取・圧迫される根源であり、中国社会の長期にわたる貧困・後進性の重要な原因でもある、と考えた。だから、政治革命が成功した後、中共はただちに全面的で深い土地改革を実施し、それによって「封建地主的土地所有制」を徹底的に消滅させ、農民的土地所有制を樹立し、かつこれを基礎にして農業と農村に対する社会主義改造を実施しようとした。

　長い間、国内の土地改革研究はほとんど、この大規模な社会改造が成功した理由は、中共の土地改革路線が農民の土地に対する要求を十分反映していたからだ、と考えてきた。しかし、改革開放以降の新しい研究は、次のようなことを示している。つまり、土地改革が最初に開始された際にはけっして予想されたように順調ではなく、むしろ土地改革の路線が伝統農村の土地の配分形態およびそれに相応する土地の秩序観念と一致していないため、運動初期に日和見と躊躇の態度をとった農民が相当おり、土地改革の路線に従お

うと思う者でさえも、伝統的な倫理・価値観によって前に進まなかった、ということである[1]。したがって、土地改革が成功する鍵は、土地改革工作隊がどのように社会の動員テクニックを柔軟に運用して農民の伝統的価値観を変え、中共が唱える階級分析や階級闘争観を確立させるかにある。まさしくこの社会の動員テクニックが農民に有効に作用してこそ、初めてその認識の転換を促し、続いて土地改革に付いて行かせることができたのだということが、一部の研究によって明らかにされつつある[2]。

　本稿の目的の一つは、土地改革における農民の心性（主に土地心性）に対する社会の動員テクニックの影響を検討することである。したがって、農民の土地心性の本来のあり方、土地改革における農民の土地心性の変化と促進のメカニズム、農民の土地心性の変化と土地改革以降の歴史との関連性を検討することが、本研究の基本的内容である。

　また、歴史の発展には経路依存性【Path Dependency】が存在するため、本稿では中国の長い歴史における土地改革の位置づけに関心をはらい、また長期的な社会変遷に対する土地心性の変化の影響を強調する[3]。土地改革の心性の構築に関する先行研究はこれまでいくつかあるが、本稿で注目したいのは、土地改革という「事件―過程」のなかで現れた新たな農民の心性と、それまでの伝統文化およびそれ以降の農村の変遷・再変遷の心理的基礎との関係性である。土地改革は伝統社会の価値と倫理に対する転換であり、同時にまたその後の農村の発展に影響を及ぼす価値と論理を形作った。しかし、土地改革という特殊な歴史時期に作られた観念自身は、今あるいはこれから変化を生じようとしており、最近の農地制度の発展はまさしくこの観念の再転換を求めているのである。革命の伝統を含む既存の観念に対する全面的な修正を求めるものではないが、革命後と革命前も含む伝統との、新たなドッキングを実現しようとする方向で再検討したい[4]。つまりかつて発生した認識の転換に対して、再度新たな転換を求める必要がある。

　ただし、かつての転換は目下の再度の転換に複雑な影響を及ぼすであろうから、伝統の延長・継続で未来をも指向する観念・論理を再構築するに際し、

いかにして農村社会の心理的変遷の成果を吸収し、またその負の効果を溶解させるかは、疑いもなく第2次転換が必ず引受けねばならぬ使命である。したがって、本稿の目的は歴史学の史料の評価・解釈あるいはイデオロギーの再論証だけでなく、起点から着地点まで現在の歴史社会学の透視に立脚するものである。

本稿の議論は主に、1950年6月の『中華人民共和国土地改革法』が公布された後に展開した、新解放区の土地改革を対象とする。

I　伝統社会の土地秩序観

1　土地占有と配分状況

土地改革がどのように伝統を転換させたかを理解しようとすれば、まず農民が本来持つ土地秩序観、つまり土地配分の一般原則に対する農民の基本認識と評価を理解する必要があり、そのためには、まず長期間中国に存在した土地占有と配分状況を理解しなければならない。

おおよそ春秋の晩期以来、中国は土地私有制を実行し、しかも大半の期間において土地は自由売買でき、私有制の観念は早くから中国農民の日常生活と心理構造の中に深く植え付けられていた。土地の私有と市場化は土地配分の不均等をもたらしたが、こうした不均等が一体どの程度にまで達していたのか、そして主流の伝統的土地秩序観にどのような影響を及ぼしていたのかというのは、複雑な問題である。最近の研究によって、次のことが明らかにされている。つまり、1949年以前中国農村における地権の不均等は、過去に想像していたよりもはるかに深刻ではなく、問題は貧富の「両極分化」によって生じた「高度の不均等」ではなく、土地占有の「高度な分化」がもたらした「相対的不均等」である[5]。また、人と土地の割合の高度な緊張関係によってもたらされた高い小作料は、客観的には、強い生産能力を持ち農業剰余を生産できる、富農と中農を代表とする自作農に土地使用権を集中させるのに

有利で、したがって資源配分を優良にし、農業生産を安定させたのである。土地改革前の 1950 年には、世界の各主要国家と比較すると、中国の土地不均等の程度は相対的に低いと指摘する学者もいる[6]。

2 儒家と平均主義

こうした認識から考えると、伝統社会における土地の不均等に対する一般農民の基本的態度をどのように評価するのか。その態度の特徴は、歴代王朝における蜂起や反逆する最下層民衆に主張され、そして土地改革で実施された「平均化」だとみるのか、それとも不均等を正常な状態または必ず受入れねばならない現実だとみたのか。伝統的な土地改革研究はほとんど土地均分というやり方を「民の心に従った」ものと見るが、その根拠としてよくあげられるのは、先述の最下層の反逆者の「貧富を均しくする」という理想を一般農民の土地秩序に対する基本的態度だとし、またこの態度をさらに古代中国にあった「平均」思想に由来している、ということだった。しかも毎度、孔子の「少なきを憂えず、均しからざるを憂い、貧しきを憂えず、安らかならざるを憂う」という経典の語句を列挙して、証左としている。そこで、多くの学者は当然のごとく、中国の伝統社会においては、人々は普遍的に「平均主義」的な地権観念を持っているようだと考え、またそれを現実の土地制度が合理的であるか否かを判定する主要な基準だったと見なしている。

問題は当然さように簡単なはずはない。生活の常識がある人であれば、人生でいつでもどこでも、能力・運・出身・機会・地位・等級・金銭や努力などの要因でうまれた「不均等」を大抵体験したことがあり、これらの「不均等」に対して、不正常だとみて無理に他人と比較し、均すよう強く求めるような人がいるであろうか。現在の人でさえ求めたりはしないが、ましてや機会や選択の環境に一層乏しく、また分際をわきまえ各々天命に安んじるという理念を信じている昔の人が、そのように思うのか。孔子の言葉の本来の意味も、けっして前提を問わない平等を提唱しようとしたのではない。孔子の言葉の源は『論語・季氏』から出ており、文の前には一段落の話があって、

孔子の学生が孔子に、魯国の権臣の季氏が顓氏を討伐してその土地を奪おうとしていると告げた。孔子は反対を表明し、その理由は季氏が周王朝の分封制度を破壊し、権限を超えたからというものだった。ついで彼は、「国があり家がある者は少なきを憂えず、均しからざるを憂い、貧しきを憂えず、安らかならざるを憂うと聞いている」、という名言を語った。ここでの「国があり家がある者」は、諸侯や卿・大夫を指している。魏・晋の何晏が書いた『論語集解』におけるこの句に対する解釈は、「孔子が言っているのは、『国は諸侯。家は卿・大夫。土地・人民が少ないのを憂えず、政理が均平ではないのを憂う』ということだ」、というものである。ここでの「均」は財産に対してではなく、「政理」の「均平」を指しており、つまり天下を治めるのに最も重要なことは、どの人にもその本分が当然得るべき地位と利益を得させねばならないということである。「均平」がここでは公平・合理・正義の意味に近いことがわかる。つまり孔子から見れば、「均平」は周朝の礼・楽・分封制度に符合しなければならず、また各等級間の差異を維持せねばならないということである。南宋の朱熹の『四書集注』は、この「均」という字に対して一層精確な解釈をしている。「均は、各々がその分を得ることを言う」。この「分」はつまり名誉と地位、職責・権利の限度を指し、「分に安んじ己を守る」、「分内のこと」の「分」の解釈と同様である。孔子が財産分配の平均主義を提唱したことはなく、逆に、彼は生活経験と制度的規範から出発して、皆におのおのその礼を守り、各々その分に安んじることを求めたのだ、ということがわかる。これは当然やはり公平・正義を堅持するという前提の下で、結果が平均的でないのを承認することを含んでいる。

3　歴代の土地政策

したがって、孔子や中国古代の儒家のイデオロギーを平均主義と関係づけるのは、ただ字面だけからの推測にすぎず、ここから一般民衆が普遍的にある種の平均主義的な土地や財産の観念を持っていただろうと推論することはできない。確かに中国の歴史において、「耕す者がその耕地を持つ」という理

想は一貫して存在したが、ここでの「その耕地を持つ」ことは、主に「耕す者」が自分の実際の経済と生産の能力に相応する耕作できる土地を保有するということであって、同様の土地を必ず占有するという意味ではない。古代北魏の太和9年（485年）から唐の徳宗の建中元年（780年）までの均田制も、土地は多いが人は少ないという背景のもとで、主に当時の統治者が土地と労働力の合理的配分の問題を解決し、土地と労働力資源の浪費や政府の税源の流失を避けようとしたもので、必ずしも土地分配の「平均化」を強調したものではない。実際、宋代以前、土地は多いが人は少ないという状況の下で、統治者は豪強地主の土地兼併よりも、むしろ人力と地力が十分に利用できないことによって生じた税源の流出のほうに関心があり、古代の均田も限田もこれと関連していた[7]。そして孫文が提起した「平均地権」は、近世以来人と土地の矛盾が日増しに顕著になるという条件の下で土地権益の再分配を解決しようとしたもので、耕す者がその耕地を持つことを強調はするが、けっして貧富を均そうとするものではなく、当然富者の財貨を奪って貧者を救済しようとするものではさらにない。だから、歴代の実行可能な土地政策から分析すれば、いずれも絶対平均主義の影は見出せないし、庶民に平均主義的思想を注入することはさらにありえない。何人かの反逆者や蜂起者が提起した、「貴賎を等しくし貧富を均しくする」や「耕地を均し税糧を免ずる」等々のスローガンにいたっては、大勢の人を驚かすような効果がある程度あったものの、実行性はなかった。彼らが本当にそれほど大きな影響力を持ちえたかどうかは、大いに疑問とすべきである。

4　農民の土地秩序観

　当然、客観的な不平等や貧富の格差の存在によって、社会的弱者の中に平等を求める心理はあるだろう。しかし一般的に言えばこうした心理は保守的なものであり、急進的ではなく、あらゆる人の完全な平等を求めていることと同じでもない。たとえ平均主義の考え方がいくらかあったとしても、それは人々が実際に追求し実現できる目標というより、むしろ人間性の中の本能

に近い張り合いの心理であって、あってもよいが行なってはならないという微妙な心理状態である。しかも、大多数の時期や人についてみれば、こうした微妙な心理状態が「収奪されている」という認識と自動的につながることはなく、ましてや現実の中の不平等感に転換することはない。大多数の人はほとんどの場合、財産所有の多寡は各自の運命・知恵や努力と関連していると信じており、だから積極的に努力すると同時に分に安んじもするのである。ただ明らかな政治的搾取に遭うか、このような搾取に遭っていると認識された特殊な状況下でのみ、はじめて「収奪される」という感じがかきたてられ、また平均主義のスローガンに対し呼応したり追求したりするのである。

　また、「平均」という心理の他に、「富を求める」「貴さを求める」ことによって生まれる競争意識や等級心理もある。それはほとんどの時期に人々が実際に追求し、現実性と実行性を持つものである。農民にとって、「富を求める」の方が明らかに「平均化」より現実的である。それは、少なくとも理論と経験において操作できる道筋があるからである——「天下大同」という春秋の大きな夢を座して待つよりも、自分の両手に頼って財産を蓄積する方がよい。かくして人類社会の発展の大部分の時期において、貧富の格差の存在は人々の努力意欲を促す要素だが、現実への反逆や否定の理由にはならない。

　ここから、土地がないか少ない農民は土地を切に求めてはいたが、そこから彼らが自然に土豪をやっつけ田畑を分けるようなやり方に同意を示すだろう、と考えてはならないことがわかる。農民について言えば、土地は売買によって獲得し、財産は頑張って働いて貯めるものというのが、最も基本的な道理であって、伝統社会で支配的な位置を占める土地秩序観もこれによって確立する。この秩序観がさらに上下の序列、尊卑の区別や運命に任せるなどの儒家思想によって昇華され、それによって既存の経済・社会の中で分に安んじて己を守るという農民の思いが強められたのである。だから、革命前の農村社会で主流的地位を占めた観念形態は、主要には境界がはっきりした財産観念、明晰な個人責任感、明確な等級意識と各々天命に安んじるという運命観なのである[8]。

II 運動初期における農民の心性

では、全国の広大な新解放区で展開した土地改革は、農民の考えにどのような反応を起したのか。こうした反応は既存の農民の土地秩序観とどのような関係があるのか。この時期に農民と称される各階級の、土地改革における心性を見ていこう。ここでいう各「階級」とは、土地改革当時の区分基準をそのまま使用した概念であることに、注意しておきたい。農村の各階級と集団の経済及び社会状況はきわめて複雑であるため、「階級」という概念で十分に説明することができるかどうかは大いに検討すべきであり[9]、また各地域の政策の実施程度によって区分基準が違うこともある[10]。ここでは、ただ史料の叙述に一致させるために、この概念を使用することとする。

1 富農と中農

新解放区の各階級においては、富農と中農は被搾取・自己保存あるいは中立の立場にあり、彼らの土地改革への態度は、主要には地主との距離の遠近によって形成された理性に基づいたものであり、倫理的価値判断に基づいたものではない。つまり彼らにも自分の考えはあっただろうが、最近農村に入ってきた強大な国家とイデオロギーに覆われてしまい、土地改革における彼らの態度はさほど重要ではない。したがって、我々が重点的に分析しようとするのは、土地改革の受益者としての貧・雇農である。貧・雇農の受益者の立場から、当時の革命言説のみならず、土地改革の政策と伝統的な経済社会の倫理との複雑な関係もうかがうことができる。

まず、富農と中農の心理状態をみよう。当時の土地改革は地主の主要財産を貧・雇農に分配し、富農経済を保存する政策をとっていた[11]。自分の土地が没収されるのを避けられた富農は幸運に感じただろうが、富農政策の実施の柔軟性によって、彼らは同時に土地改革に対して恐怖感や不信感を抱き、政策がいつか変わって階級成分が地主だと定められるのを心配していた。ま

た共産党の「ニラ刈り」、つまり、地主の土地をまず分配させて地主を倒してから、次に富農を倒すことを心配していた富農が多かった。「富農の土地を取らないのは土地改革後に多くの食糧を徴収するためであって、3年後には土地改革をもう1度行うのだ」、という不安の声もあった[12]。したがって、「今富農経済を保存したら、将来は最も食糧が徴収されて負担が重くなるので、むしろ今土地を取られたほうがよい」、という認識があった[13]。このような不安な精神状態のなかで、労働・生産に対する彼らの積極性が損なわれ、労・働生産を一生懸命に行なって家を富ましていくような、かつての強い願望が失われるようになった[14]。

　中農の心理状態については、安心していたとはいえるものの、土地改革に対する情熱に欠けていた。富農でさえ動かさないのなら、中農が動かされないのは当然である。とりあえず安全が保証されていたため、土地改革は自分とは関係ないと多くの中農は認識していた。したがって、手をこまねいて傍観する態度をとった者が多かった。経済的利益をもらえないことが彼らが土地改革に参加したがらない一つの原因であったが、そのほかに村内部の社会関係も重要な原因の一つであった。ある年輩の中農は、「一日中会議をするのは何のためだ。何ももらわないじゃないか。人の気持を損ねたら自分が損をする」、と不満を言った[15]。また、地主の土地が貧・雇農に分配されることは、一部の中農からみれば、貧・雇農の「不労而獲」（自分は働かないで他人の成果を手に入れる）を意味する。富農に対しても同様に、「富農が自分より豊かなら、なぜ彼らの土地を取らないのか」、という認識があった。

2　貧・雇農

　富農と中農に比べれば、受益者としての貧・雇農の認識はそれほど簡単ではない。土地改革の初期に党と政府は、人口で優勢を占め、土地が欠乏している貧・雇農が主力軍になることを期待したが、最近発掘された史料はむしろ、貧・雇農の土地改革に対する実際の態度には、新政権の予想と少なからざるズレが存在していたことを示している。このズレを生み出した客観的要

因は、農村社会の階級間の違いがよく言われているほど大きくはなかったことにあり、主観的要因は農村の各種の伝統文化が階級意識の形成にそれほど有利ではなかったことにある。

　まず、農村の土地所有は我々が想像していたようなきわめて不均衡な状況ではなく、さらに宗族の血縁的関係の存在によって、多くの村では貧富の対立が深刻ではなく、階級意識を持たない貧・雇農がほとんどであった。個別の地主ボスを除けば、地主とされた者に対して比較的良い感情を抱いている村民も一部いた。なぜならば、「貧富の格差は人類固有の特徴ではなく、金持と貧しい者の操行も生まれつきの違いがない」からである[16]。

　次に、貧・雇農の間では、既存の経済倫理と宿命論の認識を持つものがほとんどであり、彼らの認識では、地主の土地と財産は彼らの勤労によって蓄積されたものであり、何の理由もなくその土地をとって分けてしまうのは、天の理、人の道に背く行為であり、自分の貧しい運命を変えられないだけでなく、天から処罰を受けるかもしれない。「小人の命は軽く、運命は決まっているので、他人の土地をもらえば病気になる」と[17]。つまり、貧・雇農は既存の経済倫理と道徳的常識に合う方法で土地をもらうことを希望しており、倫理や道徳に反すれば、彼らにとってしばし受入れられないこととなる。したがって、村落に送り込まれた新たな国家の言葉に直面して、貧・雇農でさえも理性と道徳の情感がこもごも衝突する、ある種の苦境に陥ったであろう。

　第3に、長期的に社会の底辺で生活していた人々は、積極的に土地をもらおうという考えをもっていたが、彼らの多くは村社会内部において周縁化された人々であり、馬鹿にされた場合が多い。これらの人々の多くは、土地改革の初期においては発言権がなかった。そのなかで少しでも面子を考える人はみな、積極性を示したら、他人の便宜を横取りし労せずに得たいと考えているのだ、と思われることを心配した。そして座して土地の分配を待つ人の中には、その日暮らしで食うだけの怠け者が少なくはなかった。また、土地改革法が公布されたその月に勃発した朝鮮戦争も、一部の人に「地主の土地をもらったら、国民党がまた戻ると大変になるのではないか」との懸念を起

こさせていた。朝鮮戦争の勃発後、「アメリカが蒋介石を助けて大陸反攻を行う」や「第3次世界大戦がすぐ来る」などの噂が流されており、そのような状況の下で、多くの貧・雇農は土地改革に積極的に参加しようとはしなかった。

　要するに、土地改革の初期に、貧・雇農を含めた農民の各階層が示した懐疑・躊躇や困惑は、運動の展開にとっての難題であった。この難題の実質は、革命に対する伝統の不適合である。こうした不適合を克服しようとすれば、必ず多くの貧・雇農に価値と徳行の評価基準を変えさせ、新たな階級と階級闘争の理念を受入れさせ、彼らに富裕階層（おそらく、ただ彼らより富んでいるというだけだろう）に対する恨みを生じさせねばならない。既存の研究からも明らかになっているように、新解放区の各地域の土地改革は、どこでも政治的動員を通して貧・雇農に被搾取感を生じさせ、社会的怨恨を引き起こし、それによって最終的に倫理的価値や徳行の評価基準を変えさせていったのである。

III　政治動員と心性の転換

1　「苦の訴え」

　土地工作隊は会議を開いて宣伝したり、土地改革の歌を教えて歌ったり、新劇を上演するなど、様々な方式をとって農民に「階級教育」を進めた。いわゆる階級教育は、人は階級に分かれるもので、地主は搾取階級で農民は被搾取階級であって、地主は農民への搾取によって家が栄え金持になる、などを農民に教育する。ただし、これらの教育は日常生活からの体験との間にまだ相当のずれがあり、農民に明確な階級意識を形成させるためには、外からの宣伝・教育ではまだ不十分で、やはり階級的搾取と圧迫とは何かについて農民自ら意識させねばならない。このことは農民自身の生活の中から突破口を探すことを必要としており、すでに多くの研究者が言及しているように、

「苦の訴え」が十分に有効かつ儀式化された政治的動員形態だったのである。

「苦の訴え」という方法は、老解放区【建国以前に中共が支配していた地域】の土地改革ですでに広範に運用されていた。その大体の過程は、まず「苦主」（苦しみを訴える積極分子）を探し出し、彼らを啓発して苦しみを思い出させ、彼らに「苦しみ」と階級的搾取や圧迫との関係を意識させる。ひとたびこれらの「苦主」が日常生活の苦しみを階級的圧迫の苦しみと結びつけさえすれば、村民を組織して苦しみを訴える大会を招集し、「苦主」に自分の苦難を語らせ、また苦しみと地主の圧迫との関係を告発させ、これを理由に大衆を動員して「地主と闘争する」。「苦の訴え」を通して注入された階級意識は、「苦主」自身の政治的感情を効果的に変えられるだけでなく、こうした感情が集団の他のメンバーに伝わり、互いに共鳴を起こしやすいため、個人から全体への動員という作用を生みだし、農民の社会的・政治的心性に根本的な転換を促すこともできるのである。

「苦の訴え」は特殊な政治動員の技術として、一般的には次のような段階がある。まず、工作隊員による「訪貧問苦」（貧しい者を訪ねて苦しみについて聴く）である。その対象はおおよそ次の3種類の者、つまり①村の中の周縁化された者、②老人、③婦女である。党の経験によれば、この3種類の人は最も苦難を経験し、最も圧迫を受けたため、動員も最も順調に行うことができる。「訪貧問苦」の対象者が定められた後、工作隊員は彼らの家に住みこみ、彼らとともに食事して生活する。これは彼らの経験した苦難をよりよく発見できるためであり、同時に彼らに安全だと感じさせて自ら苦難の経験を訴えさせるためでもある。彼らの多くが最初は自らの苦難を特に感じておらず、工作隊員に話した苦情のほとんども生活水準の低さや村内部の人間関係に関するものだったが、工作隊員は日常生活のなかで経験した苦しみと被搾取階級としての苦しみとの間に関連性を作り、彼らに苦しみの原因を考えさせる。たとえば、ある年に災害による被害があり、それについて「あなたたちの家族はご飯をいっぱい食えたのか」、「地主の家族はご飯をいっぱい食えたのか」、「みんな同じ人だが、なぜ地主はわれわれよりよい生活ができるのか」

第4章　伝統の転換と再転換

など、強い誘導性がある質問を農民に発する。このように、普段の生活のもとで当たり前と思われていたことが、明確な階級的意義を付与され、そうした雰囲気のなかで、「苦主」が生活のなかで経験したすべての苦しみの原因が、ほぼすべて「地主階級による搾取と圧迫」に求められるようになる。このような工作隊員による構造的な叙述によって、農民の生活の苦しみは「階級としての苦しみ」に上昇し、「階級としての苦しみ」がさらに「社会制度の罪」に上昇するようになった。

「苦主」の育成はまた、「串聯」と結合されなければならない。「串聯」とは、工作隊員が「苦主」によって提示されたのと同じ苦難の経験を持つほかの村民の情報に基づき、「苦主」の範囲を拡大し、一部の「苦主」を動員し彼らを集めて会議を開催し、そこで「苦の訴え」を行い、「苦主」の全員に自らの苦しみを訴えさせ、互いの苦しみを比較させることを指す。そのことによって、「苦主」の階級意識を強化し、彼らが苦しみを訴えるテクニックを訓練することができる。

準備作業を整えた後、地主を含めたすべての村民が参加する「苦の訴え」大会を開催する。大会では「苦主」に涙ながらに地主による「様々な悪行動」を訴えさせることによって、大衆の心を揺り動かす効果を発揮できる。その効果は明らかで、「苦主」の訴えから刺激を受けて興奮するようになって、前に出て自らの苦しみを訴えはじめる者もいた。また、「苦の訴え」の範囲は拡大することができ、自らの苦しみだけでなく、父親、さらに祖父の世代が経験した苦しみも訴えられる。このような雰囲気の下で、大会の参加者全員の心が強く揺り動かされ、これによって大衆的心理が全体的な転換をするようになった。その転換に伴って参加者は強制的な圧力をかけられ[18]、その感情及び価値観をコントロールされ、たとえ異なる意見があっても抑えられた。そうしなければ、「遅れた者」というレッテルを貼られ、村民全員による糾弾を受けるようになる。

「苦の訴え」のなかで求められたのは、訴えられた苦しみが真実であるかどうかではなく、「苦の訴え」によって作り出された感情が強烈なものであるか

131

どうか、旧社会に対する人々の怒りを引き起こすことができるかどうか、さらに古い価値観を変え、新しい価値観を作れるかどうかという、儀式化の効果である。すごく興奮した状況の下で、事実の判断は階級言説に取って代わられ、農民の憤激した階級感情が成功裏に作り出されるようになった。

2 「闘地主」

「苦の訴え」大会の最後の段階は「闘地主」、つまり地主の財産の分配だけでなく、精神的かつ名誉の面でも地主を徹底的に倒すことである。闘争大会では、地主を追い詰めて頭を下げて罪を認めさせ、搾取を認めさせなければならない。知り合いのメンツで闘争したがらないのを避けるために、工作隊員は郷鎮【行政上の村と町】を単位にいくつかの村を組織し、連合して「闘地主」を行うという方法をよく使う。この方法の良い点は、ある村の農民をほかの村の地主と闘わせるため、動員しやすいことにある。ただし、「地元出身の地主との戦いは激しくはないが、ほかの郷、ほかの村の地主と闘うと急進化してしまう」現象が生じた[19]。

まさしく「苦の訴え」という特殊な政治的動員のテクニックを通して、初めて農民の「日常生活の苦難」を成功裏に「階級的苦難」に上昇させ、進んで彼らの階級意識を形成させるのである。そして地主への闘争を通して、地主の威光を打ち壊し、昔は金持の前では自分の賤しさを感じ、頭をあげられなかった貧苦の農民が、ここからは意気軒昂で、政治的に翻身して主人になった感覚を持ち、これを基礎に大衆の心性や倫理的価値観も転換し始める。

農民は日常生活の中で「知合いのネットワーク」を維持するために、一般には自分の村の地主と闘争することに対しては憚るところがあるが、しかし、ひとたび地主と面と向かって仲違いをすれば、「弓を放って戻る矢なし」のように、戻ることはない。そこで、農民はしばしば地主と思い切り闘って、彼らに報復される可能性をなくす。だから、水に落ちた犬を痛打し、闘争・打撃などの過激な現象が出現するのも、農民のある種の自己防衛なのである。ここから、政治的に保守的・消極的な農民が、政治的に過激で闘争好きな農

民になり、伝統的な農村社会の宗族関係も、こうした過激な階級闘争の中で引き裂かれていく。

　政治的な過激さは実際には往々経済的な利益獲得という動機を前提としており、まさしく経済的利益の獲得という動機こそが、貧・雇農を政治的過激に向かわせる動力だといってもよいであろう。かつて士紳や地主だった人々が闘争で打ち倒される時に、農民の心にあった少しばかりの畏敬の気持も消失し、そこで、かつて「天理を傷つける」と思われていた行為が今は革命の「天地の大義」になり、新たな解釈に基づいて、階級の敵に搾取されたものは必ず奪い返されねばならなくなる。土地と財産が「家に戻る」ことが、農民を地主の財産の分配に駆り立てる最大の動力になったのである。

　農民の社会心理や行動論理も、これにともなって変化が生じる。長い年月にわたって信奉された勤倹蓄積・勤労致富や貧富の違い、各々天命に安んじるという観念は一朝にして打破され、平均主義、そして金持の食糧や財産を奪うという心理が解き放たれていく。多くの地方で、土地改革が急進化し、富農や中農も闘争の対象とされたのは、この新たな経済倫理や理性がもたらした結果である。ここにおいて、農民の伝統的社会心性が徹底的に覆された後では、当初はけっして順調には進まなかった土地改革が、どうしてきわめて短期間に暴風雨のように完成したのかを、我々は理解できる。新たな行動論理が旧来の文化的習性に徹底的に打ち勝ち、利益主義に走ったことによって、歴史のなかで長期間効果的に抑圧されていた農民の平均主義の心理がかきたてられ、伝統にとって替わる新たな理性的行為の観念的基礎になった、ということである。

Ⅳ　経路の閉鎖と歴史的価値の再転換

　1949年以後の新解放区の土地改革は貧・雇農に土地を得させたが、より重要で長続きした効果は、農民に階級倫理と平均主義を基盤とするある種の新

たな土地秩序観を確立させ、観念の再構成がまたその後の政治・社会運動のための基盤を固めたことである。そのうち最も顕著なのは、伝統的な「等級」観にとって替わったのが「平均主義」の観念であり、また「勤労して儲ける」や「財産の尊重」という観念が覆され、それにとって替わったのが「貧窮は光栄」と「貧しいほど革命的」だったことである。

　土地改革を経験した農民たちは「平均」の旨味を味わい、革命の言葉がまたそれを合法化する説明を付与し、こうして、「均等にする」という思想がその後かなりの期間にわたって貧・雇農が新たに求めるものの中核になった。ただし、土地改革後も貧・雇農と中農との格差は依然存在し、貧富の競争がまた芽を出し、階級で高低・貴賎を区分する新基準のもとでは、貧・雇農は現実に自分に不利なものを受け入れがたい。彼らはますます政治化・過激化して、財産の革命が再度やって来るのを期待しており、その標的は農村社会で彼らよりよい生活をしているあらゆる人であった。

　これによって、我々は土地改革後の歴史がなぜあのような道に沿って展開したのかを、理解することができる。土地改革後続いた集団化運動は、分配したばかりの土地をまた集中していき、土地改革とあい矛盾するかのようであるが、その深層の論理を究めてみると、土地改革との内在的連関性があることがわかる。その連関性は、多くの貧・雇農が党と国家の素晴らしい承諾と現実的支持を信じていただけでなく、党と国家が貧・雇農に再度中農と富農の財産を共にさせ、土地改革が残したものを補わせる理由と条件を十分に持っていたことにある。こうして、上層部の共産主義の情熱が基層の平均主義の大きな流れと互いに呼応し、また揺り動かしあい、中国農村が一緒に理想社会に奔走する逆巻く潮をともに形成してしまったのである。一直線で大躍進後自ら窮地に陥るに至り、強烈な理念はようやくしばし棚上げせざるをえなくなった。しかし、挫折によってもたらされた全体の危機が、平均主義の道をさらに固定し、進んで土地改革によって作られた新たな歴史の道の経路閉鎖に進ませたのである。

　1970年代末、土地改革を起点とした平均主義の運動は、ようやく全エネル

ギーを使い果たして終わった。歴史は新たな転換が生じ、そこから平均主義の論理とは次第に離れて行った。ただし問題は、漸進的な制度変革は（土地に関する理念を含む）伝統的イデオロギーの延長・継続の中に変革を求めるものであり、これまでの道に対する深い反省が欠けていた。このため、改革開放の深化にともなって富に対する農民の態度は大きな変化を生じているが、土地に対する態度はむしろ集団所有制の延長・継続のために変化していない。農民は非農業領域では市場による資源配分の原則と競争の優勝劣敗を認めているが、こうした市場による配分と競争はまだ農地には及ばず、村落の土地に対する平均主義的占有が、依然として絶対的な支配的地位にある。さらに、最近、土地制度の変革を追求し、土地に関する合理的配分や流動などの重大な問題に関わっている時、農民の土地に対する平均主義的な訴えは国家の制度的変革の方向と食い違っている。多くの地方において、農民が政府の「人を増やして土地を増やさず、人を減らして土地は減らさず」という政策に反発しているのはその典型的な例の一つであり、その背景には、土地に対する平均的占有という要求がすでに村民の利益と結び付いて、経路依存性【Path Dependency】を構成しているからである。

　ここから、目下の土地の再流動と大規模化という過程において、平均主義の土地心性の歴史的影響をどのように溶解させるのかが、直面せざるをえない重大な問題であり、しかもこれが疑いもなくまさに生じようとしている認識の転換でもあるのだ、ということがわかる。ただ、この転換は単純に革命前の農村観念史に再び回帰しようとするものではなく、伝統的土地観念―これは革命前の土地観を含むだけでなく、革命がもたらした土地観も含む―を現実のニーズといかに結合させるかという新たな問題を解決しなければならないということであり、つまり身分占有制ではないことを前提に「耕す者がその耕地を持つ」ことを承認し、同時に農民と土地の関係の特徴に応じながら、農業生産の発展に有利な土地の適度の規模経営を実現しなければならないのである。

　この２回目の転換は前の転換と比較すると、一層困難になるだろう。１回

目の転換はイデオロギーによる強力な注入、国家的暴力の強力な後押しと利益獲得の心理的駆り立てという、3大要素の有機的結合のもとで生まれたものだが、これから発生しようとしている2回目の転換は、漸進的なやり方で展開するしかない。時代の要求に符合した価値倫理秩序については、土地秩序観などを含めて構築し直す必要がある。また、心性の転換は革命の方式を再度とることはできず、漸進化する市場改革と制度の変遷に対する農民の適応、認識および自らの行動などに頼るしかない。そして農民の適応、認識および行動のプロセスのなかで、公平の正義を確保するだけでなく効率的な配置をも確保する、農地の占有と使用に関する市場秩序の観念を再構築しなければならない。

しかし、新たな価値の確立は古い価値を捨て去るのと同じではない。農民は新たな制度的実践を受容れ、自らそれに適応しようとするのか。あるいは、たとえ一時的に受容れたとしても、なにがしかの特殊な状況―たとえば市場での挫折に遭遇したり、競争能力を喪失したりするなど―の下で、農民(農民のために発言する学者も含む)が既存の思想的伝統や利益の損得によってためらい、2回目の認識の転換に対して疑ったり否定したりしないのか。およそこの種々が、すべて我々に、足もとの道がかつて行なった選択よりもさらに複雑になり、さらに困難にもなったことを悟らせている。目下、新たな制度の改革はすでに始まったが、歴史や利益という要因によって、農民と一部の学者の土地に対する認識には相応の変化が生じておらず、認識の転換が制度の変遷に遅れている。したがって、新たな認識の転換という問題の複雑さや長期性について、我々は必ず十分はっきりした認識をもたねばならないのである。

注
1) 具体的には、以下の研究文献を参照されたい。李立志2002、盧暉臨2003、羅平漢2005、莫宏偉2005・2006、陳益元2006、李巧寧2007。
2) 方慧容1997、郭于華・孫立平2002、李巧寧2007、李里峰2007を参照。

3）土地改革の心性の構築に関する研究はいくつかある。新解放区の土地改革については、李立志 2002、莫宏偉 2005・2006、王瑞芳 2006、李巧寧 2007、許福海 2007 などの研究成果がある。
4）2008 年に中国共産党第 17 期 3 中全会で採択された「農村改革と発展の推進に関する若干の重要問題の指示」は、農地の適正規模の経営に向かって農村の土地の長期的請負および秩序のある移転に関する制度的設計を確定した。それによって転換の大きな方向性を確立したが、実現するまではかなり長い時間がかかる。
5）地主・富農の土地占有率に対する各種の推計の研究は、3 分の 1 から 50％まであるが、いずれも伝統的な見方が言う 70～80％にははるかに達していない。
6）関連の研究成果は数多くあり、その一部は次の通りである。章有義 1988、郭徳宏 1993、烏廷玉 1998、秦暉 2007、温鉄軍 2009、李康 1999、呉毅 2002、王友明 2006、張学強 2006、黄栄華 2006。
7）趙岡・陳鐘毅 2006 を参照。
8）盧暉臨 2006 を参照。
9）黄宗智 2003 を参照。
10）たとえば、上海郊外の農村では地主と定められた人が比較的少なかったが、中南地区の区分基準は比較的厳しいものであった。
11）富農の貸し出した土地を没収するかどうかをめぐって、中央政府は柔軟に政策執行できるような制度的空間を作った。『中華人民共和国土地改革法（草案）』の規定によれば、「富農の土地財産を取らない」と定められていたが、修正後、次のような記述となった。「富農自ら耕作する所有地と人を雇って耕作する土地およびその財産を犯してはならない。すでに貸し出した少量の土地も保留して動かさない。ただし、一部の特殊地域においては、省以上の人民政府の許可があれば、貸し出した土地の一部またはすべてを没収することができる」。羅平漢 2005、350 頁を参照。杜潤生も、中南・西南の地域では実際に富農経済をすべて消滅させたと記憶している。杜潤生 2005、17 頁を参照。
12）羅平漢 2005、366 頁。
13）中国社会科学院・中央檔案館 1992、107 頁。
14）莫宏偉 2006 を参照。
15）郭于華・孫立平 2002 を参照。
16）Kuhn1984、24 頁。
17）莫宏偉 2005 を参照。
18）郭于華 2000、364 頁。
19）陳益元 2006、139 頁。

参考文献

愛德華・希爾斯 1991 『論伝統』、上海、上海人民出版社。
安東尼・吉登斯 1998 『現代性与自我認同』、北京、三聯書店。
陳益元 2006 『建国初期農村基層政権建設研究：1949-1957——以湖南省醴陵県為個案』、上海、上海社会科学院出版社。
丁玲 1995 『太陽照在桑乾河上』、石家庄、花山文芸出版社。
杜潤生 2005 『杜潤生自述：中国農村体制変革重大決策紀実』、北京、人民出版社。
方慧容 1997 「『無事件境』与生活世界中的『真実』——西村農民土地改革時期社会生活的記憶」、北京大学碩士学位論文。
費孝通 1999 『費孝通文集』第4巻、北京、群言出版社。
古斯塔夫・勒龐 2005 『烏合之衆：大衆心理学研究』、北京、中央編訳出版社。
郭于華 2000 「民間社会与儀式国家：一種権力実践的解釈——陝北驥村的儀式与社会変遷研究」、郭于華主編『儀式与社会変遷』、北京、社会科学文献出版社。
郭徳宏 1993 『中国近現代農民土地問題研究』、青島、青島出版社。
郭于華・孫立平 2002 「訴苦：一種農民国家観念形成的中介機制」、『中国学術』第4期。
韓丁 1980 『翻身——一個中国村的革命紀実』、北京、北京出版社。
胡穂 2007 『中国共産党農村土地政策的演進』、北京、中国社会科学出版社。
黄琨 2006 『従暴動到郷村割拠：1927-1929—中国共産党革命根拠地是怎様建立起来的』、上海、上海社会科学院出版社。
黄栄華 2006 『農村地権研究：1949-1983——以湖北省新洲県為個案』、上海、上海社会科学院出版社。
黄宗智 2003 「中国革命中的農村階級闘争——従土改到文革時期的表達性現実与客観性現実」、黄宗智主編『中国郷村研究』（第二輯）、北京、商務印書館。
江蘇省档案館 1998 「江蘇土地改革運動」（Z）、江蘇省内部印行。
李金錚 2006 「土地改革中的農民心態：以1937-1949年的華北郷村為中心」、『近代史研究』第4期。
李康 1999 「西村十五年：従革命走向革命——1938-1952冀東村庄基層組織機制変遷」、北京大学博士学位論文。
李里峰 2007 「土改中的訴苦：一種民衆動員技術的微観分析」、『南京大学学報（人文科学・社会科学）』第5期。
李里峰 2008 「『運動』中的理性人—華北土改期間各階層的形勢判断和行為選択」、『近代史研究』第1期。
李立志 2002 「土地改革与農民社会心理変遷」、『中共党史研究』第4期。
李巧寧 2007 「建国初期山区土改中的群衆動員—以陝南土改為例」、『当代中国史研究』

第4期。

盧暉臨 2003 「革命前後中国郷村社会分化模式及其変遷——社区研究的発現」、黄宗智主編『中国郷村研究』第一輯、北京、商務印書館。

盧暉臨 2006 「集体化与農民平均主義心態的形成——関于房屋的故事」、『社会学研究』第6期。

羅平漢 2005 『土地改革運動史』、福州、福建人民出版社。

満永・葛玲 2008 「『親不親階級分』:1950年代初社会関係変革研究——以郷村社会為背景的分析」、『科学社会主義』第2期。

曼瑟爾・奥爾森 1995 『集体行動的邏輯』、上海、上海人民出版社。

毛沢東 1996 「関于土改工作応注意的幾個問題」、『毛沢東文集』第6巻、北京、人民出版社。

莫宏偉 2005 「新区土地改革時期農村各階層思想動態述析——以湖南・蘇南為例」、『広西社会科学』第1期。

莫宏偉 2006 「蘇南土地改革後農村各階層思想動態述析（1950-1952）」、『党史研究与教学』第2期。

莫宏偉 2007 『蘇南土地改革研究』、合肥、合肥工業大学出版社。

莫里斯・梅斯納 1992 『毛沢東的中国及其発展—中華人民共和国史』、北京、社会科学文献出版社。

潘光旦・全慰天 1952 『蘇南土地改革訪問記』、北京、三聯書店。

秦暉 2007 「関于伝統租佃制若干問題的商榷」、『中国農村観察』第3期。

王瑞芳 2006 「土地改革与農民政治意識的覚醒——以建国初期的蘇南地区為中心的考察」、『北京科技大学学報（社会科学版）』第9期。

王友明 2006 『解放区土地改革研究：1941-1948——以山東莒南県為個案』、上海、上海社会科学院出版社。

温鉄軍 2009 『「三農」問題与制度変遷』、北京、中国経済出版社。

烏廷玉 1998 「旧中国地主富農占有多少土地」、『史学集刊』第1期。

呉帆・呉毅 2009 「歴史社会学的発展与特徴」、『華中科技大学学報（社会科学版）』第4期。

呉毅 2002 『村治変遷中的権威与秩序—20世紀川東双村的表達』、北京、中国社会科学出版社。

呉毅 2009 「理想抑或常態：農地配置探索的世紀之擺」、『社会学研究』第3期。

蕭乾 1951 「従李娛馳的一生看湖南農民的翻身」、『人民日報』1951年3月30日。

許福海 2007 「土改後農村合作化趨勢的社会心理分析」、『陝西職業技術学院学報』第3期。

袁松 2009 「消費文化・面子競争与農村的孝道衰落――以打工経済中的顧村為例」、『西北人口』第 4 期。

張鳴 2003 「動員結構与運動模式――華北地区土地改革運動的政治運作（1946-1949）」、『二十一世紀』網絡版 6 月号。

張佩国 2007 『地権・家戸・村落』、上海、学林出版社。

張小軍 2003 「陽村土改中的階級劃分与象徴資本」、黄宗智主編『中国郷村研究』（第二輯）、北京、商務印書館。

張学強 2006 『郷村変遷与農民記憶：山東老区莒南県土地改革研究（1941-1951）』、北京、社会科学文献出版社。

張永泉 1999 「関于土地改革総路線（上）」、『杭州教育学院学報』第 5 期。

張永泉 2000 「関于土地改革総路線（下）」、『杭州教育学院学報』第 1 期。

章有義 1988 「本世紀二三十年代我国地権分配的再估計」、『中国社会経済史研究』第 2 期。

章有義 1992 「関于我国地主名称的原始」、『中国社会経済史研究』第 2 期。

趙岡・陳鐘毅 2006 『中国土地制度史』、北京、新星出版社。

中国共産党十七届三中全会 2008 『中共中央関于推進農村改革発展若干重大問題的決定》。

中国社会科学院・中央檔案館 1992 『中華人民共和国経済檔案資料選編：農業経済体制卷』、北京、社会科学文献出版社。

Kuhn, Philip 1984. "Chinese Views of Social Classification ."in J. Watson ed., *Class and Social Stratification in Post-revolution China*. London: Cambridge University Press.

Scott, James 1976, *The Moral Economy of the Peasant: Rebellion and Subsistence in Southeast Asia*. New Haven: Yale University Press.

第5章　1950年代初頭、福建省における農村変革と地域社会
──国家権力の浸透過程と宗族の変容──

山本　真

はじめに

　近年の中国革命史研究おいては、農民を革命闘争に起ち上がらせることの難しさや、農民の共産党支持に対する疑問、伝統的社会関係に対する農民の親和性などが提起されている[1]。総じて共産党を中心とした歴史叙述を脱構築する方向で研究が進展しつつあり、これを修正主義的見解と名づける研究者もいる[2]。また、近現代中国における社会統合、国民意識の形成に着目し、革命史とは別の視点から考察する試みも開始されている。この研究は日中戦争、戦後内戦、そして朝鮮戦争における戦時動員（総力戦態勢）を経て、社会統合が進展したと主張する[3]。さらに、中国における人民共和国史研究においても建国初期の社会統合や国民意識の形成過程を、下からの視点で考察する姿勢が現れている[4]。

　以上の研究動向に通底するのは、基層社会や民衆の動態に着目する姿勢である。ただし、民衆の視点を重視する以上は、広大な中国において地域ごとに多様性をもつ民衆の生活空間の実態を踏まえた分析が必要となろう。

　こうした問題意識に立ち、筆者は1920〜40年代の福建省を研究対象として、革命の過程や国家─社会関係の変遷を、地域の文脈に即して考察してきた[5]。華南に位置する福建省に着目するのは以下の理由による。すなわち伝統的に宗族（父系同族組織）や民間信仰などを媒介とした人的結合が比較的

顕著な地域であり[6]、南満洲鉄道株式会社が戦時中に華北で実施した農村慣行調査に基づき、非組織性が強調されてきた中国農村社会論を相対化しつつ、社会変革を論じるために格好の事例となるからである。

具体的には、次の二つの課題を取り上げたい。まず、福建省における「剿匪」(匪賊や敵対軍事勢力の掃討)、「反革命鎮圧」(共産党に敵対する人々の摘発・排除)、土地改革における地主への批判闘争を考察対象とする。そしてこれらを連続する一連の過程として把握・分析することを通じて、共産党政権がいかにして農村社会を掌握していったのかを解明したい。その際に注目するのは、在地に根を張った武装勢力の解体及び地域有力者層の排除である。というのも、民国時期の福建省においては、省レベルでの政治権力の弱体化や在地武装勢力(その内実は後述する)の跳梁により、地域社会での治安が極度に悪化していた[7]。宗族や村落も自衛の必要から「民団」や「大刀会」と呼ばれる自衛団体を組織したため[8]、社会全体の武装化が極度に進展した。結果、1920～30年代における共産党の革命運動に対しても、在地武勢力による激しい抵抗が見られた[9]。その後、1930年代半ばには、国民政府が在地武装勢力の割拠情況を克服することに努め、初歩的な成果を収めつつあったが、日中戦争の勃発によってその試みも完遂しないまま、1949年を迎えることとなった。こうした歴史的背景の下、人民共和国の成立後も共産党に対する在地武装勢力の抵抗は根強かった。土地改革に先立って「剿匪」や「反革命鎮圧」が重視された所以である。さらに戦時態勢下における敵性人物の排除が国民統合の前提条件となったことは[10]、その後の共産党政権による社会統制のあり方を規定したようにも思われる。このような重要性にもかかわらず我が国における「剿匪」や「反革命鎮圧」に対する研究は緒に就いたばかりであり、今後の進展が待たれる研究領域となっている[11]。

第二の課題は、1950年代初頭における、地域の社会構造・民衆意識の変容について、伝統的な血縁結合である宗族に着目して考察することである。この問題について、川井伸一氏は広東で発行された新聞資料を利用し、宗族意識が共産党による土地改革の進展を大きく規制したことを先駆的に論じてい

る[12]。また、三木聡氏も土地改革による宗族の解体がきわめて不完全なかたちでしか行われ得なかったと主張している[13]。さらに、近年では鄭浩瀾氏も江西省寧岡県を対象とし、国家権力の浸透を考察した研究において、宗族における血縁関係を完全には破壊できなかったことを指摘したのである[14]。

宗族的結合が共産党による社会変革を経て、直ちにかつ完全に解体された訳ではないことは、近年中国の研究者によっても明らかにされつつある。例えば、江西省中部の泰和を事例とした銭杭・謝維揚氏の研究は、土地改革はただ旧宗族と封建土地所有の連携を切断し、同時に地主、富農を宗族の活動のなかから排除しただけであり、一般の宗族活動を禁止したものではなかったと主張する[15]。また福建西部の将楽県を事例とした朱冬亮氏も、族田が没収された以外には、宗族の祠堂、族譜と村廟は暫時保留され、村民の民間信仰も暫くは継続された（もちろんその社会的機能は相当程度弱められ、拘束を受けたが）と見ている[16]。さらに社会人類学の方法に則り、福建における宗族の変容をミクロな視点から論じた潘宏立氏や阮雲星氏の研究も、宗族意識が革命後においても強く残存したことを明らかにしている[17]。

その一方で、宗族の解体を強調する研究も存在する。古くは広東省広州近郊農村を事例としたYang氏の著書が挙げられよう[18]。近年では、広州近郊の番禺県のある村を事例に宗族の変容を論じた川口幸大氏は、民国時期からの宗族結合の弱体化を論じた上で、土地改革後の宗族解体を指摘している[19]。このように一般に宗族結合が強いとされる広東や福建を事例とした研究にあっても、宗族の変容に対する認識は一様ではない。当然、広東省や福建省内でも地域的偏差、そして個別宗族の歴史的背景によって事態は異なったはずである。

このような研究動向を踏まえ、本章では筆者による福建省での現地調査の成果に基づき、1950年代の土地改革に与えた宗族意識の影響、そして土地改革を経た後の宗族結合の実態を検討したい。主要には、内陸に位置し土楼による同族集住の伝統がある福建南西部の龍巌県と上杭県、そして福建東部沿海部の莆田県や閩江沿河部の古田県や閩清県などを取り上げる。これらの県、

とりわけ福建南西部は、宗族が比較的発達していた地域の事例と見なすことができよう[20]。

以上の二つの課題への取り組みを通じて、中国革命前後における国家―社会関係及び宗族的結合の変容を総合的に考察していきたい。

I　1949年以前における社会の武装化

民国時期、福建では治安状況が深刻化し、匪賊が横行した。これについて戦前の研究者長野朗は以下のように叙述している（引用は原文のまま）。

> 福建は四川や湖南と同じやうに一時は南北の争奪地となつたため、戦争の絶え間が無く、双方で土匪を利用して味方とするため、土匪か軍隊か区別がつかず、土匪自身でも自治軍と名乗つて居たために、軍隊か土匪か区分のつかない曖昧なのが少くなかつた。又土匪出身の軍人が多いことも四川等と同じで、大土匪団は常に軍閥の頭目と連絡して居る。土匪の遣り口も半官半匪で、往来の要道に徴税局を設けて、上下の民船や往来の車馬行人から通行税を徴して、納めなければ掠奪するので皆納めた。或いは沿道を租税を徴して歩くのさへある。見た所も軍服を着て新式銃を持ち、土匪と軍隊の混血児見たやうなのが福建土匪の特色である[21]。

このように福建においては、軍閥と匪賊の中間形態をとりつつ、地方に割拠する軍事勢力を「民軍」と呼んでいた。その一方、地域社会の側も強力な匪賊に対抗するために自衛団や武装結社を組織した。以下では、福州付近の古田県で活動したキリスト教宣教師による、武装結社である「大刀会」に関しての報告を紹介する。

> 都市は別として、県全体が大なり小なり匪賊の支配下に入り、匪賊は全

ての主要道路に通行税を課した（中略）匪賊に対抗するために迷信の復活と秘密結社の組織化が行われた。イニシエーションが呪術的儀礼により行われたが、それは弾丸や火や水からの免疫・安全を信者に授けるためのものであった[22]。

自衛組織のなかでも呪術的儀礼を取り込んだ結社は「大刀会」と呼ばれた[23]。「大刀会は」匪賊と戦うだけでなく、なかには紅軍と対抗する実力を備える勢力も存在した[24]。また福建南西部の龍巌県において宗族連合を背景とした「民団」が有力な指導者の下で、紅軍と激しく抗争し、地盤を死守した事例については、別稿で詳しく論じたところである[25]。

1930年代後半になると、国民政府によって地方軍事勢力（民軍）の整理に力が入れられた結果、公然とした割拠状態はひとまず解消された。また保甲制度の導入を通じて、国家権力による基層社会の掌握が試みられた[26]。しかし、日中戦争が勃発すると、この動きも大きな困難に直面した。例えば、福建省中央部の山間に位置する沙県では、徴兵と徴税により青年男子が次々と外郷に逃亡するとともに、各地で匪賊の害が叢生した[27]。日中戦争から国共内戦にかけての時期、国民政府による徴兵が怨嗟の的となったことはよく知られているが、福建では徴兵忌避による逃亡者が治安悪化の原因となっていた。

また、沿海部では、武装勢力による密貿易が横行した[28]。潮州・汕頭の陥落により、地元特産品の移出や日用品の移入が困難となった。結果、前者

福建省地図

が値崩れする一方で、後者の価格は不断に増加した[29]。沿海部の恵安県からの報道によれば、当該地域の「土豪劣紳」は敵の物資を密輸するだけでなく、モルヒネやアヘンの運輸販売に従事していたという[30]。このように日中戦争時期には海賊勢力が跳梁したが、彼らは日本軍と結託しただけでなく、戦後には国民政府軍に編入され生き残る者も存在したのである[31]。

なお、民衆の国民政府への不満を高めたのは、徴兵に加えて戦後内戦時期に深刻化したインフレーションであったことも付言しておきたい。1948年の1～8月の間に福州の小売物価は5378％上昇した[32]。1948年8月には金円券改革によるデノミが行われたが、インフレーションは止まるところを知らず、都市部だけではなく、農村部にも大きな影響を与えることとなった。街頭には乞食があふれ、国民政府は「名存実亡」と感じられたという[33]。国民政府への失望感は最終段階に至っていたと言えよう。

II　1949年前後、福建における「剿匪」と在地有力者の逃亡

1　国民党残存勢力による抵抗

国共内戦における福建戦役においては、第3野戦軍第10兵団約15万が福建に進攻[34]、1949年8月には福州を、10月には厦門を占領し、金門島や東山島など島嶼部を除き、ほぼ全福建を勢力圏に収めた。しかし、金門島攻略は挫折し、主力が金門方面に釘付けになったため、省内の残存する敵の掃討には十分な兵力を暫時割けなかった[35]。一方、台湾に逃れた国民党政権は、国防部内に敵後工作委員会を設置、また福建遊撃軍区を創設し、福建省主席を兼任した胡璉将軍が指揮を執った[36]。さらに国防部第三庁少将李森を唐宗と変名させ「中国人民自由軍閩粤贛辺区総司令」として派遣し、福建に対するゲリラ工作を活発化させたという[37]。これに対して共産党政府は、福建省内に潜伏する所謂匪賊を約6万人、残存或いは新たに派遣された特務を1万人、国民党・三民主義青年団員を1万7000人、悪覇（悪ボス）2万9000人、反

動会道門（秘密結社・宗教結社）首領を4400人と見積もり[38]、その一掃に努めたのである。

ところで、内戦期に国民党政権側は正規軍以外に地方治安部隊を擁していた。例えば、福建南西部に位置する龍巌県の場合、県民衆自衛総隊が約2000人、郷鎮ごとに自衛大隊が18隊、合計5000人が配置されていた。地方志である『龍巌市史』は国民党残余勢力と地主武装の小部隊が山地に入りこんで匪賊となり、大衆を騒擾し、区・郷人民政府を襲撃したと記述している[39]。なお国民党政権下での県治安部隊は県長の指揮下にあったものの、実質的には在地勢力に牛耳られていた。例えば、沿岸部の福清県の場合、部隊はあたかも地元有力宗族である翁姓の私兵の如くであった（任期の短い外来の県長ではなく、翁姓出身の有力者の縁故により部隊が編成されたためであろう）。国民党系の地方治安部隊が共産党に抵抗するか否かも情況次第であり、福清県の場合、治安部隊は共産党に投降し、さらに人民解放軍に編入されている[40]。共産党は抵抗する国民党側治安部隊を徹底的に討伐する一方、投降者についてはこれを受け入れたのである。ただし寝返り勢力のなかには、その後共産党政権に対して再度の武装蜂起を試み（あるいはそのように追い込まれ）鎮圧される者も存在した[41]。こうした反共武装勢力は、共産党により抜擢された農民協会の幹部を襲撃し、デマを流布するなどして、共産党の基層政権を撹乱した[42]。

また、従来から存在した匪賊も討伐の対象となった。匪賊の一部には早々に共産党系遊撃隊に参加する者も存在したが[43]、あくまで抵抗する者もいた。福建に残存した国民党の特務は旧国民党治安部隊や匪賊、そして次に挙げる宗教結社系武装団体と連絡を取りつつ、抵抗を持続させた。

2 宗教結社系武装組織の抵抗と共産党による鎮圧

反共産党武装勢力には国民党系残存勢力だけでなく、宗教結社系の武装組織である「大刀会」も含まれており、執拗な抵抗が続けられた。例えば、浙江省との境に位置する寿寧県の民間宗教結社である同善社は「三期末劫が既

に至った」、「第三次世界大戦が勃発した」、「天下は大いに乱れ、屍は野に遍く横たわり、血が流れ地に満ち、劫難は逃れ難い」などの流言飛語を撒き散らした。民衆のもつ末劫（終末）思想を刺激して社会不安を煽ったのである[44]。また福州の北方沿海に位置する寧徳県では、全県81郷のうち68の郷において、「解放」以前から同善社の武装自衛組織である大刀会が活動しており、そのうち15の郷において共産党政府に対する暴動が発生した[45]。特に島嶼部に位置する寧徳県三都島同善社の首領陳有昌は、300人余りの大刀会徒に三都区公所・公安派出所を襲撃させた。次いで1950年3月、陳は香港へ赴き国民党側と連絡をとり、「中華救国保民軍福建東路閩東総管府」を自称することとなった[46]。

また、福州の南方に浮かぶ平潭島では、1950年2月に同善社と密接な関係をもつ大刀会員1108人が解放軍の駐屯地を襲撃し、続いて1951年2月にも大刀会員1000人余りが武装蜂起を試みている[47]。平潭島民の多くは漁民であったが、そこでは同善社やその武装組織である大刀会が普及していた。これに関連しては以下の聴き取りが興味深い。

> 平潭県の大刀会は薬山から伝わってきたものです。薬山（浙江省という）の大刀会は実は海賊でした。薬山というところは我々DL郷と同じように島であり、漁船がそこを通過するときには襲撃され、漁民が殺されました。我々の紅猴（人名）は既に死にましたが、かつては大刀会のメンバーでした。当時、平潭県の大刀会の会堂では鬼神が憑依しました（憑依する儀式が行われた―引用者補）、刀槍不入（刀や槍で傷つけられない）といい、百人近い解放軍を殺しました。その後、蘇澳で平潭県の独立を宣布しました。当時人民政府と大刀会との関係は格別に緊張していました（中略）反革命鎮圧では多くの人を銃殺しました。（処刑されたのは―引用者補）特に大刀会に関係があるか、匪賊の類でした[48]。

こうした抵抗に直面し、福建省中共党委員会は、1950年8月21日に「大

第 5 章　1950 年代初頭、福建省における農村改革と地域社会

表 1　福建省剿匪、反革命鎮圧関係年表

1949 年 10 月 17 日	厦門全島占領、漳厦戦役終結。この戦役により国民党残余部隊 42,000 人余りを撃破。
1950 年 1 月	平和・南靖・漳浦の地で金門の国民党の「両龍（龍渓・龍岩）遊撃隊」など上陸部隊、計 230 人余りを撃破した。
2 月 15 日	省公安庁が、福州に潜伏して破壊活動を行っていた国民党中統福州区行動組特務組織を摘発した。
2 月 17 日	平潭島の「大刀会」1,108 人が、国民党特務と連携し、解放軍駐屯地を包囲し、幹部・兵士を殺傷。
2 月 25 日	寧徳県三都島の大刀会徒 300 人余りが暴動を企図し、三都区公所・公安派出所を襲撃。
3 月 4 日	福州市公安局が国民党の爆撃を手引きした国民党空軍監察総隊駐榕潜伏電台台長の葉心浩を逮捕。
3 月 8 日	閩北剿匪部隊は、崇安にて匪賊の首領「中華民族自治軍閩北総指揮」劉中波を殺害。
3 月 12 日	「閩南反共救国軍靖和縦隊」770 人が、平和県の南勝・子坑において武装暴動を組織。
5 月 13 〜 15 日	国民党「東南反共救国軍閩南遊撃縦隊」300 人が大田県広平郷において武装暴動を起こし、鎮圧された。
5 月 29 日	閩北剿匪部隊は建甌六区において「閩浙赣突撃部隊副司令」胥澄治を殺害。
6 月 6 日	金門から内陸に潜入した国民党「漳厦遊撃隊」100 名余りが解放軍により撃破された。
8 月 18 日	晋江専署公安機関は、国民党特務組織「中国人民反共救国軍晋・安・南・恵遊撃総司令部」を摘発。
10 月 3 日	大田県謝洋郷において「東南反共救国軍閩南先鋒縦隊」200 人を鎮圧。
1951 年 1 月 5 日	閩西剿匪部隊が潜伏逃亡していた「中国人民自由軍閩粤赣区総司令」唐宗を捕虜とした。
1 月 15 日	駐泰寧県剿匪部隊が「福建反共救国軍突撃第七縦隊中将司令」厳正らを逮捕。
1 月 21 日	「東南人民反共救国軍閩東縦隊総司令」が殺害され、福安専区の主要匪賊団体は概ね粛清された。
2 月 3 日	駐泰寧県剿匪部隊が「江西豫章山区綏靖司令部兼福建人民反共救国軍第八縦隊」を完全に撃破。
2 月 6 日	平潭県「大刀会」1000 人余りが武装暴動を組織し、その日の午後に鎮圧された。
5 月 15 日	福州市公安局が「反共救国軍」を組織した反革命特務分子 30 名余りを逮捕。
9 月 4 日	国民党「福建省反共救国軍泉州縦隊」・「永安縦隊」500 人余りが、晋江・恵安県において上陸した。
11 月 7 日	国民党軍「南海縦隊参謀長」黄炳炎率いる 500 余名が莆田県南日島に侵攻した。

出所：福建省地方志編纂委員会『福建省志』大事志、北京、方志出版社、2000 年より作成。

刀会、紅槍会問題の指示」を発布した。さらに10月10日に中共中央が「中共中央の反革命活動鎮圧に関する指示」を公布すると、福建省委員会も、同善社、大刀会、先天道、真空教、一貫道などの12の所謂「反動会道門」を重点的弾圧対象と指定したのである[49]。

　1949年末からから51年末までの「剿匪」概況については表1を参照されたい。ここに挙げ得たのは主要な暴動に止まるが、少なくとも長期に亘って抵抗が続いたことは確認できよう。また省北部の尤渓県における「剿匪」統計を見ると、1950年の1年間に殺害、あるいは負傷させた匪賊が767人、生け捕りにした匪賊が246人、自首或いは投降した匪賊が1985人とされている[50]。福建全省に関わる統計では、1949年8月から51年3月までに「匪」6万8000人余りを撃破（原文は「殲滅」）、そのうち5458人を処刑、2万9968人を捕虜とし、1万8112人が投降、1万5285人が改心（自新）したとされる[51]。

3　在地有力者の香港・台湾への逃亡

　1949年前後に福建から香港・台湾に逃れたのは、国民党政権の党・政・軍関係者及びその家族だけでなく、多くの民間人もそこに含まれた。その公式統計によれば、1956年時点における台湾省の総人口は931万人であり、そのうち軍籍を除く外省籍人口は92万8279人であった。外省籍は総人口の約10％を占めており、その内分けは多い順に福建籍約14万2520人、浙江籍約11万4830人、江蘇籍約9万5830人、広東籍9万2507人であった[52]。福建籍と広東籍とを合わせると外省籍の約25％を占めており、台湾海峡の対岸である福建・広東から多くの人々が台湾に流入したことが看取できる。

　また香港へは、1949年から1950年春にかけての期間だけでも、広東、福建、上海から75万人が、内戦の影響により合計100万人余りが流入したという[53]。香港への避難民の中には福建人も多く、特に泉州の晋江籍の者が最多であった。彼らは東南アジア在住の華僑を親族にもち、海外との連絡を期待しての流入であったと想像される[54]。

　では、具体的にどのような人々が香港・台湾へ逃亡したのだろうか。台北

にある龍巖県同郷会の資料によれば、県参議会議長、政府関係者、商人、そして自衛団に関わった人々などの名前を確認できる[55]。例えば、龍巖SZ鎮の有力宗族謝姓の指導者である謝仰麒、謝仰禹、謝仰秋は1920年代後半から30年代前半にかけて、「民団」を結成し、その武力に依拠し、鎮レベルでの覇権を確立した[56]。1930年代初頭、紅軍が龍巖地区に侵攻した際には、これを撃退し、地盤を保持した。その後、国民政府が龍巖を回復すると、謝仰麒は1944年に県臨時参議会参議員に就任、謝仰禹は地元適中鎮で学校校長など教育事業に従事した。1949に前後して謝仰禹、謝仰秋は香港に逃れ、さらに台湾に移住した[57]。紅軍と抗争し、その後国民政府統治下で在地有力者となっていた彼らは、共産党統治下では生きていくことができないと判断したのだろう。

III 反革命鎮圧と土地改革

1 福建省における反革命鎮圧の概況

　共産党は、1950年3月に「反革命鎮圧に関する指示」を発布した。ここでは「邪を改め正に帰す」との文言が用いられたように、旧政権関係者に対しても比較的寛容な姿勢が示されていた。しかし朝鮮戦争に軍事介入した1950年10月以降になると、国内の引き締めを強化し「反革命鎮圧運動」を本格化させ、1951年2月21日には「中華人民共和国懲治反革命条例」を公布した[58]。小林一美氏の研究によれば、全国で反革命分子127万が投獄され、23万が人民の管制下におかれ、71万が処刑されたという[59]。

　福建省では、海峡を挟んで台湾の国民党政権と対峙するなかで、省内においても反共勢力による武力抵抗が根強く展開されていた。こうした緊張を背景として反革命鎮圧が推進された。例えば、福州の南方に位置する福清県では、台湾に出かけ商売をしていた村人が反革命とのレッテルを貼られた末に銃殺された。台湾との関係が緊張していたからだという[60]。また、当初は共

産党に協力した在地有力者がその後反革命として炙り出されることもあった。例えば、龍巖県人であり元福建省参議員の李偉夫は、1907年生まれ、南洋華僑陳嘉庚が設立した厦門の集美師範学校を卒業後、日本に留学した国民党員であった。1936年に龍巖県商会主席となり、龍巖電灯公司経理、汽車運輸公司や龍巖銀行の董事長を歴任した。「解放」前に密かに共産党遊撃隊を援助したこともあり、1949以降も龍巖に留まっていた。しかし1930年代に政治的後ろ盾を得るため国民党の特務機関「中統」に参加していた嫌疑により1951年に歴史的反革命罪で逮捕され、1974年まで20年以上に亘り投獄されることとなった[61]。

福建省では、1951年5月までに反革命分子8万5000人が逮捕され、約2万6000人が処刑された[62]。また、人民法廷裁判と大衆控訴の方式で1万7000回の闘争を実施、参加した大衆は延べ1092万人となり、3万人の反革命分子が処刑されたとする資料もある[63]。国民党政権による「赤狩り（白白テロ）」が台湾において熾烈を極めたことはよく知られているが、海峡を挟んだ大陸側においても、疑わしき者を徹底的に排除し、国民を選別・純化する「反革命鎮圧」が実施されたのである。

ところで、「反革命」の定義は曖昧である。特に分かりにくいのが「悪覇（悪ボス）」であろう。福建省では、過去に国民党政権と関わりをもった者（聯保主任、郷民代表、革命党人士を捕まえ殺した者）、特に徴兵に関して恨まれたり、長工（長期雇用の労働者）を殴ったり、給金を渡さなかった者、公田を独占していた者がこれに該当した[64]。しかし、共産党により「反革命分子」や「悪覇」のレッテルを貼られた人々が必ずしも民衆に嫌悪されていたとは限らない。日中戦争での対日協力者への弾劾は誰にとっても分かりやすいものだったが[65]、「反革命分子」や「悪覇（悪ボス）」はそうではない。「反革命」とされた人々のなかには地域で支持された名望家も含まれていたのである。以下では、龍巖県雁石郷の有力者羅鳳岐の事例を紹介する。

羅は1899年に龍巖県の雁石郷に生まれた。地元の龍巖九中を卒業後、福州政法専科学校に進学するも、これを中退し、1926年に国民党に加入した。

1930年代には第49師長張貞の下で保安隊を率い革命根拠地の紅軍と戦った。その後1938年に雁石鎮に雁東初級中学を創設、1949年には雁東中学校長に就任し、郷里での教育事業に尽力する一方、国民大会代表選挙では国民党から推薦を受け立候補した（結果は落選）。1950年に反革命鎮圧運動が開始されると、山間の村に身を隠したため、帰郷し校務に復帰するよう要請されたが、これを拒否した。龍巌県と寧洋県の県境に潜伏、国民党ゲリラと連絡をとったとの嫌疑を受け、1951年春に民兵により捕らえられ、人民法廷で処刑された[66]。ただし、羅についてその郷里の民衆は、官職にあっては正直であり、民衆は彼を擁護・支持していたと記憶している[67]。現在「悪覇」や反革命とされた人物の伝記が政治協商会議が発行する『文史資料』に多く掲載されている。しかしその評価が往々にして、地域に残る民衆の記憶と食い違っていることに留意すべきであろう[68]。

2　反革命鎮圧と土地改革の結合

　1950年10月に毛沢東は半年以内に福建の全匪賊を消滅すること、また反革命鎮圧を促進することを中共福建省委員会に命令した[69]。これを受けて福建省委員会は、剿匪、反革命鎮圧、土地改革を相互に連携して実施することを決定している[70]。すなわち「運動を開始すると先ず一群の反革命分子を鎮圧した。これにより大衆を後押しし、大衆を立ち上がらせる有利な条件を創造した」[71]と述べられるように、土地改革に先立ち、地域社会に影響力をもつ在地指導者を排除しておくことが必須と考えられたのである。さらに土地改革では、平和的な土地分配を阻止することに力点が置かれた[72]。「苦しみを思い出させ、苦しみを訴えさせ」、「誰が誰を養うのか」を認識させることを通じ、大衆の階級的覚悟を高め、さらに地主に対して面と向かっての闘争を行わせた[73]。これは民衆と共産党の運命を一蓮托生のものとし、民衆を後戻りさせないための戦術であったといえよう（これについては本書所収の呉毅論文も参照されたい）。

　例えば、厦門の禾山区では、1949年12月には「悪覇」地主に反対する討

論と農民協会代表の選挙が同時に実施された[74]。さらに同区では、1950年1月に地主の陳宝琦を控訴すると同時に、前線支援のための農民組織を成立させている[75]。また福建南西部の上杭県蘆豊郷での以下の事例も典型的といえよう。当地の土地改革では、1回に8人の「悪覇」を処刑することにより大衆の闘争を勢いづけ、さらに土地改革を完成することを通じて100人の青年を志願軍に参加させた。反革命鎮圧は人民民主専制を強化し、政治情勢を安定させ、土地改革運動を順調に進行させるために巨大な作用を発揮したと自己評価された[76]。

さらに、戦時態勢を維持する食糧徴発を潤滑化するためにも反革命鎮圧が活用された。厦門島の対岸にある同安県では、1950年秋の食料徴収が困難に直面していた。中農層が税の減免を要求し、食糧を隠匿し、その納入を遅延させたためである。抵抗の背景には、地域に潜伏していた張水善という元海賊頭目の影響があると睨んだ共産党の工作組は、張を捕らえ処刑した。結果、食糧徴発は順調に進展することになったという[77]。なお、1950年秋の段階では土地改革は未だ実施されず、小作料の減額措置に止まっていた。中農層の中核であった自作農は小作料減額の恩恵には浴さないにもかかわらず、後述するように、食糧納入の負担は国民党時代末期より大幅に増加していた。中農層の不満は税の滞納という形で噴出したと見做せるが、張水善の逮捕・処刑はまさしくこれに対する見せしめであったと思われる。

IV　国家権力の基層社会への浸透

1　土地改革後における幹部の育成と基層政権の建設

以上で考察してきたように、匪賊の掃討や反革命鎮圧によって敵対勢力を実力で排除すると同時に、土地改革においては貧困層に土地が分配された。この過程を通じて積極分子や基層幹部が育成されたのである。以下では土地改革と幹部の育成状況を概観する。

土地改革前、福建における中農は総人口の約40％を占め、土地の32％（1人当たり 1.43 畝＝ 9.5 アール）を所有していた。これは日本の単位に換算すると1人当たり1反以下、当時の統計では1小家族平均4人なので、1戸当たり4反弱となる。土地改革後は土地の43％（1人当たり 1.95 畝＝ 13 アール）を所有することになった。これは所有地の36％の増加であり、1戸当たりでは5.5反の計算となる。次に貧農は土地改革前に総人口の約40％を占め、土地の14％、0.61 畝（約 0.4 反）を所有していたが、土地改革後は、土地の41.2％（1人当たり 1.87 畝）を所有した。すなわち所有地は3倍に増加、家族で5反となった計算となる。ここから土地所有の零細なままでの平均化が進展したことが確認できる[78]。ただし上記の土地面積では山林も耕地へ換算して算入されており[79]、1人当たりの耕地が高めに算出されている可能性が高い。それでも土地改革後の福建農民の所有地は、「五反百姓」が日本の零細農家の蔑称であったことに照らして、狭小に止まったことは間違いない[80]。また土地改革では貧民、流民、自由職業者などの非農業人口にも土地が分配されたが、実際に分配されたのはその総人口68万人のうちの約半数であり、しかも土地改革後の所有地も1人当たり 0.72 畝に止まっていた。耕地の不足する福建では土地改革を経ても貧民、流民層の小農化は達成されなかったといえる[81]。

それでも日中戦争や内戦などの長期にわたる戦乱の終結や匪賊の討伐による治安の改善は民生を安定させ、短期的には生産は回復の趨勢を見せた。土地改革後の福建省での食糧総生産量は、1950年の311万トンが1952年に372万トンと約20％増加した。ただし全国の食糧生産量が1950年から52年の間に26％の上昇を見せたことと比較した場合、福建の伸び率はやや低い水準に止まっていたことになる[82]。

人口に比しての耕地不足は土地改革によって解決できる問題ではない以上、中長期的な生産力の増加や民衆生活の向上のためには、土地分配後の農事改良、協同組合の普及に止まらず、人口圧力の軽減措置、山村特産品の販路の拡大など、福建経済の実情に即した措置が試みられる必要があったであろう。実際、山地が多い福建では、民国期にあっては林業や製紙業、さらに煙草、

茶葉などの商業作物、そして国内都市部や海外への出稼ぎに依拠して民衆生活が維持されてきた[83]。例えば、龍巖県において1940年代初頭に実施された調査によると、耕地からの収入が農家収入の46.33％、副業からの収入が52.68％を占めていた[84]。さらに1940年の統計では福建の華僑は約280万人に上り、全福建省人口1200万人の4分の1を占めていた[85]。海外への出稼ぎと移民は人口圧力の軽減と多大な華僑送金を地域にもたらしていたのである。このように経済政策として見た場合、土地改革自体の効果は限られたもの、或いはかえって過小農を析出するものであった。

しかし、土地改革が政治的に大きな意味をもったことは間違いがない。重要なことはその受益者である貧農層から基層幹部（郷農協委員と郷政府委員）への抜擢が進められたことである。福建において政権を支えた基層幹部の総数は、1950年の6.6万人から土地改革終了後の1952年には15万人へと約2.3倍に増加した[86]。そして郷（＝行政村）[87]レベルの基層幹部16.1万人のうち59％が土地改革の受益者である貧農出身者により占められたのである（中農出身幹部は33％、雇農出身は3.7％に止まった）[88]。

ここで基層幹部の具体像として、龍巖県適中鎮B村の謝CR氏の事例を紹介したい。謝CR氏は1929年生まれ、在地の有力宗族の族人であったが、家庭は貧困であった。民国時期においては土地を数分（1分＝0・1畝＝0.66アール）を借り入れると同時に、山地を開墾しサツマイモを栽培し飢えを凌いだという。8歳ごろ小学校に入り、6年間学んだ後は人に雇われたり、自ら耕したりして暮らしを立てた。1948年には徴兵を逃れるために厦門に赴き物売りをしていたこともある。革命後は積極分子、農民協会会長となり、1952年に入党、1955年には郷党支部書記、58年に県農業局幹部、65年には地元人民公社副社長となった[89]。後述するように革命後初期の積極分子にはごろつき、遊び人が抜擢された場合もあったが、謝CR氏は実直な人柄であり、基層幹部を勤め上げ引退した後、1990年代以降は自身の宗族組織の復興に献身した人物である。

また、基層政権を支える武力として、民兵も貧農を中心に整備され、土地

改革前の19.3万人が土地改革後には52.5万人に増加した[90]。民兵となるには階級的資格が問われ、彼らが大衆運動や宣伝に動員されたのである[91]。このように土地改革を経て、積極分子を基層政権に吸収したことにより、新たに大量の幹部を擁することが可能となった。

2 反革命鎮圧・土地改革と「抗米援朝運動」との結合

　成立後間もない共産党政権にとって、朝鮮戦争は国難であった。しかし、外部の強大な敵からの脅威を民衆に宣伝・教育することにより、国民意識を育成する絶好の機会ともなった[92]。すなわち1950年10月から開始された「抗米援朝運動」では、反革命分子の摘発や地主への闘争を、愛国心の側面から正当化するための宣伝が行われた（抗米援朝運動全般については本書所収の泉谷論文を参照されたい）。例えば福建省政府土地改革委員会は以下の決定を行っている。

　　農村での抗米援朝運動にあっては、アメリカや蒋介石に組するグループに対する摘発と時事教育とを展開する。また農民による反封建闘争と反アメリカ帝国主義闘争とを結合し、蒋匪の反攻大陸のデマを粉砕し、さらに土地改革勝利の信念を堅いものにする[93]。

　また、戦時態勢を維持するための食糧供出に農民を協力させるためにも、「抗米援朝運動」は利用された。福建省人民政府が発布した「1951年夏季農業税収工作に関する指示」では、公糧納入が国家の財力を充実させ、農民の翻身（生まれ変わり）を確かなものとする基礎であることを、「抗米援朝運動」と結合させて民衆に宣伝・教育すべきことが明記された[94]。また、剿匪、反革命鎮圧、土地改革そして公糧の納入運動が一連のものとして位置づけられていたことも下記の文献から確認できる。

　　各地で次々と各種の集会を挙行し、米国帝国主義の侵略の罪行を訴えた。

157

全省市、専区、県では、1951年「五一節」前後に抗米援朝分会を成立させた（中略）抗米援朝運動はこの時期にあって既に、剿匪、反革命鎮圧、土地改革そして生産工作などの中心任務と密接に結合され、都市から農村に至るまで普遍的に展開してきている[95]。

運動の具体的事例を一瞥すると、福州市街では居民委員会によって時事座談会が開催され[96]、街道弁事処所属の民兵が宣伝工作を末端で担った。農村部では民兵が行政村下の自然村まで出向き、宣伝活動を行い、また演劇を利用した思想教育を行った。ただし宣伝の密度は都市とは異なり、農村部では散発的であった[97]。それでも、反革命鎮圧による威嚇と「抗米援朝運動」による宣伝・教育を通じて、共産党政権は基層社会への統制を徐々に有効なものとしていった。その成果は以下に見る食糧徴発の数字に如実に現れている。

3　土地改革後における食糧徴発の強化

福建における食糧の徴発量は、1950年の13.6万トンから1952年の約35万トンへと2.6倍にまで増加した（この過程で中農が糧食の徴発に対して消極的抵抗を行ったことは既に述べた）。さらに1953年度から食糧の統一購入（強制買い上げ）制度が導入されると、政府が税及び強制買い上げにより掌握した食糧は103万トン、すなわち食糧総生産の26.6％にまで達した。これを国民党政権時代の徴発量（1942年の382.2万市石〔1市石50kgと換算〕[98] ＝約19.1万トン、1947年の141万市石＝約7万トン）[99]と比較した場合、その徴発能力の強化には目を見張るものがある[100]。その一方で、福建省での食糧総生産量の伸びは先にも述べたように、1950年から1952年までに約20％の増加に止まっていた。これに照らせば、共産党政権による基層社会に対する統制力や物資徴発力は着実に強化されつつあったと見なせよう。しかし、その一方で、以下に提示する証言からは農民の負担も増加したことが垣間見られる。

解放後貧農に区分されました。当時（一家で）5人分の田畑を分配されました。1人3分（0.3畝＝約2アール）でした（中略）解放前には田畑はありませんでした。土地を分けられたが食べるに足りませんでした。産量が低かったのです。統一購入・統一販売では任務が上から降ってきました。食べる飯がなくなりました[101]。

それでも、内戦の終結と匪賊の討伐により、治安情況は劇的に改善され、民衆の生命と財産の安全が確保されたことの意義は大きいだろう。これは国民党が成し得えなかったことであり、共産党政権による統治の正当性を民衆へ印象付ける大きな要因となったと想像される。

V　革命と伝統社会の変容

福建社会において比較的強固に存在したと見做される宗族意識は、共産党権力の基層社会への浸透をいかに規定したのだろうか、また革命を通じ宗族結合や宗族意識はどの程度変容したのであろうか。本節ではこうした疑問に答えていきたい。

1　宗族の発達と宗族的土地所有

福建において有力宗族は、祖先祭祀、迎神賽会（村祭り）、族内法政、族外交渉、自衛の機能を担っており、「族規郷約」（宗族の掟や農村の慣習）に基づき、争いごとは自治的に調停・仲裁されたという[102]。また、ある宗族は膨大な族産を擁し、族産からの収入を利用し義倉への拠出、道路の修理、学校経費、子弟への奨学金、坡・圳（堤・水溝）の補修、廟の修理、看禾（看青＝作物の見回り）などを行った。さらに廟の祭祀を目的に結合した宗族連合が、宗族の枠を超えて地域の自治を担うこともあった[103]。ただし、1920年代以降は、別稿で論じたように、共産党の革命運動に同調する青年層も登場し

た[104]。さらに1930年代半ば以降、国民政府は保甲制度を通じて権力を基層社会に浸透させることを試みた。これについて、人類学者の王銘銘氏は保甲制度において、行政村に相当する保は幾つかの自然集落を合併して形成されたため、内部に複数姓を包含した。その結果、保長は族長や房長とは別の人物が県・郷鎮政府により任命され、上級政府の代理人として戸籍、税収、警務を担うこととなった、と主張している[105]。また、阮雲星氏は国民政府による近代国家建設により、基層社会では正規の行政機構（郷鎮・保長のライン）と伝統的宗族組織による「二重構造」が生まれていたとする[106]。このように民国時期を通じて宗族による地域の自治は徐々に変容を遂げつつあった。

それでも、土地改革が実施された1950年においては、宗族的土地所有は広範に存続していた。福建省では、耕地の約30％が所謂「公田」（同族的所有の族田を中核とする。族田は祭田、蒸嘗田、社田、祠田、義田、書灯田など様々な名称で呼ばれた[107]）により占められ、それは福建南西部においては44％にも及んだ。こうした現実を反映し、福建での土地改革においては没収・分配の対象とされた土地の60％弱が「公田」により占められたのである。その一方で、個人地主と富農の所有地が分配地において占めた比率はそれぞれ、13.5％、5.1％に止まっていた[108]。ここから福建土地改革における「公田」の比重が窺い知れる。なお、族産に対する法的見解を一瞥すると、1929年制定の中華民国民法において「公同共有」（日本の入り会い地における総有概念と異なり、房派〔宗族の分枝〕の持分が認められるが、持分の分割請求ができない）とされ、個人や個別家庭の持分に分割できない共有性の高さが法的に認められていた[109]。

有力宗族による土地所有の実態は次のようであった。例えば、永定県下洋郷中川村は、著名な華僑である胡文虎の故郷であり、華僑の故郷「僑郷」として海外から多くの送金を受けとっていた。同村は周囲の村落に大量の田地を保有すると同時に、周辺村落の人々を小作人としており、胡姓は族人を派遣して小作料を徴集した。それゆえ、中川村胡姓のような有力宗族は強い権勢を振るい、周囲の弱小宗族を支配する大地主であると認識されていたので

ある[110]。さらに、1945年に龍巖県において農村調査を行った福建省研究院の章振乾は「地主村荘」、「小作村荘」という概念を使用している。例えば、上杭県白沙郷では袁姓を中心とする「地主村荘」が周辺の村落に土地を所有し、これを「小作村荘」として支配していたとされる[111]。

　有力宗族による土地支配を踏まえて、共産党は早くも1927年5月の五全大会における「農民問題決議」において、「共有地の管理制度は、なお現在まで農村における家父制的権力の基礎をなしている(中略)農民運動は家父長制的、封建的勢力と衝突し、それを粉砕しなければならない」[112]との認識を示していた。次いで1928年7月の六全大会での「土地問題についての決議」では、「共有地は豪紳の個人財産であり、豪紳＝地主階級は農村における官僚的封建制度を代表しているのである。小作制度による農民搾取としては、単に地主の私有地の小作によるだけでなく、さらにいわゆる公有地、例えば族田・祠田及び寺院・廟宇の官田などの小作によっても行われている」として、祠堂・廟宇・教会の土地財産はみな農民代表者会議の処理に任せ、農民に分配して使用させることを決議した[113]。

　こうした認識は1950年6月の「中華人民共和国土地改革法」でも踏襲され、同法第3条では祠堂や廟宇の土地を没収することが明記された[114]。ただし政務院は次の補充決定も公布している。すなわち「公堂の管理は一種の搾取行為であるが、地主、富農、資本家が管理する公堂と工人、農民、貧民が管理する公堂とは同じでない」と[115]。これは宗族による土地所有が普遍的な地域では、地主ではなく一般農民が族産の管理に携わっている場合があることを念頭に置いた配慮であろう。さらに共産党が宗族組織を公的に禁止した法令や指示もない一方で[116]、土地改革法第20条には「土地を没収する時墳墓や墳墓上の樹木に変動を加えることはできない」と家族規範を擁護する規定すらあった。加えて1950年11月の華東軍政委員会「華東土地改革実施弁法的規定」には、小量の祭田を酌留するか否かについては、本族農民が自ら協議して処理してもよい」という記載も見られた[117]。共産党の宗族族田への対応には曖昧な部分が存在したようである。

なお、すでに川井伸一氏が指摘しているように、土地改革における階級区分や土地証書の発給が、原則として家族（戸＝世帯）単位であったことも見逃すことができないポイントであろう。もちろん土地証には女性の名前も掲載され、女性単独での発給もあり得たが、一般的には家族全員名義であった。川井氏は、土地改革は女性に土地所有権を与えはしたものの、その権利の実態は伝統的な家族関係によってかなり制約されていたと総括している[118]。これを別の側面から説明すれば、革命後、団体性をもつ大規模な同族結合は敵視されたが、農業経営の基盤としての小家族の一体性は保護される必要があったということである。さらに、小家族内における規範意識の持続は、血縁倫理を同じくする宗族意識の残存にも影響を与えたのではなかろうか。というのも、家族自体がライフサイクルにより単婚家族から直系家族、そして拡大家族へと、その規模の拡大・縮小を繰り返す以上、系譜観念上では小家族と宗族とを截然と区切ることは困難だからである。これに関して、漢民族のもつ強い父系出自意識に着目する人類学者の陳其南氏は、族産を宗族の存立条件と見做すモーリス・フリードマン流の機能主義を強く批判し、宗族は系譜観念のみで存立し得ると主張している[119]。すなわち何らかの要因で宗族が団体性を失ったように見えたとしても、系譜観念は強く残り、条件が整えば団体性も復活し得るというのである。加えて、土地改革後も同族集住による生活空間が維持され、このことが宗族意識の残存に影響を与えたであろうことは、既に筆者も別稿で指摘したところである[120]。

2　土地改革に対する宗族意識の影響

以下では、福建での土地改革において垣間見られた宗族意識、そして土地改革後の伝統意識の残存形態を細かに検証していきたい。

第一に、福建省の土地改革においては民衆の階級意識の欠如が顕著に現れた。このことは1920年代〜30年代の革命根拠地での闘争においても指摘されていたが[121]、1950年代初頭であっても事情は変わらなかった。土地改革において中農に区分されたある農民は以下のように語っているが、中農という

第 5 章　1950 年代初頭、福建省における農村改革と地域社会

中立的立場からの発言であり、参考となると思われる。

　我々のところの地主はよその貧農よりも一層貧しかった。どこにでも三種類の人がいる。富んだ者、中等の者、貧しい者だ。簡単には言えないが、やはり人あしらい（做人）がとても重要だ。一部の人たちはうまく家事の切りもりができ、少しよい生活を送れ、余裕も、多くはないが、できてくる。そこで別の人が食糧を借りに来る。この時は貸す食糧があった。しかし次に別の者が借りにきた時、貸す食糧がないと、その人は口には出さないまでも、心の中では不愉快に思う。どうして他の人が借りたときにはあって、自分が借りようとすると無いのかと。このようにして知らず知らずのうちに人の恨みを買うのだ。人あしらいの方法が異なれば、恨みを買った人数も異なってくる。そして最後にはレッテル（帽子）を貼られることになるのだ[122]。

　また、同族が集住する地域にあっては、民衆や幹部が同族の地主を庇い、土地改革における階級闘争が表面的なものに止まる傾向が見られた。福州付近の古田県二区杭洋村（行政村に三つの自然村を含む）では公田・祭田が全村の 54％を占めていたが、1951 年 4 月に作成された土地改革に関わる工作報告書は同村での状況を以下のように述べている。

　我々が頼村に到った時、大衆は我々を見ると門を閉じた。戸別訪問した時には青年団支部の書記は「本村の地主はとても真直だ」と言い、ある農民は同族の地主に米や柴を送っていた（中略）少数の幹部は土地改革において富農を庇護し、果実を自分のものとしている。農会委員×××は兵隊ごろであり、その兄の祭田十八担を隠していた[123]。

　ところで、上記報告に登場する古田県杭洋村属のある自然村を筆者は訪問したことがある。そこは、C 姓の単姓村であり、民国時期に東南アジアへの

華僑を輩出した富裕な村であった。当該村では、以前のごろつき、遊び人が幹部となり、個人的恨みから報復行為を行った。ただし、大半の批判闘争は口だけのものであり、台上に上り批判した後に、夜間に批判した相手の家に行き謝罪した事例もあった。また外村から人が来て批判闘争に参加することもあった124)との語りを聴き取れた。なお外村からの参加について補足すると、通常の批判闘争は集落（自然村）を舞台として実施されたが、土地改革自体は行政村（郷）が単位に設定されていたため、同じ行政村内部の他の集落から大衆が動員されることもあった125)。

また、龍巌における聴き取りでは、「同姓でも批判闘争にかけることはあったが、比較的近い親戚の場合は激しくは闘争せず、殴ることもなかった」126)、「地主に対する闘争は表面上、政治上のものだった」127)との語りを得た。莆田のあるインフォーマントは扇動に乗って同族に対して闘争を行おうとした母親を強く諫めたという128)。さらに上杭県についての以下の回顧も典型的な事例と見做せるだろう。

　　自然と同族内の闘争は盛り上がらなかった。ある時、下坊村で一名の悪ボスを闘争にかけた時、悪ボスと同族の農民が闘争会の途中の休息時間に洗面器を持ってきて闘争を受けている悪ボスの顔を洗い、茶をついで彼に飲ませていた。あたかも厳粛な階級闘争ではなく、双方の役者が演技をしているかのようであった129)。

福建西部は1920～30年代において共産党の革命根拠地が建設された後、短期間に瓦解した地区である。加えて1950年代初頭において、台湾の国民党政権はアメリカを後ろ盾として大陸反抗を呼号していた。共産党政権の将来が不透明な段階にあって、長い伝統と血縁の情に基づく宗族関係に配慮することはむしろ合理的な判断であるように思われる。ただし、「個人地主はとても少なかった。地主が批判闘争されることも少なかった。闘争されたのは血の債務がある場合のみだ。一般的には激しく批判闘争しなかった」130)、と

インフォーマントが語ったように、個人的怨恨が存在した場合においては闘争が激化した。とりわけ「以前保長や保隊副、甲長をつとめた人間で、税を催促したり、壮丁を捕えたりして恨みを買っていた者がおり、こうした人々で批判闘争にかけられた者は多かった」[131]と語られるように、過去の徴兵業務に由来する怨恨が闘争の原動力となっていたことは注目に値しよう[132]。

続いて、階級間闘争よりもむしろ宗族間対立が表面化した事例を紹介する。福州の南隣に位置する長楽県営前鎮では、公輪田（宗族の分枝である房が交代で収益を得る族田－引用者）を多く保有する一部の農民が、その没収に対して不満を表明し、ひいては共産党を罵倒するに至ったという[133]。これは有力宗族の族人の場合、族産からの経済的恩恵に浴していたことを背景とする抵抗であろう。また、福州西郊の閩侯県では、我が郷の地主の土地を他郷に帰属させるための没収分配をさせない、との主張がなされた[134]。これはいわゆる同族村落間に存在した地方主義的な利害関係に基づく抵抗であろう。さらに土地改革に際して、宗族間の利害対立が顕在化し、村内に流言飛語が発生した事例も報告されている。ある村では、A宗族の一部族人が匪賊の地下組織に参加していると、B宗族の族人が言い立て、批判された側も相手を匪賊であると非難する中傷合戦が発生した[135]。さらに上杭県のJ郷Y村は、主にY姓とQ姓から構成されていたが、民国時期においてY姓の人々の暮らしはQ姓よりも良好であったため両者の関係は険悪であった。こうした格差は土地改革における闘争に反映したという。土地改革の時、村の幹部はQ姓により占められたが、これについては以下の語りが興味深い。

　　闘争を受けたY姓の人々は運が悪かった。多くの場合において、個人的な恨みが持ち出された（中略）当時我々Y姓出身の幹部はおらず、幹部はみなQ姓だった。当時Y姓の者はみな批判闘争を受けた。こうしたひどい仕打ちを受けても我々はどうしようもなかった[136]。

これはインフォーマントの主観であり、誇張が含まれるかもしれない。た

だし民衆による宗族意識を理解する上では貴重な証言であろう。このように、土地改革における批判闘争は同族の間では表面的なものに止まる傾向が見られる一方で、他の宗族の人々に対しては、往々にして激しい闘争が展開されたのである。

3　土地改革実施後における宗族意識の実態

　1950年代の社会変革が1920年代〜30年代の革命根拠地における闘争と決定的に異なった点は、既に共産党政権が軍事力において圧倒的優位を確保していたことである。第三次世界大戦勃発と蒋介石による大陸反抗を期待したゲリラ的抵抗が一部で継続されたものの、地方の政治勢力が正面から共産党政権に抵抗することはほとんど不可能となっていた。旧指導層が処刑されたり、攻撃を受けたり、族田が基本的に没収されたことにより、宗族の経済的基盤や団体性は大きな打撃を被った。それでも、意識という側面に着目した場合、伝統的な宗族意識の存在が共産党の提唱する階級意識の浸透、階級的連帯の構築の障碍となっていたことは既に論じたとおりである。

　これに対して土地改革後、共産党は「迷信打破（破除迷信）」運動を通じて、宗族による祖先崇拝や民間信仰に対して攻撃を加えた。なお、民間信仰は「村廟の多姓村における地位は、単姓村の祠堂に相当する。民間信仰の組織と宗族の組織は二種の併存しうる農民社会の組織であると見ることができる」[137]と指摘されるように、地域社会の凝集性を考察する上で極めて重要な対象である。そして、打撃を受けながらも宗族意識や民間信仰が必ずしも直ちにかつ完全に一掃された訳ではなさそうである。これについて以下の異なる地域での聴き取りに共通している。

　（福建南西部客家地区での事例）土地改革の時に迷信打破を開始しました。しかし、その時は文革の時期ほど激しくはありませんでした。当時は主に祠堂のなかの（祖先の）位牌を取り払いましたが、運動がおさまるとまた元に戻しました。文革ではこれとは異なり、菩薩を打ち壊し、焼き払いま

した。迷信打破は主に若い者が行ったのです。年寄りは一般的にこのようにはできませんでした[138]。

（福建沿海部僑郷での事例）祖先祭祀は文革の時だけは中断しましたが、その他の時期はずっと行っていました[139]。1950年に祠堂は学校とされましたが、必要に応じて祠堂として使用され、集団での祭祀が行われました。文革の10年だけは中断されました[140]。

（福州東部福州周辺での事例）50〜60年代は集団での祖先祭祀は無くなりましたが、家の中で五服の内の祭祀は行っていました。墓参は行いました。ただし墓参のための出費は多くはなくなりました。祖先の観念はずっと残り続けました。「四旧打破運動」の際に、族譜や資料は破壊されましたが、一部は保存されました[141]。

以上の事態は「上に政策あれば、下に対策あり」との常套句に即して理解することが可能であろう。では、族産が没収された後において、祖先祭祀の費用はいかにして賄われたのであろうか。「解放」後土地を分けて公田はなくなったものの、50年代における祖先祭祀の経費は男子労働力に照らし割り当てられたとの証言がある[142]。また、集団での祖先祭祀が行われなくなった場合も、家族を単位に五服内の祭祀が行われた事例を先に紹介した。五服とはすなわち4代前までの祖先から分かれた男系子孫及びその配偶者であり、この範囲の親族は往々にして同じ家屋に居住するか（土楼などの集合住宅）、近隣に集住する傾向があったため、親近感が強かったことだろう。

また、墓参については、龍巌県SZ鎮の有力宗族S姓の事例を紹介したい。S姓族人によれば、「解放後」も墓参は実施されたが、大規模なものではなくなっていた。しかし、1963年（或いは65年）には、500人から600人を組織し、隣県にまで徒歩で出向き、2日をかけて遠祖の墓参を挙行したという[143]。このことは1950年代を通じて宗族観念が完全には解体していなかった証左

となろう。

　もちろん、筆者は総ての宗族が土地改革後も祖先祭祀を継続できたと主張するものではない。「土地改革以降の宗族活動の衰退」を語るインフォーマントも少なくない[144]。例えば、祠堂が民衆に分配され住居とされた以降では、管理者がいなくなり、位牌も徐々に傷んでいったという事例も聴き取れた[145]。

　総じて言えば、1950年代以降も祖先祭祀を継続し得たのは、従来から宗族組織・宗族意識が濃厚な有力宗族であり、元々結合が十分強固でない場合は、土地改革や「迷信打破運動」を通じて宗族的結合が大幅に弛緩したと考えるべきであろう。いずれにせよ状況は地域ごと宗族ごと、宗族の分枝（宗族の分枝の房も独自の祠堂を有した）ごとに多様・複雑であったと言わざるを得ない。

　なお、「迷信打破運動」の不徹底さを確認するために民間信仰に対する統制情況も一瞥しておきたい。龍巖県SZ鎮では、村落を越え地域宗族が連合して挙行する民間信仰の大規模な祭祀儀礼（醮や遊神）は実施不可能となったが、より影響力の弱い廟における信仰はそのまま放置されたようである。すなわち同鎮では、1952年に「迷信打破運動」が実施された。実際に鎮政府の所在地付近に位置し、また地域の最大の廟であったB堂の神像は破壊されたものの、そこから数キロ離れた媽祖廟では1950年代にあっても、信者による参拝が行われていた[146]。さらに、1950年代にも道士による儀礼活動が夜間において継続されていたという[147]。狭い村のなかで他人に気づかれずに儀礼を行うことは困難であったはずであり、表立たなければ目こぼしされたと解釈すべきであろう。また莆田県JK鎮の事例でも、ある村の廟は共産党の部隊の駐屯地となったが、兵営とは壁で区切って廟は存続し、文革の時にも神を各戸で祭っていたという[148]。また、福州南部の沿岸部福清県に関するある資料は、解放軍が入って1ヵ年位たってからボツボツ、インチキ寺、廟、祠等はつぶし、正規のものは、あたらずさわらず程度に放任してあったと記述している[149]。閩清県のJS郷でも、1950年代から60年代にあって、地域の中心廟への参拝は途絶えることは無かった。文革の際には、部分的に廟が破壊された

が、これを行ったのは外地から来た者であった[150]。このように、たとえ「迷信打破運動」が厳格に実施されたとの記載が県志や郷鎮志にあったとしても、実際には文化大革命以前では、半ば黙認状態にあった事例も存在する。政府の政策は必ずしも均質的に、あるいは同じ強度で遍く執行された訳ではないようである。

おわりに

　内戦と朝鮮戦争を背景とした戦時態勢の下、福建省は台湾に拠る国民党政権と対峙する戦略的要衝に位置していた。その福建省において、共産党政権はまず「剿匪」により、国民党系の地方武装及び1949年以前から存在した匪賊を解体した。引き続き、反革命鎮圧と土地改革とを相互に連関させて実施した。土地などの果実を分配された貧農層から基層幹部や民兵を抜擢し、政権の基盤を固めていった。なお、反革命や「悪覇」の定義は曖昧であり、所謂「匪」や反革命のレッテルを貼られた人々には地域の名望家も含まれたが、伝統的指導層の暴力的排除は共産党権力の地域への浸透を容易にしたといえる。とりわけ在地武装勢力の徹底した討伐は、民国期以来の懸案であった治安問題を解決した。このことは民生の安定、そして共産党政権への信頼獲得に極めて積極的な意味をもったと思われる。

　次に、伝統社会において様々な社会的機能を果たしてきた宗族は、その指導層である在地有力者が排除され、さらに経済基盤である族産が没収されることにより、団体としての機能を喪失するか、弱体化された。さらに、地域の宗族が連合して行う民間信仰の大規模な祭祀儀礼も実施不可能となった。宗族や廟（神縁による宗族連合）が果たしていた地域の自治機能は、共産党の基層政権に、自衛機能は民兵へと、それぞれ代替されていった。こうした社会変革にもかかわらず、民衆の宗族意識が一気に消滅した訳ではない。本章では土地改革時の闘争において、伝統的宗族意識が露呈した事例を幾つか

紹介した。特に有力宗族の族人の場合、宗族結合は長い歴史を通じて自分たちを保護し続けてきた貴重な資源であった。「血縁の情」という誰もが納得する規範意識とも相俟って、個人的恨みがある場合を除き、同族への積極的な攻撃は躊躇される傾向が見られた。宗族という繋がりが歴史的に果たしてきた役割を考慮した場合、共産党政権がそれに代わる保護を恒久的に与えてくれるか否かは、未知数であったことだろう。事実、1930年代に福建西部根拠地が数年で崩壊したことは記憶に新しかった。さらに、1950年には朝鮮戦争が勃発し、国民党政権の福建省への反攻も現実性をもっていたのである。

　それでも革命前に不利な立場に置かれていた人々は、共産党から果実を引き出すことに対して、より積極的であった。本章で論じたとおり、弱小宗族から基層幹部が輩出されることにより、有力宗族側が抑圧されるという事態も発生した。こうした事例からは、在地の宗族間抗争に共産党権力が利用された構図が垣間見られよう。総じて、共産党政権の地域社会への浸透に対する宗族、そして宗族の族人の対応は、それぞれの宗族の歴史的背景や地域での地位、宗族内での特定の家庭（戸＝世帯）や個人が置かれた境遇など、複雑な利害関係に大きく規定され、多様かつ複雑であった。

　共産党は、宗族意識に代わって階級意識を浸透させることを梃子として、国民統合を試みた。さらに伝統意識の打破を完遂するため「迷信打破運動」を発動した。しかし、その運動の展開も地域によって一様ではなく、特に農村部においては、散発的なものに止まる場合もあった。その証拠に一部の宗族では、財政的制約もあり、規模や回数は縮小したものの、1950年代も集団での祖先祭祀が継続された事例や、家庭において「五服」内の祖先が祭祀され続けた事例を確認できた。伝統習俗への攻撃は1950年代初頭と文革の「四旧打破」時期とでは、深度が大きく異なったといえよう。なお農業集団化以降の党・国家権力の基層社会への浸透、伝統意識の様態に関する詳細な検討は今後の課題としたい。

注

第 5 章　1950 年代初頭、福建省における農村改革と地域社会

1) 小林弘二『20 世紀の農民革命と共産主義運動』勁草書房、1997 年序章；田中恭子『土地と革命―中国の農村革命―』名古屋大学出版社、1996 年；高橋伸夫『党と農民―中国農民革命の再検討』研文出版、2006 年、においては研究史整理が行われている。またアメリカにおける研究状況については、Stephen C. Averill, *Revolution in the Highlands: China's Jinggangshan Base Area*, (Lanham: Rowman & Littlefield Publishers, 2006) に付された研究動向整理が参考となる。中国での動向については、筆者による書評「復旦大学『革命与郷村』シリーズ」(『近きに在りて』第 53 号、2008 年 5 月) を参照されたい。

2) 高橋伸夫「社会主義下の党・国家と社会」久保亨ほか編『シリーズ 20 世紀中国史』3 巻、東京大学出版会、2009 年、21 頁。

3) 笹川裕史・奥村哲『銃後の中国社会　日中戦争下の総動員と農村』岩波書店、2007 年、笹川裕史『中華人民共和国誕生の社会史』講談社メチエ 2011 年。さらに日本と中国における戦時動員と社会・国民統合の様態について、両国の社会構造に照らして比較検討する共同研究も開始されている。その成果は、中国基層社会史研究会編『ワークショップ―戦時下農村社会の比較研究』汲古書院、2009 年、同編『シンポジュウム―戦争と社会変容』汲古書院、2010 年、を参照されたい。

4) 抗米援朝運動全般については、本書掲載の泉谷論文を参照されたい。その他、靳道亮「抗美援朝運動与郷村社会国家意識的塑造」(『史学月刊』2009 年 10 期) が参考となる。福建での実施状況についての研究は、欧陽小松「福建抗美援朝運動回顧」(『党史研究与教学』1994 年 4 期)、游思「福建省抗美援朝運動始末」(『福建党史月刊』2003 年 9 期) がある。土地改革と抗米援朝運動などの政治運動を結合させて検討する傾向については、張一平「三十年来中国土地改革研究的回顧与思考」(『中共党史研究』2009 年第 1 期) を参照されたい。

5) 山本真「福建西部革命根拠地における社会構造と土地革命」(『東洋学報』87 巻 2 号、2005 年)、同「革命と福建地域社会―上杭県蛟洋地区の地域エリート傅柏翠に着目して (1926-1933)」(『史学』第 75 巻 4 号、慶応義塾大学三田史学会、2007 年)、同「民国前期、福建省南西部における経済変動と土地革命」(『中国研究月報』第 721 号、2008 年、同「1930～40 年代、福建省における国民政府の統治と地域社会―龍巖県での保甲制度・土地整理事業・合作社を中心にして―」(『社会経済史学』74 巻 2 号、2008 年)、同「福建省南西部農村における社会紐帯と地域権力」(山本英史編『近代中国の地域像』山川出版社、2011 年) を参照されたい。

6) 歴史学の視点からは、陳支平『近五百年来福建的家族社会与文化』上海、三聯書店、1991 年や鄭振満『明清福建家族組織与社会変遷』長沙、湖南教育出版社、1992 年がある。社会人類学からは、潘宏立『現代東南中国の漢族社会』風響社、2002 年や阮

171

雲星『中国の宗族と政治文化』創文社、2005年が参考となる。
7) 筆者による調査では、軍閥による労働力徴発や匪賊による収奪を逃れるために福建から東南アジアに移民した事例を多く聴き取れた―山本真「福州華僑とキリスト教―マレーシア・ペラ州シティアワン及びシンガポール訪問記」(『中国研究月報』66巻5号、2012年)。
8) 大刀会については、林春蓉ほか「福建大刀会活動因素論」(『黎明職業大学学報』総47期、2005年)。地域社会の武装化については、広東を事例とした蒲豊彦「1920年代広東の民団と農民自衛軍」(『京都橘女子大学紀要』19号、1992年)が興味深い。
9) Chen Yung-fa(陳永発)氏とGregor Benton氏によっても、革命史研究における宗族・民団分析の重要さが指摘されている。Chen Yung-fa and Gregor Benton, *Moral Economy and the Chinese Revolution a Critique*,(Amsterdam: University of Amsterdam, 1986). またウィリアム・ウェイ氏は国民党による中央根拠地に対する包囲殲滅戦において、地主に組織された民団が果たした役割の重要さを指摘している― William Wei, "Law and Order: The Role of Guomindang Security Forces in the Suppression of the Communist Bases during the Soviet" in Kathleen Hartford and Steven M Goldstein, eds. *Single Sparks: Chinas Rural Revolution*,(Armonk, N.Y. M.E. Sharp, 1989). ステファン・アヴェリル氏も「増殖する地方民団は新たに設立された共産党による政府、大衆運動組織そしてゲリラに対し激しく抵抗した」ことを明らかにした。Averill前掲書p.184。さらに阿南友亮氏は、『中国革命と軍隊―近代広東における党・軍・社会の関係』慶應義塾大学出版会、2012年、において、広東での革命における在地民団の抵抗を軍事社会史的視点から解明している。以上の研究からは、共産党の革命に対する在地勢力の抵抗の強さが読み取れよう。
10) 1954年憲法では、「序言」において反革命の鎮圧を社会主義社会に到達するための必要な条件としている。また19条は、人民民主制度を守るために、一切の反革命活動を鎮圧し、反革命分子を処罰する。国家は法律に基づき、一定期間内において封建地主や官僚資本家の政治権利を剥奪することを容認した。
11) 現在までの成果として、浅野亮「中国共産党の「剿匪」と「反革命の鎮圧」活動(1949～1951)」(『アジア研究』39巻4号、1993年)、小林一美「中国社会主義政権の出発――「鎮圧反革命運動」の地平」(神奈川大学中国語学科編『中国民衆史への視座』、1998年)、服部隆行『朝鮮戦争と中国―建国初期の軍事戦略と安全保障問題の研究』渓水社、2007年、泉谷陽子『中国建国初期の政治と経済』御茶の水書房、2007年、などが挙げられる。
12) 土地改革に血縁意識が与えた影響については、川井伸一「土地改革にみる農村の血縁関係」(小林弘二編『中国農村変革再考―伝統農村と変革』アジア経済研究所、

1987 年、所収）が、広東を事例として詳細な検討を加えている。
13）三木聡「土地革命と「郷族」―江西南部・福建西部地区について―」（菊池英夫『変革期アジアの法と経済』昭和 58 年度〜 60 年度科学研究費補助金（一般研究 A）研究成果報告書所収）。
14）鄭浩瀾「建国初期の政治変動と宗族－江西省寧岡県、1949-1952 年」（高橋伸夫編著『救国、動員、秩序―変革期中国の政治と社会』慶応義塾大学出版会、2010 年）275 頁。
15）銭杭・謝維揚銭杭・謝維揚『伝統与転型：江西泰和農村宗族形態』上海社会科学院出版社、1995 年、24 頁。
16）朱冬亮『社会変遷中的村級土地制度閩西将楽県安仁郷個案研究』廈門大学出版社、2003 年、107 頁。
17）潘宏立前掲書；阮雲星前掲書。
18）これは 1948 年から 51 年まで広州近郊南景村に滞在したデータに基づいた研究である。しかし、革命後において継続調査は困難になり、調査資料の持ち出しも不可能となったためか、宗族の解体については共産党機関紙に依拠した記述が目立ち、民衆意識への踏み込みは不十分である― C.K. Yang,*The Chinese family in the Communist Revolution*,（Massachusetts, The M.I.T. Press,1959）. C.K. Yang, *A Chinese Village in Eary Communist Transition*,（Massachusetts, The M.I.T. Press, 1959）.
19）川口幸大「社会変動のなかの宗族組織―中華民国期の広東省珠江デルタの事例から」（『国立民族学博物館研究報告』33 巻 3 号、2009 年）。
20）福建南西部の社会構造と宗族について詳しくは、山本前掲「福建省南西部農村における社会紐帯と地域権力」を参照されたい。
21）長野朗『支那兵・土匪・紅槍会』坂上書院、1938 年、275 〜 276 頁。
22）CHUNG HUA SHENG KUNG HUI Report of the Fukien CHURCH DAY SCHOOL 1931(Fukien Mission ,1900-1934 Reel 373;Church Missionary Society Archive) 桃山学院大学図書館マイクロ資料室所蔵。
23）連立昌『福建秘密社会』福州、福建人民出版社、1989 年、285 〜 311 頁。
24）「石城武装撃潰大刀匪」（『紅色中華』82 期、1933 年 5 月 29 日）。「大批刀匪団匪来犯帰化」（『紅色中華』165 期、1934 年 3 月 22 日）。
25）山本前掲「福建省南西部農村における社会紐帯と地域権力」。
26）徐天胎編著・福建文史研究館整理『福建民国史稿』福州、福建人民出版社、2009 年、203 頁。また山本前掲「1930 〜 40 年代、福建省における国民政府の統治と地域社会」。
27）庄年延「大刀会首黄金旺覆滅記」（『沙県文史』6 輯、1987 年）132 頁。また次の聴

き取りに拠る。―「解放前に国民党は壮丁を捕まえたため労働力が不足し、生活は苦しかった」林 SS 氏（男）1934 年生、元村書記、福清市 CT 鎮 XL 村、2010 年 8 月 10 日、林 XH 氏（当時筑波大学大学院在籍）へ委託しての調査。

28) 章振乾「三年来的福建社会経済」（『福建省銀行季刊』1 巻 1 期、1945 年 4 月）。
29) 郭天俊・林建元「抗日戦争時期上杭県商業概況」（『上杭文史資料』7 輯、1985 年）。
30) 「閩沿海土劣包庇販毒走私〔恵安特訊〕」（『中南日報』（長汀）1941 年 6 月 5 日）。
31) 前掲『福建民国史稿』205 頁。
32) 潘心城主編『福建財政史』厦門、厦門大学出版社、1989 年 305 頁。
33) 劉 TR 氏（男）1933 年生、元村幹部、莆田市 JK 鎮 X L 村、2009 年 3 月 15 日訪問；曾 ZM 氏（男）1935 年生、元民兵、莆田市 XTW 鎮 YL 村、2011 年 7 月 27 日訪問。
34) 『当代中国』叢書編輯委員会『当代中国的福建』北京、当代中国出版社、1991 年、42 頁。
35) 鐘兆雲「建国初期福建剿匪紀事」（『福建党史月刊』2003 年 3 月号）43 頁。
36) 福建省地方志編纂委員会編『福建省志　軍事志』北京、新華出版社、1995 年、253 頁。
37) 『福建日報』（福州）1951 年 1 月 10 日及び 1951 年 5 月 4 日。なお台湾で出版された回想録においても、胡璉が 1950 年 2 月に「福建省工作委員会」を組織、敵後工作人員を養成するために福建各地の青年を招致したことが記述されている。呉鼎「陳則蔡先生伝」（『閩光雑誌』25 期、1986 年）。
38) 福建省地方志編纂委員会編『福建省志　公安志』北京、方志出版社、1997 年、17 頁。
39) 龍巖市地方志編纂委員会編『龍巖市志』北京、中国科学技術出版社、1993 年、554、566 頁。
40) 湯玉庭「解放前福清地方武装部隊演変情況」（『福清文史資料』新第 4 輯、1985 年）。
41) 中国共産党尤渓県委党史資料編写委員会『尤渓剿匪資料－専輯』1985 年、1-15 頁。
42) 中国人民政治協商会議松渓県委員会文史資料輯室『松渓剿匪闘争資料』1986 年、33 頁。
43) 林 SL 氏（男）1926 年生、元教師、退役軍人、莆田県 XX 鎮 XX 村、2011 年 7 月 30 日訪問。林氏は「解放前」遊撃隊に参加した経歴をもつ。
44) 中国会道門史料集成編纂委員会編『中国会道門史料集成－近百年来会道門的組織与分布』（上冊）北京、社会科学出版社、2004 年、553-554 頁。
45) 繆慈潮「建国初期閩東取締大刀会情況概述」（『寧徳文史資料』4 輯、1989 年）。
46) 文史資料工作組整理「三都反動刀会組織概況和若干活動」（『寧徳文史資料』1 輯、1982 年）。福建省地方志編纂委員会編『福建省志』大事志、北京、方志出版社、2000

47) 福建省平潭県志編纂委員会『平潭県志』北京、方志出版社、2000年、494-495頁。
48) 楊JX氏（男）1931年生まれ、漁民、平潭県DL郷YX村、2010年8月3日、林XH氏（当時筑波大学大学院在籍）へ委託しての聴き取り。
49) 前掲『中国会道門史料集成』554頁。
50) 前掲『尤渓剿匪資料－専輯』57頁。
51) 『福建日報』（福州）1951年4月30日。
52) 台湾省戸口普査処編『中華民国戸口普査報告書』（調査日、1956年9月16日）第2巻第1冊、1959年、609-610頁。
53) 本刊編集部「移民与香港的発展」（『人口研究』21巻5期、1997年）。
54) 曾国棟「閩南人在香港」（『福建会訊』〔台北市福建省同郷会〕9期、1997年）。
55) 台北市龍巖県同郷会編印『龍巖旅台先哲専輯』1988年。台北市龍巖同郷会編『台北市龍巖同郷会成立二十週年紀年特刊』1990年。
56) 詳しくは山本前掲「福建省南西部農村における社会紐帯と地域権力」を参照されたい。
57) 前掲『龍巖旅台先哲専輯』84頁、109頁。占淇ほか「適中謝仰麒」（『龍巖文史資料』第16輯、1988年）。
58) 「中華人民共和国懲治反革命条例」〔1951年2月21日公布〕（中共中央文献研究室編『建国以来重要文献選編』第二冊、中央文献出版社、1992年）44-47頁。
59) 小林一美前掲論文259頁。なお小林は『当代中国重大事件実録』華齢出版社、1993年を根拠としている。また白雲涛「共和国利剣出鞘－鎮圧反革命運動紀実」（『党史天地』1999年7月）も全く同じ数字を提示している。
60) 林SS氏（男）1934年生まれ、元村書記、福建省CT鎮XL村、2010年8月10日、前掲林XH氏へ委託しての聴き取り。
61) 李漢釗「李偉夫生平記略」（『龍巖文史資料』24輯、1996年）。
62) 高綿「解放初期福建鎮圧反革命運動述評」（『党史研究与教学』1998年1期）49頁。
63) 中共福建省委員会「福建省土地改革基本総決」1953年1月（福建省人民政府土地改革委員会編『福建省土地改革文献彙編』中冊、1953年）348-355頁。
64) 『福建日報』（福州）1950年1月23日、1950年2月22日。
65) 民衆の誰もが納得できる悪人としては、日中戦争時期に日本と結託した奸漢が想定されよう。例えば、福州付近の林森県城で1949年の冬に真っ先に闘争の対象とされたのは、日中戦争で福州が陥落した際に日本と結託したとされる人物であった。「林森県城門郷農民闘争悪覇地主鷙裏金」（『厦門日報』1949年11月30日）。
66) 陳栄埠「雁石羅鳳岐」（『龍巖文史資料』第16輯、1988年）。

67）筆者による福建省龍巖県雁石郷YK村での聴き取りによる（羅GY氏、79歳〔数え歳、訪問時〕、元教師、龍巖県YS鎮Y村、2006年8月5日訪問）。
68）同様の問題は、山本真「表象された地主像と民衆の記憶－四川省大邑県劉氏荘園「収租院」から考える」（『中国研究月報』735号、2009年）においても論じた。
69）『福建省志公安志』17頁。
70）「中共福建省委第四次拡大会議関於加緊剿匪及開展土地改革運動的決議」1950年11月30日（福建省人民政府土地改革委員会編『福建省土地改革文献彙編』上冊、1953年）1-7頁。
71）「龍渓専区土地改革概貌」（『土改通訊』13期、1951年3月）。
72）「防止和平分田和假分田」（『土改通訊』10期、1951年2月）。
73）「閩侯専区八個土改実験郷工作総決」；「閩侯県七区荊渓郷土改工作総決」、「閩侯県人民政府臨時人民法廷在蘭圃郷審訊悪覇林済宜総決」いずれも（『土改通訊』3期、1950年12月）。
74）「禾山区選農協代表討論反対悪覇地主」（『廈門日報』1949年12月4日）、「禾山区農協籌委首次開会討論減租支前等工作」（『廈門日報』1949年12月14日）。
75）「禾山農民控告陳宝琦」（『廈門日報』1950年1月6日）。
76）王徳瑞「上杭土改運動的回憶」（『上杭文史資料』12期、1988年）。
77）施昌泉「支前征糧土改―同安農村工作紀実」（中共上海市委党史研究室・上海市档案館編『南下服務団』北京、中共党史出版社）275-278頁。
78）「福建省各階層土地改革前後土地占有変化表」（福建省人民政府土地改革委員会編『福建省土地改革文献彙編』下冊、1953年）13頁。
79）「福建省土地改革中山林処理弁法」〔1951年9月〕（『福建省土地改革文献彙編』上冊）180頁。
80）奥村哲『中国の現代史　戦争と社会主義』青木書店、1994年、119頁。
81）福建省人民政府土地改革委員会編『福建省土地改革文献彙編』下冊、1953年、13頁、94頁。
82）福建省地方志編纂委員会編『福建省志－農業志』北京、中国社会科学出版社、1999年、44-51頁。中兼和津次『中国経済論　農工関係の政治経済学』東京大学出版会、1992年、180頁。
83）山本前掲「民国前期、福建省南西部における経済変動と土地革命」を参照されたい。
84）林詩旦・屠剣臣編『龍巖之土地問題』龍巖県、龍巖県政府発行、1943年、158頁。
85）福建省政府建設庁編印『福建経済概況』1947年、17-19頁。
86）福建省地方志編纂委員会編『福建省志　共産党志』北京、中国社会科学出版社、

1999 年、234 頁。
87) 筆者が調査した地域では、現在の行政村の範囲にほぼ相当している。
88) 「福建省結束分配土地後郷村基層幹部成份統計表」(『福建省土地改革文献彙編』下冊) 106 頁。
89) 謝 CR 氏 (男) 1929 年出生、龍巌県 SZ 鎮 B 村、元人民公社幹部、2008 年 3 月 17 日訪問。
90) 「福建省土地改革前後各種基層群衆組織統計表」(『福建省土地改革文献彙編』下冊) 105 頁。
91) 兪 GX 氏 (男) 1921 年生、雑貨商、村治安要員、莆田県 XTW 鎮 DZ 村、2011 年 7 月 27 日訪問。
92) 本書泉谷論文及び靳道亮前掲「抗美援朝運動与郷村社会国家意識的塑造」を参照されたい。
93) 「全省十個月土地改革工作的基本総結和今後任務―福建省人民政府土地改革委員会第一次委員会議通過」(『土改通訊』25 期、1951 年 6 月)。
94) 福建省人民政府「関於 1951 年夏季農業税収工作的指示」〔1951 年 8 月 10 日〕(福建省財政学会編『新中国農業史料叢編』第 18 冊 (上) 福建省〔1949 年― 1965 年〕発行地、発行者不明、1987 年) 115 頁。
95) 「各省市抗美援朝運動的基本情況―福建省」1953 年 7 月 (中国人民抗美援朝総会宣伝部編『偉大的抗美援朝運動』北京、人民出版社、1954 年) 1223-1225 頁。
96) 「福州市抗美援朝保家衛国運動的初歩成就及今後任務与要求」(中共福州市委宣伝部編印『発揚福建人民愛国主義精神開展抗美援朝保家衛国運動』1951 年) 34 頁。
97) 前掲曾 ZM 氏及び前掲兪 GX 氏からの聴き取り。
98) 福建における石と斤の換算比率は 1 石 = 100 斤である。これについては、前掲林 SL 氏からの聴き取りによる。ただし一般的には 1 石 = 120 (市) 斤 = 60kg で換算する。その場合は重量換算で 2 割り増しとなる。
99) 福建省地方志編纂委員会編『福建省志　糧食志』福州、福建人民出版社、1993 年、38-40 頁、54-57 頁。
100) このような視点からの研究として、笹川裕史「食糧の挑発からみた 1949 年革命の位置」久保享編『1949 年前後の中国』汲古書院、2006 年所収が示唆的である。
101) 林 T J 氏 (男)、1924 年生まれ、土地改革当時貧農に区分、元供銷社職員、龍巌県 SZ 鎮 ZX 村、2009 年 3 月 20 日訪問。
102) 阮雲星前掲書、2 章。
103) 山本前掲「福建省南西部農村における社会紐帯と地域権力」を参照されたい。
104) 山本前掲「福建西部革命根拠地における社会構造と土地革命」及び山本前掲「革

命と福建地域社会―上杭県蛟洋地区の地域エリート傅柏翠に着目して」を参照されたい。

105）王銘銘『社区的歴程―渓村漢人家族的個案研究』天津人民出版社、1996年、88-89頁。

106）阮雲星前掲書、2章。

107）陳支平前掲書、55頁。

108）『福建省土地改革文献彙編』（下冊）13、73、83頁。

109）我妻栄・川島武宜『中華民国民法』物権（上）1941年、中華民国法制研究会、219～228頁。

110）胡以按主編『中川史志』厦門、厦門大学出版社、1988年、13～14頁。Li Minghuan and Zhou Li "Memories of the Communal Fields of Hu Lineage in Zhongchuan Village, West Fujian,1928-50" Leo Douw and Dai Yifeng (eds) *West Fujian Land and Migration, 1910s-1940s*,（Xiamen University Press, 2000）pp. 92-114.

111）章振乾「閩西農村調査日記（1945年4月―7月）」（『福建文史資料』第35輯、1996年）57頁、145-146頁。なお「閩西農村調査日記」は章振乾による調査メモを文史資料に復刻掲載したものである。

112）「農民問題決議（1927年5月）」日本国際問題研究所中国部会編『中国共産党史資料集』三、勁草書房、1971年、39頁、45頁。

113）「土地問題についての決議（1928年7月）」（前掲『中国共産党史資料集』四、1972年）39-40頁、54頁。

114）中国社会科学院・中央档案館編『中華人民共和国経済档案資料選編－農村経済体制巻』北京、社会科学文献出版社、1992年、78頁。

115）「中央人民政府政務院関於劃分農村階級成份的決定」〔1950年8月4日〕（前掲『中華人民共和国経済档案資料選編－農村経済体制巻』）126頁。

116）川井前掲論文213頁。

117）三木前掲論文、64頁。

118）川井前掲論文208頁、232～237頁。「福建省婦聯関於分発土地証給各級婦聯的指示」〔1952年6月6日〕（『福建省土地改革文献彙編』上冊）116～117頁。

119）陳其南・小熊誠訳「房と伝統的中国家族制度」（橋本満・深尾葉子編『現代中国の底流』行路社、1990年、所収）。

120）山本前掲「福建省南西部農村における社会紐帯と地域権力」を参照されたい。また鄭浩瀾氏も「宗族の族産が没収され、地主勢力が打倒されたが宗族の集団居住の形態が変わっておらず、大衆動員は宗族・村落を基盤に展開されていた」と述べている。鄭前掲「建国初期の政治変動と宗族－江西省寧岡県、1949－1952年」275頁。

121) 山本前掲「福建西部革命根拠地における社会構造と土地革命」を参照されたい。
122) 林NN氏（男）1942年生、中学卒、土改時中農、農民、龍巌県SZ鎮X村、2009年12月23日訪問。
123) 省農民協会古田検査組「古田二区杭洋村土地改革検査報告」（『福建省土地改革文献彙編』中冊）129-131頁。
124) 陳XQ氏（男）1936年生、退職教師、古田県DQ鎮HY村人、古田県城でのインタビュー、2010年8月14日。
125) 俞WF氏（男）1937年生、大学卒、元技師、莆田県XTW鎮DZ村、2011年7月27日訪問。
126) 前掲謝CR氏からの聴き取り。
127) 謝ZX氏（男）年齢不明、元地主、龍巌県SZ鎮Z村、2006年3月31日訪問。
128) 前掲曾ZM氏からの聴き取り。
129) 王德瑞「上杭土改運動的回憶」（『上杭文史』12期、1988年）。
130) 頼ML氏（男）1926年生、高級中学卒、元教師、龍巌県SZ鎮Z村、2009年3月21日訪問。
131) 游KS氏（男）1935年生、小学校卒、農民（土地改革当時富農）、上杭県JX郷Y村、2009年7月9日、陳GM氏（中山大学大学院生）へ委託しての聴き取り。
132) 徴兵業務がもたらした社会矛盾については、笹川裕史・奥村哲前掲書が四川の事例を紹介している。民衆が徴兵を恐れたこと、兵役が金銭で肩代わりされたこと、兵士の逃亡が行われたことなどは、筆者が行った福建省各地での聴き取りによっても確認できた。
133) 「長楽県営前鎮土改試験初歩総結」（『土改通訊』1期、1950年11月）。
134) 「閩侯七区土地改革的三個類型郷」（『土改通訊』21期、1951年5月）。
135) 「新芝村打破地主利用宗派的陰謀発動了土地改革闘争」（『土改通訊』27期、1951年7月）。
136) 游KS氏（男）1935年生まれ、中心小学校卒業、農民（土改時富農）、上杭県JX郷Y村、2009年7月9日、陳GM氏へ委託しての聴き取り。
137) 鄧暁華・楊翃「宗族社会と民間信仰」三尾裕子編『民俗文化の再生と創造』風響社、2005年、65頁。
138) 陳XL氏（男）1930年生、農民、上杭県JX郷HD村、2010年8月7日、陳GM氏へ委託しての聴き取り。
139) 林JH氏（男）1934年生、元鎮幹部、龍巌県SZ鎮R村、2009年12月24日訪問。
140) 劉TR氏（男）莆田県JK鎮XL村、2009年3月15日訪問。
141) 黄JN氏（男）87歳（訪問時数え年）、閩清県JS郷、2010年8月17日訪問。

142) 陳XG氏（男）80歳（訪問時数え年）、元小学校教師、上杭県JX郷HD村、2006年8月1日訪問。
143) 謝YZ氏（男）1942年生、元幹部、龍巌県SZ鎮Z村、2009年3月21日訪問。
144) 例えば林NC氏（男）1942年生、龍巌県SZ鎮XS村、2009年12月23日訪問は、「土地改革後祖先祭祀は行わなくなった。敢えて祠堂に行く者は誰もいなかった。自分の祖先（近い祖先のことと思われる―訪問者）の場合は秘かに拝みに行く者はいた。廟については個人が行きたければ行った。しかしこっそりとであった」と語ってくれた。
145) 前掲陳WC氏からの聴き取り。
146) 謝XS氏（男）1950年生、元教師、龍巌県SZ鎮R村、2009年12月25日訪問。
147) 林YC氏（男）元道士、86歳（訪問時数え年）、龍巌県SZ鎮R村、2009年12月24日訪問。
148) 前掲劉TR氏からの聴き取り。
149) 『福建省福清地区事情』1956年7月〔東洋文庫蔵〕。
150) 前掲黄JN氏からの聴き取り。

第6章 「土地改革の時代」と日本農地改革
——総力戦の帰結のありかたと農業問題——

野田　公夫

はじめに

1　総力戦の生んだ「土地改革の時代」

　第二次大戦後は、世界中で土地改革（大土地所有の解体）が取り組まれた「土地改革の時代」であった。敗戦国の再建には土地改革が必要とされることが一般的であったうえ、この時期に一気に進んだ植民地支配からの独立運動もそのほとんどが土地改革をともなうものであったからである。世界大戦の生み出した未曾有の社会混乱に対しては、最も本源的で安定的な財である土地の散布が最も有効な処方箋でありえたし、旧体制の政治的社会的支柱であった大土地所有の解体こそが新生国家の正当性を象徴するシンボルたりえたからでもあろう。

　これまで日本では、土地改革は農業改革との関連で理解されることが多かった。確かにいずれの土地改革においても、改革の対象である大土地所有の大部分は現農地と将来の農地（開拓可能地）および営農に必要な付帯地（森林・沼沢など）であり、土地改革後の土地利用の中核に農業的利用が想定されていたことは間違いないが、ここから土地改革の基本が農業改革（農業内在的な論理に支えられているという意味である）であるかのように捉えてしまうと実際（当該期に土地に向けられた様々なベクトル）を見誤ることになる。そして後述のように、第二次世界大戦後に集中した土地改革は、

かかる乖離がその極点に達したものでもあった。旧来の日本における当該期土地改革論の弱点はこの点の無自覚にあったように思う。

興味深いのは、農業経営形態の違いにかかわらず、どの国・地域においてもまずは大土地所有の分割（小土地所有化）が行われたことである。農業経営形態とは、典型的には専ら雇用労働者に依拠する大経営（大農もしくは大経営と表記する）と家族労働力を基幹とする小経営（小農もしくは小経営と表記する）を両極とするバラエティをさしている[1]。両者において小土地所有創出の意味はまるで異なるにもかかわらず、いずれもまずは小土地所有への分割から始まったのである。

2　本稿の課題──「土地改革の時代」理解のための一試論

「土地改革の時代」には多数の国々で土地改革が試みられたが、その多くは事実上中座を余儀なくされ、程度の差こそあれ遂行できたといえるのは、土地改革を実施する決意をもつ強力な権力が登場した3つの地域にほぼ限定されていた。アメリカのバックアップを受けた小農地域＝東北アジアとソ連のバックアップを受けた大農地域＝東欧、および自力で革命を達成した小農主流地域[2]＝中国であった。本稿では、これら3地域の土地改革の基本的性格を、第二次大戦後の混乱への対応という側面とともに農業構造（小農地帯と大農地帯）がもたらす問題状況の差異を重視しつつ明らかにしたい。

これまで私は、大土地所有の解体が大経営地帯でも小経営地帯でも等しく小土地所有の創出を通じて行われたことに注目し、およそ次のように主張していた[3]。

①大土地所有の解体＝小所有化は、小経営地帯では程度の差こそあれ農業改革（自作農化による経営強化）に結び付きうるが大経営地帯では旧来の経営組織の解体に帰結し、それ自体は農業改革（より合理的な農業経営形態の創出）たりえない。

②東欧諸国（大経営地帯）がこのような反農業改革的な土地改革を実施せざるをえなかったのは当該地域の危機の深刻さのためであり、土地改革（危

第6章 「土地改革の時代」と日本農地改革

機への対応）を経た後に別途農業構造の創造（農業経営組織の強化＝再集団化）を必要とした。

③東北アジア（小経営地帯）では土地改革自体が農業改革（経営担当者の強化）につながる形式的可能性を有しており、農業構造（小所有＝小経営）を改変する必要はなくそのまま持続した。しかし主に小経営の成熟度を反映してその内実には大きな差があった。

④中国は小経営卓越地帯（東北アジアに近似）であるが戦争による社会の解体が極めて深刻であったため、土地改革自体が多様な過剰人口を対象とせざるをえなかった（東欧諸国に近似）。したがって、土地改革後に別途経営組織の再編（集団化）を必要とした。

⑤日本の農地改革は東北アジア型に属するが、長い間「資本主義国では他に例をみない徹底した土地改革」という「謎」のような説明が付されてきた。それは、戦前以来の長い土地闘争の蓄積をもっており、かかる農業内ベクトルの延長上に実施された改革であったからである。日本農地改革は、「農業改革」として実施された当該期唯一の土地改革であった。

ここでの問題関心は、（ⅰ）農業構造の相違にもかかわらずいずれにおいても小土地所有創出策として行われたこと、（ⅱ）うち東欧と中国は土地改革後に集団化を内容とする農業構造の再編を必要としたという共通項があること、（ⅲ）ともに集団化を必要とした両地域であるが、旧大経営地帯と小経営卓越地帯という明瞭な違いがあったこと、（ⅳ）他方同じ小経営地帯であっても、その後の農業構造再編（集団化）の有無において東北アジアと中国は明確な相違をもったこと——これらを全体としてどう説明するかにあった。

ところで、（管見の限りではあるが）近年東独土地改革について足立芳宏『東ドイツ農村の社会史—「社会主義」経験の歴史化のために—』（京都大学学術出版会、2011年）、中国土地改革について鄭浩瀾『中国農村社会と革命—井岡山の村落の歴史的変遷』（慶應義塾大学出版会、2009年）、笹川裕史『中華人民共和国誕生の社会史』（講談社メチエ、2011年）という、「土地改革の時代」像を一気に豊富化する研究書が相次いで刊行された。私は、先に

述べたように、東欧や中国の土地改革が孕んだ「無理」と背後にある「危機」を想定し、それこそが土地改革後に連続的な「集団化形態をとった農業再編」を必然化した原因だと考えてはいた。しかしこれらの研究が明らかにした内容は、その「無理」においても「危機」においても、私の「想像」をはるかに超えるものであった。これらの諸研究に学び、当該期の「無理」をより具体的に含みこんだものへと、「土地改革の時代」像を若干なりともリニューアルしたいと思う。このことにより、日本農地改革の世界史的個性もより明瞭になるであろう。

また、アジア地域全域の地主制（地主・小作関係）と小農の性格については、相続を切り口にして坂根嘉弘『日本伝統社会と経済発展』（農山漁村文化協会、2011 年）がクリアな見取り図を描いた。これまでもしばしば主に東南アジア研究に学びつつ、同じアジア＝農業小経営地帯においても、土地改革が遂行しえた東北アジアと事実上中座した感のある東南アジアという対比があることは指摘していたが、それをより包括的・論理的に理解するうえで有効であろう。

I　土地改革の諸類型

1　土地改革の理論的諸形態

大土地所有制に対する近代的変革には、理論的には次の3つの形態がありうる。

①「大土地所有自体の近代化」すなわち利潤（＝資本の行動）を制約しないレベルへの地代水準低下と安定した借地権の法的・社会的形成、言いかえれば近代借地農制の形成（近代日本の語法を使えば耕作権強化）である。

もっとも亜類型として「所有と経営が合体したいわばユンカー型地主経営（以下グーツ経営と表記）[4]の近代化」も想定可能かもしれない。この場合のポイントは（資本家の利潤ではなく）農業労働者の労賃レベルである。ただ

し資本主義世界において農業労働者がもっとも周辺的な労働力として配置され続けてきた現実をみると、その可能性は乏しかったと言わざるを得ない。

②「大土地所有の分割」すなわち小土地所有の創出である。これは本来小農地帯に相応しい土地改革形態である。小農地帯においてはこれら小土地所有の買受者は当該農地を耕作する小作農であり、土地改革は「小作農の自作農化」に帰結することにより経営的にも生産力的にも強化されやすいからである。大農地帯の場合は、典型的には大農経営における雇用労働力である農業労働者への土地供与すなわち「農業労働者の農民化（新農民の創出）」という形態をとる。

③「大土地所有の国有化」ロシア革命により初めて現実化した社会主義的な土地改革であり、第二次世界大戦の結果ソ連の支配下にはいった東欧地域において普遍化した土地改革形態である。ここでは「国有」という言葉をルーズに使っている。（以下同じ）。

かつて山田盛太郎は、土地改革こそが時代を画する節目になったとし、世界史の発展段階に対応させた「世界土地改革の5段階」を提唱した[5]。上記3形態を便宜的に山田の「5段階」に対応させてみると、興味深いことに、①に相当する「17世紀・イギリス革命」（山田のいう第1段階）から②のバリエーションとして示される種々の「ブルジョア的土地改革」（同第2、第3段階）を経て③に相当する「20世紀・ロシア革命」（同第4段階）に至る時系列として示される。山田が歴史的到達点として第5段階に位置づけたのは中国（中国革命＝人民民主主義革命…貧農を主とする中国共産党による土地革命、土地の耕作農民への再配分と土地と労働の生産合作社－人民公社への集中・全農民的土地所有へ）であった。ロシア革命が第四段階に甘んじているのは、「土地国有の実現と集団的農業経営の創設」には至ったものの、下からの貧農主体の革命として貫かれた中国とは異なり、「『上からのブルジョア革命』挫折（山田の表現）」を経たものであったからであろう。

上述①（＝近代借地農制の形成）は、西欧先進資本主義国で普遍化した土地改革形態であった。土地所有から経営（資本）が分離し各々の論理が自立

しつつ相互補完的に発展をとげる…このような①の関係が成立するためには市場経済の長いトレーニングが必要であり、かつそれが社会通念として受容されるに十分な長期もまた必要であった。これらの諸条件がともに備わった地域は、国民国家としての自立性を保持しつつ最も早期に世界市場に参入できた西欧世界だけであったと思われる。したがって、理論的にはありえたにせよ、20世紀の非西欧的社会においては現実的形態にはなりえなかったと考えられる[6]。実際、先に述べたように、第二次世界大戦後土地改革はいずれの地においても②の形態で行われた。①（＝近代的借地制化）の方式が現実的ではない以上、②（＝自作農化）の方式をとることは小農地帯では極めて自然である。日本で②（＝小土地所有創出）方式に対する懸念が強かったのは、多分にマルクス主義の影響を受けた運動家と机上の合理的モデルを基準にした農業経済学者にすぎず、農業者（小作農）は農地所有権の獲得に大きな熱意を示し続けていたからである。しかし、当時世界に冠たる大経営地帯（＝典型的にはユンカーとよばれた騎士農場主地帯）においてすら土地分割から開始されたことは、やはり極めて「異常」だといわなければならない。ロシアとも中国とも異なり、（厳密にいえば）ユンカー支配下には「貧農」はいないからである。

　問題は③（＝土地国有化）である。山田は、最終的には③となる「ロシア革命」と「中国革命」を、前者は「ブルジョワ革命挫折の産物」ととらえ後者は「人民民主主義革命の発展」ととらえることにより、後者をよりすすんだ形態（世界史的最高峰）として位置づけた。しかし、いずれも各々が直面した問題（＝「貧農問題」と大括りできよう）にまずは対応しつつ、その限界が顕わになるなかで、状況の変化をみながら国有化・集団化に向かった（二段階を経た）という点で共通している。

2　日本の歴史過程における諸類型

　日本の土地改革は周知のように上述②の自作農化（農地改革）を内容として実施されたが、実は戦前期日本の小作争議のなかではこれらの三方式は常時並列的に語られていた。むしろ、小作争議は①の主張（＝小作料減免要求）

第6章 「土地改革の時代」と日本農地改革

からはじまったし、農民運動のリーダーたちも①（＝小作料減免争議）に積極的な位置づけをあたえ、かつ農林省農政局の左派（たとえば和田博雄）も最後まで①（＝地主・小作関係近代化）を追求していた[7]。またマルクス主義の影響を受けた者は①（＝耕作権強化）の延長上に③（＝土地国有）を想定していた。これに反して②（＝土地購入）は農民運動家からも農業経済学者からも忌避されていたのである。運動家にとって②（＝小所有者化）は、小作（無産）農民を小所有（有産）者化することにより保守化（運動からの脱落）させることにほかならなかったし、経済学者にとってはそれ自体に生産力効果のない「土地所有権」に多額の資金を投ずること自体が肝心の経営合理化を阻害するものでしかなかった。しかしこのような批判にもかかわらず、②（＝農地所有）に対する小作農民の期待は極めて強いものであり続けた。それは、漸次小作側の立場が強化されてきたとはいえ耕作権不安は解消しなかったことに加え、何よりもイエを成り立たせる「家産としての農地」に対する渇望には特別なものがあったからである。他方、社会的安定層をつくることにより「農村平和」を回復したいという観点からは政府の意向とも合致したうえ、「傾斜生産」[8]という強い制約の下で農業生産力を増進するうえで"砂をして金と化す"「所有の魔術」にかける期待は一層大きくなった。②（＝小作農地買取）の本格実施を制約していた最大の要因は財政的（小作農の土地購入を可能にする制度資金の支援）限界であったが、管理通貨制の実施を通じて徐々にその余地は拡大した。したがって日本においては、地主制の制御＝耕作者強化の現実的形態は②（＝小作の自作化）に収斂していき、政策的には「自作農創設事業」の事業規模拡大として具体化されていったのである。戦時体制末期の1943年に施行された自作農創設事業第三次施策はいわゆる第一次農地改革と同程度の買収規模を予定するに至っていた。むろん財政規模の制約と強制力の欠落という2つのネックがあったからそれがスムーズに進行しえたとは想定しにくいが、このような計画が敗戦以前にすでに日の目をみていたという事実が重要であろう。かかる分厚い前史に支えられてこそ戦後農地改革はありえたのであった。

II　総力戦の生んだ困難―未曾有の難民・流民問題

　日本で土地改革と農業改革がほぼ等置されてきたのは、農地改革に直接連なる大正期以降の土地問題史がまさに農業（経営）発達史として理解されるものであったからであり、かかる日本的経験の「土地改革の時代」における特異性を疑うことなく思惟を重ねてきたからである。

　足立・笹川・鄭前掲書はともに既存社会の崩壊が深刻な「難民・流民」問題を発生させたことに注意を喚起し、東独における土地改革とはまずもってかかる未曾有の事態に対するいわばカンフル剤であったことを、中国においてはかかる状況だからこそ土地改革は革命運動に民衆を動員するためのキーワードになったことを明らかにした。ここでは便宜的に、国境をまたぐ移動を余儀なくされた戦争被害者を「難民」、一国内で流浪を余儀なくされた戦争被害者を「流民」と表記し、前者（難民）は東欧諸国における、後者（流民）は中国における当該期の「過剰人口化現象」を指すものとして使うことにしたい。

　以下、「土地改革の時代」の具体的ありように大きな影響を与えたと考えられる、「難民」「流民」など総力戦の生み出した「過剰人口」[9]のありようを概観することにしたい。

1　東ドイツにおける「難民」問題―東欧「難民」問題の一局面

　東欧圏ではドイツ軍の侵攻・支配とそれに基づく国境の変更とソビエト軍の反攻・支配とそれに基づく国境の変更という幾重にも重なる社会崩壊のなかで人は激しく動かざるをえなかった。しかし多様な国・民族が含まれるために中国や東北アジアよりもバラエティははるかに大きく、一括して論じるのは困難であり、ここで扱うのは東ドイツに体現された限りの難民問題であり土地改革である[10]。

第6章 「土地改革の時代」と日本農地改革

(1) グーツ所有者逃亡と難民流入

　足立前掲書によれば、「両ドイツの難民受入れ総数は、1949年1月時点において西ドイツ733万人、東ドイツ約431万人、計1161万人に達したとされている」(128頁)。絶対数の多さもさることながら、日本と大きく異なるのは、大規模な難民流入はソ連の攻勢とともにすでに1944年から開始されていたことである。しかもソ連軍の接近とともに、ナチス体制のケルンと看做されたグーツ所有者の逃亡という事態が発生していた。シンボリックに言えば、経営主催者を失った大規模農場跡地に難民が殺到したのである(むろんグーツを欠く農民村落もあるがここでは省略する)。さらに、二重の意味で大きな地域偏差があった。一つは東・西における偏在である。西ドイツ流入数の多さが目立つが、しかしこれを各々の人口対比(1946年におけるソ連軍占領地域約1700万人・それ以外約4900万人を各々東西ドイツの人口の概数に相当するとすれば、前者は東ドイツ・後者は西ドイツの人口と読み替えうる)でみれば、西ドイツ約15％・東ドイツ約25％となり、とりわけ東独社会に巨大なインパクトを与えた現実だということがわかる。二つは南／北における偏在である。東ドイツのなかでも流入難民密度がとりわけ高かったのは大農地帯である北部地域であり、最北部のメクレンブルク・フォアポンメルン州の農村部における難民比率は、実に46.6％にも達したのである(129頁)。しかもそれは、多分に「政策的誘導」によるものであり、「戦災の影響だけではなく土地改革の効果に対する期待が働いたことは疑いない」(130頁)という。ここでは土地改革がストレートに難民処理(各村の農業改革ではなく)に結び付けられているのである。

(2) ソ連軍による強奪

　もう一つ中国とも東北アジアとも大きく異なる困難があった。ソ連軍の進駐と強奪である。「戦後直後、ソ連軍はドイツ侵攻とともに各地でグーツ経営の占領を行う。問題は、その範囲と占領期間であった」(64頁)。足立によれば、グーツの約7割が占領され、それは2年3年の長期にわたり、「農場の経営資本が根こそぎ接収」された。具体的には「馬・牛などの家畜、これら

189

を維持するための飼料、さらには農具類」であり「グーツ館の占拠と労働力動員……および食用穀物の接収」(65頁)であった。「グーツ労働者たちにとって、土地改革はこうした植民地占領的なソ連軍の農業資源収奪と一体のものとして経験された。それは「土地改革に賛同する共産主義的な農業労働者ですら、こんな状態では村で何も語ることができなくなる」ほどの状態であった」(71頁)という。やや極端に言えば、かかる事態は「強奪による難民化」であったとも表現できようか。他方、経営資本が奪い尽くされた後の「裸の土地」だけは早めに返された。「裸の土地」と「経営資本と経営能力を欠いた難民もしくはグーツ労働者」という組み合わせに象徴される特異な状況が、土地改革のあり方とその行方を規定することになったであろう。

2 四川省における「流民」問題——中国「流民」問題の一局面
(1) 「彷徨う兵士たち」

笹川前掲書は、国民軍の根拠地として軍事的にも経済的にも大きな負担をしてきた四川省で、過重な軋轢が社会を壊し無政府的な流動化状況をうんでいる様を活写した。同省では、日中戦争の終結にともない1946年8月以後出兵者(徴兵数256万人)の帰還を組織的にすすめたが、半年を経ても(1947年2月15日)帰還実績はわずか1万5083人にすぎなかったという(40〜41頁)。「帰還率わずかに0.6%」……にわかには納得しがたい数値であろう。むろん戦死者も多数に及んだであろうし、この後に帰還した者も多かったのであろうが、省政府をあげて取り組んだ半年間の結果がこれ〈1000人のうち実に994人〉が依然として戻っていない——というのは驚きである。かかる事態が生じたのは、「戦闘行為それ自体が苛酷であっただけではない。苦戦を強いられ、戦況が絶えず変転したために、部隊の移動、再編が頻繁に繰り返され、その混乱のなかで多くの兵士たちが所属部隊との連絡を断ち切られ、散り散りとなって戦場に取り残された」(41〜43頁)からであった。……これは '圧倒的な火力をもつ日本軍の攻撃を避けつつ、民衆に支えられて持続的反復的に続けられた遊撃戦' などといったような、かつてよく目にした物言

いなどまるで空虚でしかない凄まじい現実と言わなければならない。また、1947年5月に出された流亡兵士の取り扱いに関する「指針」は、「各部隊が駐屯地で流亡兵士に遭遇した場合、彼らを収容して部隊の欠員補充にあてること」としており、「出身地への帰還は全く想定されて」おらず、「故郷に帰るすべのない流亡兵士たちの一部は、こうして新たな内戦の戦場へと再び送り込まれていった」というのである（48～49頁）。

(2) 母村秩序の内部崩壊

さらに驚くべきことは、彼らを送り出した母村では、「出征中の兵士たちの妻や財産が奪われる」（51頁）などの無法事件が多発していたことである。「四川省政府社会処の行政文書ファイルには、窮地に陥って救済を求める兵士たちの陳情書が数多く綴じ込まれている。そこには、出征中に妻や家屋・土地・財産を違法に奪われ、生活のすべてを失い途方に暮れる彼らの姿が浮かび上がってくる」（49頁）という。まさに「一家の大黒柱の長期にわたる不在は、個別家族を越えた血縁関係内部にもさまざまに屈折した思惑や打算を交錯させ、容易には収拾のつかない骨肉の争いが演じられていたのである」（53頁）。かかる叙述に接し、総力戦が中国の地に引き起こしていた惨劇に対する想像力があまりにも乏しかったことに愕然とした次第である。

これらはいずれも兵士をめぐる問題であり農村的現実を直接に示すものではない。しかし、徴発された兵士たちの大部分は農民出身であり、兵士たちの命運が同じであるならば、労働力を奪われた農業経営が事実上崩壊せざるをえなかったことも、家長の不在が妻の略奪／売却を含むあらゆる犯罪の引き金となったことも同じであろう。中国は一つの国ではあるが、面積的には東欧圏をはるかに凌ぐ広大な広がりを有している。かかる大陸的広域において、すさまじい社会崩壊と流民化という中国革命と中国土地改革が直面していた現実を、まずは真正面から見つめるべきであった。

3　日本における戦後人口問題──東北アジアにおける人口移動の一局面

東北アジアとよんでいるのは日本・韓国・台湾であり、いずれも伝統的な

小農地帯である。戦前期は日本帝国圏を構成し、日本の敗戦とともにアメリカを中心とする連合国の占領を受けたが、直接地上戦を経験したわけではない。戦争にともなう人々の移動と困難には大きなものがあったが、一定の秩序を維持したという点では、敗戦を待たずにグーツ所有者の逃亡（農業経営組織の解体）と難民の大規模な逆流が生じていた東独とも、大量の兵士（基幹的農業労働力）流民化と母村秩序の崩壊が極点に達した中国とも明瞭に異なるのである。

　日本についていえば、敗戦後に帝国圏に拡散していた大量の人口が還流したことは同じであったが、人口比率でみれば一段階低いうえ、農業移民ウエイトが小さかったため、農村に与えた影響もなお限定的であった。農村人口の増大に伴い農家経営規模の零細化がすすんだものの、それ以上の変化には連動しなかったのである。やや遅れて開始された農地改革（農地所有権の付与）による矛盾緩和効果も大きかったであろうと推測される。個々の移動者たちが被った苦難を確実に含み込んだうえで、本稿では、大局的にみた場合の過剰人口・流動人口問題の様相の歴然たる違いに注意を払いたい。後述するように、日本の土地改革（農地改革）は戦前以来の農業改革運動の到達点という意味をもったが、それを可能にしたものが以上のような諸条件であったと考えられるからである。

　帰還した農業移民の運命について付言しておきたい。日本の農業移民はもともと「イエとムラの弥栄」のために他出（口減らし）を奨励された「過剰人口」であったから、敗戦という大状況の激変があったとはいえ、彼らを迎え入れることに母村は決して前向きではなかった。都市他出者の帰村であれば一時的なものと割り切れるが、農業者の帰還は家産としての農地の争奪にすら結びつきかねないものであるからである。したがって、日本政府の対処策は彼らを再び内地奥地へ開拓民として再入植させることを基本にし、実際イエ・ムラから排除された移民農業者（その圧倒的部分が満洲農業移民）の多くもまた内地奥地への再入植を試みたのであった。移民農業者と日本農業問題・農地改革はこのようなかたちで「切り離された」ともいえるであろう。

再入植者たちは、過酷な開拓農業を強いられた末、そのほとんどが失意のうちに山を下りることになったのである（満洲移民に続く二度目の「棄民」ともいえようか[11]）。しばしば「問題の隔離」こそ日本における支配・統治の重要なツールであった。

III 第二次大戦後土地改革の諸類型

　3つの土地改革類型の主な特徴は表1・2に示すとおりである。表2は、表1の内容を土地取得者の側から具体的にみたものである。階層区分方法が異なるものを強引に共通の指標で再分類しているため厳密な比較はできないが、その性格が大きく異なることは了解されよう。農業内的には、まずは、大土地所有制下の農業生産が小作小農[12]によって担われるか雇用型大経営[13]によって担われるかで、問題状況は決定的に変わった。前者においては、土地改革（小土地所有の分配）は農業経営に対し基本的には破壊作用はもたらさず、むしろ前時代から継承された経営（権）の決定的強化（自作農化）に帰結するが、後者においては、同じ土地改革（小土地所有の分配＝農民の創出）がそれまでの農業経営システムの破壊に結果するからである。

表1　第二次世界大戦後土地改革の3類型

	農地制度	固有問題	課題と方法
東北アジア型 （日　本）	地主制の高度展開 〈地主・小作関係〉	移民帰還	小作問題 〈自作化〉
東欧型 （東ドイツ）	大土地所有＝大経営制の高度展開 〈大土地所有＝大経営・農業労働者関係〉	難民流入* グーツ逃亡	難民定着 〈新農民化〉
中国型 （中　国）	地主制の低度展開※ 〈地主・小作関係／貧農問題〉	流民増加*	貧民問題 〈土地分配〉

注：「難民」とはドイツ帝国圏の崩壊にともなうドイツ人農民の難民化・ドイツへの還流をさす。ドイツ北部農村では住民人口が5割以上増加するような場合も珍しくなかった。これに対して「流民」は一国内部の流動をさすものとして用いた。ここでは、「低度」とは日本および東独と比較した相対的なものであると了解いただきたい。

193

表2　3類型における受益者（土地売渡し対象）の階層比較　　単位＝%

	小作農	零細農	農業労働者	その他	合計
東北アジア型					
（日　本）	100.0	—	—	—	100.0
（韓　国）	93.1	4.5	2.2	0.2	100.0
（台　湾）	95.2	—	4.8		100.0
中　国　型					
（中　国）	26.2	36.2	11.5	26.0 （町の貧民 11.7）	100.0
東　欧　型					
（東ドイツ）	7.7	21.8	21.4	49.1 （移住者・難民 16.3） （非農業労働者 32.8）	100.0

注：日本は、都府県平均2反未満層は売渡対象から除外しているので、「零細農」はないものとした。

　　韓国は、「韓国農村経済研究所資料（1984）」より作成。本資料については蘇淳烈全北大学教授のご教示をうけた。同資料の階層区分は（a）「既耕地の耕作農家」93.1％、（b）「過小農」4.5％、（c）「農業経営の経験を持つ殉国烈士遺家族」0.1％、（d）「営農力をもつ農業労働者」2.2％、（e）「海外からの帰還農家」0.1％であり、本表の「小作農」には（a）（b）、「農業労働者」には（d）、「その他」には（c）（e）をいれている。

　　台湾は、大和田啓氣「台湾の農地改革」同編著『アジアの土地改革』1963年、372頁より作成。同論文においては、「小作農」と「農業労働者」の2分類のみであり、そのまま本表の数値にした。

　　中国は、頼涪林「中国地主制と土地改革」『農業史研究』27号、1994年より。全国一本の数値がみあたらず、やむをえず、同論文における四川省合興郷の数値を便宜的に借用した。なお本データの出所は『四川省農業合作経済史料』四川省科学技術出版社。同資料の階層区分は、（a）「地主」4.2％、（b）「小作富農」1.2％、（c）「中農」1.4％、（d）「小作中農」25.0％、（e）「貧農」36.2％、（f）「雇農」11.5％、（g）「その他」8.7％、（h）「町の貧民」11.7％であり、本表の「小作農」には(b)(d)、「零細農」には（e）、「農業労働者」には（f）、「その他」には（a）（c）（g）（h）を含めた。

　　東ドイツは、クリストフ・クレスマン『戦後ドイツ史　1945-1955』未来社・邦訳1995年、原著刊行は1991年、95-96頁より作成。ここでは、（a）「農業労働者」21.4％、（b）「移住者・農民」16.3％、（c）「零細農民」14.7％、（d）「小作農」7.7％、（e）「職員他の非農業労働者」32.8％、（f）「旧農民への森林分与」7.1％と分類されている。本表の「小作農」には（d）、「零細農」には（c）と（f）、「農業労働者」には（a）、「その他」には（b）（e）を割り振っている。

1　東北アジア型類型

(1) 自作農体制の可能性

　東北アジアにおける大土地所有はすべて地主・小作関係という形態をとっている。農業生産の担い手は小作（小経営）であり、一部の非農業的過剰人口を引き受けざるをえなかったにせよ、その意味は限定的なものであったため、土地改革（小土地所有への分割）は基本的に直接生産者たる小作農への

土地分配＝自作農化へと結実できた。

表3（韓国）表4（台湾）に示されるように、この類型における土地改革の受益者（土地取得者）は当該農地を耕作していた小作農である（表示していないが日本の場合はほ100％）。東北アジアにおける土地改革の基本的特質を一言で表現すれば「小作解放」であり、小作農はこれまで自らが耕していた小作地の所有

表3　韓国における土地取得者の性格

土地買受け戸数比率	(％)
既耕地の耕作農家	93.1
過小農	4.5
農業経営の経験をもつ殉国烈士遺家族	0.1
営農力をもつ農業労働者	2.2
海外からの帰還農家	0.1
合計	100.0

注：韓国農村経済研究院資料（1984）より作成。本資料については蘇淳烈（現全北大学教授）ご教示をうけた。

表4　台湾における土地取得者の性格

土地買受け戸数比率	小作農	農業労働者	合計
買受け戸数比率（％）	95.2	4.8	100.0
買受け面積比率（％）	94.9	5.1	100.0
1戸当り買受け面積(甲)	0.73	0.80	-

注：大和田啓気「台湾の農地改革」（同編『アジアの土地改革』1963年）372頁より作成。甲＝0.9699ha

権を獲得し自作農化したのである（全小作地が自作地になったわけではないので、実体的には「自小作農化」である）。その結果、土地改革は農業経営自体を改変（破壊）することなく農業経営の連続的強化に帰結した。旧来からの耕作主体である小作経営を、高額小作料負担と耕作権不安の解消を通じて強化するところに土地改革の中心的な意味があったのである。

ただしこれは、自作化（小土地所有者化）という手法が小経営の連続的強化につながる「形式的可能性」をもつということにすぎない。実際に、生み出された自作農が自作農体制とよびうる実質を持ちえるかどうかは、農産物価格水準や土地改良等の技術的サポート程度および税制や土地制度などの総合、すなわち国民経済・社会における農業問題のウエイトおよび農民のヘゲモニーのありようによって決まるものだからである。

(2) インフレ効果の相違

3国・地域の農地改革効果に（意図せざる）大きな差異を持ち込んだものにインフレーションがある。開放（農水省の用法である）農地は地主から政府が買い上げ小作に売り渡すことになるが、支払方法の違いがインフレの意

味を変え、農地改革の意味も変えたのである。

　日本では、買収・売渡のいずれも改革当初に算出された地価（自作収益価格）を据え置いたまま金銭（ただし買収は金額表示の土地証券）で決済された。インフレーションは農地実質価格を大幅に下落させた（田1反が米1升といわれた）ため、購入者である小作層は大きな利益を得たのに対し、地主層は全く不本意な価格で売却を強制されるという不利益を被った。小作・地主で明暗がくっきり別れたのであり、この意味からも地主制は「徹底的に解体された」のである。興味深いのは、このような事態をjustice（ここでは公正性ということであろう）という観点から重く見たアメリカ占領軍は再計算の必要を主張したのに対し、改革遂行上の混乱を避けるという観点から日本政府がそれを受け入れなかったことである。アメリカ占領軍は、日本政府がたてた農地改革の当初構想（第一次農地改革構想）が不徹底であると批判して第二次農地改革に置き換えたのだが、ここでは逆に、農地改革実施過程に混乱が生じることを懸念した日本政府がアメリカの提案を拒否することにより、「予想外の」徹底性が生み出されたのであった[14]。

　他方韓国・台湾では、小作農たちの土地代金支払いは現物で行う方法をとったためインフレの作用を受けず、農民にとっての負担は変わらなかった。これは、もともと自給的性格が強い農民にとって貨幣での支払いを求めるのは困難であるうえ、経済が不安定な状況下ではその困難が一層増幅する危惧もあることへの配慮であったと考えられる[15]が、折からのインフレーションは結果として農民層にとって不利（負担水準の維持）に働いたのである。他方、国家から地主に対する支払いは、韓国では土地証券（日本と同じである）で、台湾では土地証券と公営企業の株券を媒介にした貨幣でおこなわれたため、インフレ（貨幣減価）の進展に比例して地主収入は実質的には大幅減となった。インフレーションが地主層に一方的な犠牲を強いたことは日本と同じであるが、決定的に異なるのは、そのメリット（インフレの影響を受けない土地購入者からの収入と決定的な減価をみた地主への支払いとの差額）を国家が独占したことであった。一般に、土地改革にとっての最大の障害は土地買収財

源の不足であり、国家財政の欠乏が後発国で容易に実現できない重大条件となっているが、韓国も台湾もインフレ効果をうまく国家が吸収することによりその難問を一気に解決したといえよう。

(3) 韓国農地改革の論理

韓国農地改革は、アメリカ軍政部が1948年3月に旧日本人帰属農地を開放（第一次農地改革）した後、1949年に至り韓国政府自身により朝鮮人地主所有地も含む土地改革が実施される（第二次農地改革）という二段階で行われた。先に述べたように、日本では、日本政府が自前の農地改革（第一次農地改革）実施に踏み切ったにもかかわらず、アメリカ占領軍はそれを「不十分」として認めず第二次農地改革への移行を強要したが、ここにおけるヘゲモニーのあり方とは、いわば正反対であったところが注目されよう（韓国における内在的ベクトルの乏しさ）。しかも、蘇淳烈によれば、そこで発揮されたアメリカ占領軍のヘゲモニーの内容自体にも大きな差異があった。日本においては、「非軍事化、民主化の手段（これも占領政策という観点からではあった……野田）として行なわれたが、韓国においては、アメリカ軍政府は解放者と占領軍という両側面を持ちつつも、なにより反共政策の一環として強く位置づけられた」のである[16]。

韓国農地改革が、「国家財源」と「民族資本」の創出に寄与したことを高く評価する金聖昊の見解をみておきたい。金によれば、上述の納付・支払形態のからくりを利用して、韓国政府は必要財政規模の「倍ちかく」の収入を得、その後の農業投資の財源にもそれを充当しえた。また、「実勢地価が大幅に下落したにもかかわらず日本人帰属施設の買い受け代金として『土地証券』を額面価格通りに通用させた」ことが「実勢価格のほぼ四分の一」での資本調達を可能にした。金によれば、韓国農地改革の基本的意義は「自作農と同時に民族資本を生み出した」ところにあったというのである[17]。なお、これに対して蘇は、これは重要な指摘ではあるが過大評価であり、韓国資本主義形成については1950年代におけるアメリカの援助をより重視すべきであると批判している[18]。いずれにしても、「程度の問題」としてはなお議論が必要

であるが、農業内的効果が決定的な日本農地改革とは大きな差異であることは間違いないであろう。

(4) 農地改革課題・効果の相違

他方、台湾では地主への支払いに公営企業株券（全体の3割）が充てられたが、その実態は、「民間払い下げという名の下で、公営企業の資産を過大評価し、強制的に地主への補償価格の一部として売り渡した」ものであり、国家財政を補塡するとともに、産業資本を生み出す役割を果たしたという[19]。ここでも農地改革は、脱植民地期の「民族資本」創出に寄与したのであった。

以上のようにみれば、日本農地改革の徹底性に対し韓国および台湾農地改革の不徹底性を問題にしてきた通説は、農業内的には妥当であるにしても、各々の農地改革がおかれた全体構図に対する配慮を欠いているといわなければならない。基本的に農業内的なベクトルに立脚して実施された（実施できた）日本農地改革はいわば「例外」であったのであり、旧植民地という制約のもとで国家的・資本的視点を加味する必要が強かった韓国・台湾における農地改革はより多元的な役割を背負ったのである。そもそも、地主制の解体という側面だけからすれば、いずれもインフレの犠牲を地主に集中的に押し付けることにより大きな変革力を有したのであり、その結果とくに韓国における残存小作地率は8.1％にまで低下し（1951年）、日本（9.9％、1950年）を凌ぐ解体度合いを示したのである。

2　東欧型類型（東ドイツ）

東部ドイツは日本では広くユンカー（注4に記した理由により、以下特別な場合を除きグーツ所有者と表記する）と通称された大地主＝農業資本家の牙城であった。イギリスで発達した3分割制とは大地主・大農業資本家・多数の雇用労働3者の結合であったが、グーツ経営では前2者が同一人格で体現された大地主による農業直営形態である。ここでは、大土地所有の分割は2つの難問を生み出すことになる。第1は、経営資本（生産手段）である。大経営適合的生産手段（大型畜舎など）は分割不能であり、大型機械や大家畜

も小規模農家では使用することはむろん維持することさえも困難である。第2は経営能力である。雇用労働者は経営者の指揮のもとで部分労働をこなすだけであり、経営全体に通じたものではないからである。したがってここでの現実的・合理的改革は、論理的には労賃確立をベースにした①類似のコース（近代的大経営への発展）となろうが、それがすでに不可能であるとすれば、徐々に経営担当能力のある中経営（雇用労働に依拠しつつも直接農耕に携わる有力農民）の創設を継続していくことがオーソドックスな対応方向であると考えられる。いわゆる内国植民はこのライン上にあったのであろう。

(1)「国民皆農化」[20]策としての土地改革

ソ連軍の反攻にともない発生したグーツ所有者逃亡（農業経営組織の解体）と難民大量流入およびソ連軍の経営資本強奪は、この地の土地改革を著しく特異なものにした。ここで必要とされた土地改革は、人びとをともかくもつなぎ留めかつ食を確保するための「非常」対応、いわば「国民皆農化」策としての土地改革であったからである。表5から東ドイツ土地改革の受益者を確認すると、獲得農地面積の比重（8割弱）においても単位農場の規模（8ヘクタール前後）においても、旧グーツ農業労働者と難民が中軸にある。「国民皆農」とはむろんシンボリックな表現であり、「できるだけ多くの人々が農に携わる」という意味である。しかし、8ヘクタール前後の農地を経営するには、まずは耕起のための牽引力（とくに馬）がいる。それが決定的に不足したとなれば、かかる不足を少しでも補うための特別の体制が必要となる。「従って馬は事実上「村の馬」としてあらざるをえなかった……村農民協議会の重要な役割の1つが、そうした馬利用の管理であった」（足立前掲書73頁）のである。土

表5　東ドイツにおける土地取得者の性格

受益階層	受益面積比率（％）	平均受益面積（ha）
土地なし農民と農業労働者	42.6	7.8
移住者（難民）	34.8	8.4
零細農民	12.5	3.3
小作農	1.8	1.0
非農業労働者と職員	5.3	0.6
旧農民への森林分与	3.0	2.0

注：クリストフ・クレスマン『戦後ドイツ史 1945―1955』未来社、1995年（原著出版1991年）、95-96頁、より作成。

地改革が「集団化」に向かう1つの端緒的ベクトルがここに見えている。

私はかつて（2000年9月20日・於ブダペシュト）、元ハンガリー農業情報研究所（AKKI）所長でハンガリー土地改革にも関与した経験をもつJ.マルトン博士に、「第二次大戦後にはハンガリーのような大農地帯でもまずは土地分配をおこなったことが興味深いが、それは経済と生産力を犠牲にしてでも社会政策的な改革が必要だったということか」と問うたことがある。それに対する氏の回答は、「そうではない。トラクターはソ連軍に持って行かれ、馬はソ連軍に食べられてしまった。生産手段が決定的に不足していたこの時期には、手労働でもがんばる意欲を持たせることだった。土地分配こそ最も有効な生産力対策であったし、実際食糧切符制からいち早く脱したのもハンガリーだった」というものであった。この段階では私に、「ソ連占領下の東部ドイツで工夫された「村の馬」システム」に関する知識がなかったためにこれ以上の質問（＝馬をどうしたのか）ができなかったが、「土地分配という社会政策が同時に最高の生産力対策でもある」という言葉には「目から鱗」の思いであった。当該期の東欧諸国では、このような関係が成立してしまうほどの深い「危機」のなかにあったことが確認されるべきなのであろう。

(2) 農業労働者・農業難民と社会主義

「国民皆農」策としての土地改革は、経済復興が課題になるなかでむろん大幅な修正を余儀なくされる。「生産力的合理性」が求められてくるからである。そのポイントは、農業生産力の基軸を構成する大型家畜と大型農業機械の確保と、必要な場所と時期における適正な配備であった。このような観点からLPG（農業生産協同組合）の建設が必要とされ、急ピッチで取り組まれることになった（「集団化宣言」1952年）。これは、かつてのグーツ経営という大経営の経験をふまえつつ、トラクター段階に到達した農業機械化レベルという新しい条件に立脚することによって描かれた社会主義農業であった。こうして、「小土地分割（国民皆農化）による難民問題への対処」という一段階を経て「社会主義的集団化」に転轍するというコースがこの類型を特色づけることになったのである。

足立によれば、「東ドイツ農村の「社会主義」は、その喧伝された階級イデオロギーとは異なり……戦後難民の入植過程としての側面を、したがって、「入植型社会主義」ともいうべき性格を濃厚に帯びつつ形成された」(578頁)。典型的な大経営地帯(すなわち農業労働者地帯)であった東ドイツにおいて、土地改革(新農民村落の形成)から集団化への過程で主体的な対応をみせたのは農業労働者ではなく外部からの「入植者」たる農業難民たちであったというのである。同じ世紀の初頭には第二帝政期における「内地植民政策」があったが、これは当時のポーランド人農業労働者の流入に対する強い危機感に裏打ちされつつ、「グーツ経営を分割して農民経営を創出」しようとするものであった。「入植型社会主義」とは、その「植民政策」の戦時＝領土喪失におけるミゼラブルな再版というべきものとみなせるということであった。「社会主義理論」からすれば新しい社会経済体制の主人公として期待されるべきグーツ農業労働者であるが、自己認識においても社会の眼差しにおいてもむしろ「底辺」化し、沈潜を余儀なくされたという。そうだとすれば、「社会主義農業(もしくは農業の社会主義化)」なるものの内実もまた「理論」とはかけ離れたものであったといわなければならない[21]。

3　中国型類型

(1) 中国土地改革のユニークネス

　中国は東北アジアすなわち日本・韓国・台湾と同様の小経営卓越地帯に属しながら、土地改革の結果が自作農体制には結びつかず、互助組から合作社を経て中国型の社会主義的大経営である人民公社制に帰結したという点で際立った特徴を持っている。それは次に述べるように、改革受益者(土地取得者)の中間的性格すなわち農業経営担当能力に欠けたものも大量に含みこまざるをえなかったという事情に対応していると考えられる。

(2) 拡大された土地改革受益者

　受益者(土地取得者)の性格を、先の表６を用いて再度確認すれば次のようである。全国数値が不明なため、ここでは頼涪林が明らかにした四川省合

表6　中国における土地取得者の性格
(四川省合興郷の場合)

受益階層	受益戸数比率（%）	受益面積比率（%）
地主	4.2	5.2
小作富農	1.2	1.8
中農	1.4	1.8
小作中農	25.0	31.9
貧農	36.2	36.1
雇農	11.5	7.8
その他	8.7	7.8
町の貧民	11.7	7.6
合計	100.0	100.0

注：頼涪林「中国地主制と土地改革」『農業史研究』27号（1994）より。
　　原資料は『四川省農業合作経済史料』（四川省科学技術出版社）。

興郷の事例研究[22]に基づいている。これによれば、受益者に占める小作系諸階層（「小作富農」「中農」「小作中農」）は戸数で27.6%・受益面積で35.5%あり東北アジア型特徴をもつことは間違いないが、同時に経営実績どころか営農経験自体を殆ど欠いた者（「雇農」「町の貧民」「その他」）が戸数で31.9%・受益面積で23.2%を占めており、東欧型の性格を併せもっていた。したがって、深刻な過剰人口対策・社会安定策としての土地改革が一段落した後は、その結果生み出された経営能力に乏しい膨大な過小農の再没落・再流民化を防ぎつつ、国民経済が直面している食糧問題に対処するために、生産力向上と経営安定化さらには生産物調達（国家的収奪の合理性）を加味した新たな対応（集団化）が必要とされたと推定される。過剰人口問題のウエイトが高く、農業内的・農村内的必要性とともに、土地ファンドを使った全社会的・国家的危機への対応という性格がより強かったという点で、中国土地改革は、東欧型土地改革と東北アジア型土地改革との、いわば中間的位置にあるものと位置づけておきたい。

さらに、頼が「土地改革を村をこえた郷の規模でおこなったこと」の意味を次のように述べていることに注目したい。「村あるいは村落は1カ所に集ってすむ場所であり、多かれ少なかれ共同体的性格がある（ただし、同じ四川省でも成都平原地域では散居の場合が多い、という）。それに対して、郷は大抵に農村集市の市場圏の範囲と重なり合う。郷を土地改革の単位とすると、村の限界が法制度で否定され、村以外の人々は土地改革によって村の土地を分配され村に住み込むことができる。それは、特に郷の町に住んでいる非農業人口に対して重要な意味がある。ここに中国土地改革の性格を示す重

要なポイントの1つが見いだせる」[23]。土地改革が課題としたのは農業・農村問題のみならず都市も含む過剰人口問題一般であり、およびそのことが郷を単位としたことの積極的意味であるとの指摘であり興味深い[24]。

(3) 革命のための土地改革

さらに注目すべきは、他の東北アジア諸国・地域の土地改革はいずれも確立した支配権力のヘゲモニーにより（＝国家の政策として）実施されたものであるのに対し、中国土地改革はむしろ「敵」をあぶり出し革命的高揚と革命運動の正当性を調達するための「手段」として取り組まれたことである。中国土地改革が多分にこのような性格を帯びたのは、指導部隊である中国共産党を取り巻く国際的・国内的な政治的緊張とともに、戦争の創りだした旧秩序崩壊とそれが生み出した過剰人口問題化の深刻さ、およびもともと掌握が困難な農村社会のあり方などの諸事情が重なったからなのであろう。

鄭前掲書は、江西省井岡山市（旧寧岡県）龍市鎮の実証分析を通じて、困難に直面していた土地改革が、政権の強力な介入（「整頓」）が繰り返されることにより革命化されていった過程、および朝鮮戦争の勃発（1950年6月）が土地改革をめぐる緊張感を一気に高めた状況を明らかにした。「全国的に反革命鎮圧運動が本格的に展開されたのは、朝鮮戦争への出兵」決定を契機としており、以後「毛沢東の意思の下、各地では処刑される「反革命分子」の数に関してノルマが定められ、運動は拡大され……地主に対する階級闘争が強調されるようになった」（148頁）。「処刑数のノルマ」という言葉に驚愕するであろう。東ドイツ土地改革も確かに荒々しい変革であったが、ここで起こったのはグーツ所有者や大農の「逃亡」であって殺戮（処刑）ではなかった[25]。中国土地改革は民衆運動の力で多数の地主の命を奪ったという点で、「土地改革の時代」の特異点をなすといってよい。分析対象地では、3度の「整頓」が繰り返されることによりやっと農村掌握が可能になったが、「国家権力の浸透」は「末端行政組織の幹部個人を通して行われていた点においては」変わりなく、結局「農民協会は……社会内部から生まれたもの」（153頁）にはなりえなかった。それが「貧農と中農を組織して地主と階級闘争を行うよ

うな組織を作ることができなかった」理由であるが、もともと「地主の土地所有面積が比較的少な」く「地主制に基づく対立はもともと弱」いという事情があった。加えて「家族・宗族を基本とする農村地域では共産党が想定するような農民と地主との階級対立がそもそも明確ではなかった」(153頁)のである。すなわち、江西省井岡山の事例分析からみる限り、ここでの「土地改革」は、「ある階級矛盾」よりも「階級矛盾をつくる」ことを課題にしていたといえ、この点においても「土地改革の時代」のいま1つの特異点を構成していたのである。

(補) 東南アジアにおける土地改革
(1) 土地改革の不全

　東南アジア諸国についてふれておきたい。この地では土地改革そのものが十分遂行されず、実施された場合でも生み出された小農の多くが定着しにくかったと言われている。

　この点につき、水野広祐・重富真一編『東南アジアの経済開発と土地制度』(アジア経済研究所、1997年)の範囲から若干のコメントをしておきたい。同書から抽出しうる東南アジア諸国にみられる土地改革(もしくは土地問題)の共通項は次の2点である。1つは土地改革後も私的土地所有権が不安定なことである。それは技術や予算の不足が原因なのではなく、「西欧の制度を導入する以前に土地と占有者を特定する制度がなかったということ(ジャワ)、政府自体が地税確保を優先するあまり土地所有権の確定に熱心ではなかったり(ビルマ)、慣習法の発想に立つため土地私有権を認定することに消極的であった(インドネシア、マレーシア)ことによる」という。2つは、生み出された私的土地所有権に対する国家的制約の強さである。それは先進諸国における私的土地所有規制とは異なり、「脆弱な土地権や所有権の確定されない土地に対してなされるのであって、それが国家の一方的な土地利用の強制となって現れ」ており、「むしろ小農民の生活基盤を脅かす方向にしか作用していない」という。

小経営地帯という点で東北アジア地域と同じであってもその自立性・定着性ははるかに低く、土地に対する権利は多面的かつ未分化であり、また歴史的にも土地収益に依存する度合いが低かった（非農業的社会であったといったほうがよいかもしれない）などの諸条件ゆえに、近代的（＝排他的な私的）土地所有権を設定することの意義は相対的に低かった。他方、それが強行された場合のコンフリクトは極めて大きなものとなり、かかる状況下でそれを遂行しようとすれば、多分に開発独裁型志向を帯びた国家の介入（国家による私権の吸収すら）を伴わざるをえなかったのであろう。

(2) 小農の安定性

坂根前掲書は、大田敏兄が示した岡山県の小作期間（3年未満は2.1％、5年以上が90.0％、うち30年以上が37.0％に達する）とともにバングラディシュ（3年未満が55.3％、うち1年以下30.8％）インドネシア（3年未満が66.2％、10年以上12.3％）中国河北省（3年未満48.5％、うち1年以下27.5％。10年以上28.1％）などを比較対照させ、日本の際立った長さを指摘している[26]。なお頼によれば、1941年に調査された四川省における小作契約期間は1年〜80年にわたり広く分布しており省平均は10.27年であったという[27]。坂根が紹介した河北省の数値とあわせると、日本が際立って長く、中国がそれに次ぎ、東南アジア諸国は極めて短い可能性が高いと、ひとまずはその特徴を読み取っておくことにしたい。

以上は地主・小作関係の持続性であるが、おそらくは契約関係の安定性という問題にとどまらず、小経営・小所有自体の安定性／不安定性と裏腹の現象なのであろう。これまでみてきたような小経営地帯における土地改革の現実的効果—すなわち、土地改革を完遂し自作農体制を生み出した東北アジア、革命運動の一環として土地改革を遂行したものの引き続き集団化措置を必要とした中国、土地改革をめぐる権力と社会の合意が弱く挫折を余儀なくされた東南アジアという3類型は、地主・小作関係の持続性および小所有・小経営それ自体の安定性にも規定されたものであったと考えておきたい。

IV 日本農地改革の基本的特質

1 歴史と論理―第一次農地改革という存在

　日本の農地改革は、第二次大戦後の未曾有の危機に対する対処策という点で「土地改革の時代」の一環をなしていたが、同時に戦前期の分厚い土地闘争と土地政策の〈到達点〉という性格をもつという点で極めて特異であった。それは、占領軍主導で行われたいわゆる戦後改革のなかで「唯一日本側から提起できた」もの[28]であったことに端的に示されている。あまり知られていないことだが、「提起された」だけでなく、それ（第一次農地改革）は帝国議会で可決され一部実施に移されたのである。占領軍はこれに待ったをかけ、より「徹底した改革（第二次農地改革）」に置き換えたのである。日本が自らつくりあげた〈到達点〉の意味を第一次農地改革のなかに見出し、その「否定（飛躍）」の論理を第二次農地改革（通常いわれる農地改革とはこれであ

表7　第一次農地改革と第二次農地改革の比較

項目	第一次農地改革	第二次農地改革
①小作地買収基準	不在地主の全小作地　在村地主の都府県平均5町歩以上	同左在村地主の都府県平均1町歩以上
②買収方式	市町村農業会・同農地委員会等の申請に基く地方長官の譲渡命令による	①の基準に基づく強制買収
③遡及買収	規定なし	1945年11月23日時点の状況に遡及*
④売渡対象	当該小作地の耕作者	当該小作地耕作者で経営規模二反以上の者
⑤実施期間	5年間	2年間
⑥農地委員会構成	地主5人自作5人小作5人地方長官選任3人　計18人	地主3人自作2人小作5人計10人
⑦在村(不在)地主規定	在村地主所有地は、地主居住町村の隣接市町村にある土地まで認める	在村地主所有地は、地主居住町村内農地のみ
⑧自作地所有限度	なし	都府県平均3町歩

注　：農地委員会記録委員会編『農地改革顛末概要』御茶ノ水書房（再刊1977年、原本1951年）102-152頁より作成。
注2：＊閣議決定された第二次農地改革構想公表の日

る）から見出したい。

　表7から第一次農地改革の基本的特徴を概括する。第一に、占領軍の意向を待たず、全面的な地主制の解体・再編を決定していたことが特筆されるべきである。第二に、内容的には、(a)「土地管理も財政負担もしない」存在として大正期小作争議が主たる攻撃対象にした不在地主の全面開放に踏み切ったことが象徴的であり、かつ (b)「在村耕作地主を中心にした農村再編」という農山漁村経済更生運動以来の農村政策を土地改革において明瞭に示したものといえる。自作地に所有限度を設けず、在村地主に五町歩の小作地所有を許容した（小作地開放率はその分低下する）ことには、在村地主自身が最大規模の耕作者になることが想定されていたと言われている[29]。同層は、政治的・社会的主柱としてのみならず生産力反当層としても期待されていたのである。しかし第三に、農地改革を短期で厳格にすすめるという点では大きな弱点があった。具体的な実施は申請に基づくものとされたし、申請母体において小作側の利害が尊重される仕組みは決して十分とはいえなかったからである。

2　第二次農地改革への飛躍
(1) 農地改革方式と開放実績

　第二次農地改革は、表7における項目①⑦により小作地開放率を飛躍的に増し、②③⑤⑥により地主層が抵抗する余地を大幅に縮減した。また①④⑧には、両改革の生産力視点・経営視点の差が示されており興味深い。

　主軸は、①＝小作地の強制買収であるが、⑧＝自作地でも3町以上の「不適正」経営は買収の対象となった。また、開放面積でみれば農地は五割強にすぎず、「未墾地」が3割5分「牧野」が1割強に達していること（表8）、その他に1億坪近い「宅地」と4万棟をこえる「建物」や「水路」「農道」「溜池」「防風林」などの開放もあったこと（表9）は意外でもあろう。これらは、地元の要請にもとづきその必要が認められたものであった（客観的基準に基づき実施された小作農地買収＝「当然買収」に対し「認定買収」とよ

表8 農地改革による土地開放実績（1946年度〜50年度の集計）　単位＝町歩、%

	合計	買収	所管換・所属替				
			合計	財産税物納	旧軍用地	国有林野	その他
農地	1,968,146	1,782,689	185,457	176,077	9	ー	9,371
	54.2／100.0	64.5／90.6	21.4／9.4	100.0／8.9	0.0／0.0	ー／ー	ー／ー
牧野	394,099	373,534	20,565	ー	ー	ー	20,565
	10.8／100.0	13.5／94.8	2.4／5.2	ー／ー	ー／ー	ー／ー	ー／ー
未墾地	1,271,625	609,696	661,929	ー	198,818	224,705	238,406
	35.0／100.0	22.0／47.9	76.3／52.1	ー／ー	100.0／15.6	100.0／17.6	100.0／18.7
合計	3,633,870	2,765,919	867,951	176,077	198,827	224,705	268,342
	100.0／100.0	100.0／76.1	100.0／23.9	100.0／4.8	100.0／5.5	100.0／6.2	100.0／7.4

注　：農地改革資料編纂委員会編『農地改革資料集成』第11巻、農政調査委員会、1980年、726頁「2 農地改革実績年度表」より作成。

表9　宅地建物農業用施設開放実績

項目	宅地（坪）		建物（棟）	池沼溜池（反）	水路等（反）	堤塘（反）	農道（反）	防風林地等（反）
	住宅	その他						
買収	95,829,857	34,909	6,184	21,522.8	3,452.0	1,145.9	1,615.6	1,274.3
所管換・所属替	2,006,457	84	29	176.5	204.9	1.5	567.3	9.6
合計	97,836,314	34,993	6,213	21,699.3	3,656.9	1,147.4	2,182.9	1,283.9

注　：前掲『資料集成』第11巻、104-112頁。「12-1　宅地建物農業用施設の買収　その1／その2／その3」より作成。

ばれた）。

　「小作地買収（当然買収）」の対象は、「不在地主所有の全小作地と在村地主所有の都府県平均1町歩を超える小作地」であった。実際には、土地所有状況を勘案して都道府県ごとに決められ、最小は広島県の5反から最大は青森1.5町までの幅があった（北海道は別枠で4町歩）。同様に、「自作地保有限度」も都府県平均3町歩以上が一つの目処ではあったが、最小の広島1.8町歩から最大の青森4.5町歩までの開きがあった（同様に北海道は12町歩）。なお、各都府県はさらに内部を状況の違いに応じて2地区（一部はそれ以上）にわけていたから、実際のばらつきはさらに大きなものとなった[30]。それは、地域差をできるだけ織り込んだきめ細かな配慮をしたということであり、短時日にこのような対処が可能であったのは、戦時農政における地域重視の実績が積み重ねられていたからである[31]。

表10　経営規模別小作地面積およびその変化(≒小作地開放規模)　　単位：町歩、％

経営規模	小作地面積			同比率			
	1938年①	1950年②	①－②	1938年	1950年	①－②	②／①
5反未満	236,481	137,266	99,215	52.1	22.2	5.4	58.0
5反〜1町	598,250	196,324	401,926	50.8	14.0	21.9	32.8
1〜2町	900,206	196,737	703,469	44.9	9.4	38.3	21.9
2〜3町	291,293	47,479	243,544	40.0	6.7	13.2	16.4
3〜5町	186,222	30,428	155,794	42.8	6.7	8.5	16.3
合計	291,067	56,826	234,241	42.5	5.8	12.7	19.5

注：農林省「我が国農家の統計的分析」1938年、同「第26次農林省統計の概要」1950年。①－②は開放小作地面積比率の近似値、②／①は小作地残存率の近似値を示す

農地改革は実質的には2年で主要部分を終了した。その結果、田畑小作地率は45.9％から9.9％に減じ、地主制は解体され自作農制におきかわった。

(2) 農業経営問題への配慮

注目すべきは、受益者（土地取得者）が中農（専業家族経営）的性格を帯びていたことである。表10から開放小作地面積の階層分布をみると、最大の受益階層は1〜2町経営層（当時の中農層である）であり全体の38.2％を占め、また同規模以上各層を合計すると実に72.7％に達する。他方、貧農的色彩が強い5反未満層についてみると、開放小作地面積はわずか5.4％にすぎないうえ、小作地開放率（同層が耕作していた小作地のうち開放をうけたものの比率）もまた際立って低い（全層平均の6割未満）。一律的・強制的に行なわれたはずの小作地開放率にこれだけ大きな差ができた最大の原因は、都府県平均で経営規模2反未満最下層が改革対象から除外されたことにある。また「認定買収」は「当事者の申請に基づき、生産力的に有意義だと判断されたもの」についてのみ実施されたことにも注目したい。「農地改革は地主制の解体には貢献したが生産力的・経営的効果は乏しく、むしろ逆効果すらあった」と言われることが一般的である。もちろん農業労働力の不足に頭を痛めていた戦時体制とは異なり、戦後に直面したのは膨大な過剰人口の農村還流という事態であったため、経営構造の改革は固有の論点にならず「土地所有関係の変革」と「小土地所有の散布」による過剰圧力の吸収（社会安定）に圧倒的な関心が傾けられた(生産力政策から社会政策への軸心移行)のだが、

後述するように、世界的にみた場合、かかる政治的・社会的要請（農村民主化）とともに生産力的・経営的視点がともかくも両立しえた（少なくとも決定的に排除されなかった）ことにこそ、日本農地改革の最も注目すべき特徴があった。

3　実施主体＝農地委員会の設置範囲と構成

　農村現場で改革を担ったのは、市町村を単位として設立された市町村農地委員会であり、階層別選挙で選任される地主3・自作2・小作5計10人の委員で構成された（他に定員外として中立委員を全委員の同意を条件に選ぶことができた）。委員会は平均すれば月に1回ほどのペースで開催され、買収・売渡計画の立案・確定と異議申立の処理を行なった。

(1) 専任書記と部落補助員

　農地委員会が円滑に運営されるための前提は、土地台帳の整備から買収売渡計画の樹立とその実施を支える膨大な実務が確実に処理されることである。この大役を担ったのが「専任書記」であった。彼らは全国平均で実に20.1％が疎開者および引揚者・復員者達すなわち農業・農村以外の経験の持ち主であり、学歴も高く年齢は若く、かつ当時の農村組織と比較すれば女性の比率は歴然と高かった。また多くは「農地改革の理念に共感する進歩的な希望に燃えた青年」でもあった。彼らは表舞台に出る存在ではなかったが、大きなインパクトを農村にもたらすとともに農地改革の実際上のプロモーターであったのである。他方、主に部落内部の問題調整に当たったのが各部落に置かれた「部落補助員」であった。「履歴からみても書記には引揚者や帰農者などの青年が多かったが、部落補助員には村にあって農業を護り続けた壮年が多かった。かかる部落補助員の機能は進歩と保守の両面に作用した。改革事業の基礎となる綿密な調査に協力し、事ある毎に隣人の立場を公平に観察して委員会の判断を誤らせなかったのは、かゝる補助員達」[32]であったといわれている。

(2) 農地委員会を支える力

こうして市町村農地委員会には性格を異にするいくつかのベクトルが交差することになった。①専任書記を媒介にした「中央農地委員会（政府）―市町村農地委員会」ライン、②指導と訴願上程の相互関係を軸とする「都道府県農地委員会―市町村農地委員会」ライン、③実施計画の樹立・遂行の責任単位とムラレベルでの現実的な問題調整との支えあいを軸とする「市町村農地委員会（農地委員）―部落（部落補助員）」ライン、および④階層別利害を反映する「地主層（地主委員）―小作層（小作委員）」ライン（自作は「土地所有者」として地主層といっしょに括られることが多かった）などである。農地委員会外部の諸運動と連絡がある場合には、それを結ぶベクトルがさらに追加された。たとえば、農民運動と小作農および小作委員、地主運動と地主および地主委員、農地委員会職員労組と専任書記などである。これらのベクトルを束ね、農地委員会の運営を舵取る位置にあったのが、農地委員会長でありそれを主に実務の側から補佐する専任書記であったといえよう。農地委員会長は委員の互選で選出される。どの階層から選ばれるかは当該農地委員会の対処姿勢を左右する重大問題であったことは間違いないが、上述のように農地委員会には多様な力学が影響を及ぼしていたのであり、世界的にみれば、極めて順法的な枠組みのなかで巨大な改革が遂行された稀有な例となったのである。

4　農地委員会の問題処理能力

(1) 異議・訴願と訴訟

　市町村農地委員会では買収・売渡計画を樹立し、農地委員会で承認されればそれを関係者の縦覧に供する。関係者（当該地主・小作人）は、不服がある場合には「異議」を申し立てることができるのである。したがって、寄せられた異議を吟味し当事者の納得をえられるような解決策を見出すことが、市町村農地委員会の大きな仕事であり苦労になった。しかし市町村農地委員会で解決できなかった場合には都道府県農地委員会に訴願として提起されることになる。そして、そこでも結論が得られなければ、農地委員会を出て裁

判の場に争われることになるのである（訴訟）。

　1947年～49年の実績は、全国総計で異議約9万4千件・訴願約2万5千件・訴訟約4千であった。異議件数は買収関係のみで売渡関係が含まれていないので、便宜上訴願に占める「売渡」関係件数比率が11.1％であったことを勘案してその分を付加すれば約10万4千件となる。これを使って、訴願化率（訴願件数／異議件数×100）・訴訟化率（訴訟件数／訴願件数×100）を算出すると、前者は約24％・後者は約16％であった。なお訴訟件数の異議件数に対する比率は4％弱となる。言いかえれば、市町村農地委員会は異議として申し立てられたもののほぼ4分の3を自前で解決し、都道府県農地委員会は訴願として持ち込まれたもののうち約6分の5を自前で処理しえたが、当初申し立てられた異議のうち約25分の1は訴訟にまで持ち越されたのである。

　ただし、買収・売渡計画の樹立に際しては、事前に関係農地等の一筆調査がなされ実態が把握された後、関係地主・小作人との調整がなされることにより計画が取りまとめられたのであり、異議申立自体がかかる調整不調の結果だという側面があった。全国の市町村農地委員会総数は約1万9百[33]であるため、平均異議申立件数は一委員会あたり約8.6となる。ちなみに、農地買収にかかわる異議申立ては、論理的には買収農地すべてで起こる可能性がある。この意味で買収農地全筆数3千2百万[34]に対する申立て異議数の比率を算出すれば、0.29％……1千筆のうち3筆未満となる。諸問題の大部分は農地委員会に買収計画が提出される以前にすでに調整され「合意」をみていたのである。いずれにしても、市町村規模（平均開放農地筆数約3000）の農地改革が平均すればわずか9件未満の異議申立ですんだこと自体が驚くべきことであったといえよう。農地委員会の処理能力は驚異的に高く、紛争化は「事前調整」によりかなりの確率で阻止されたと言ってよいのである。これは「世界」の土地改革と比べてみると歴然とするであろう。

(2)　土地取り上げへの対応姿勢

　しかし「事前調整」の成果だけではなく、その内実すなわち、調整過程を貫く論理をみる必要があろう。「調整」の見事さが地主支配の結果である可能

第 6 章　「土地改革の時代」と日本農地改革

表 11　小作地引上げの許可率（都府県・1946 年 11 月 22 日～48 年 6 月 30 日）　　単位：％

(イ) 地主・小作経営規模別許可率

経営規模	地主	小作
不耕作	41.0	―
2 反未	50.2	45.2
2-5 反未	57.3	49.8
5 反-1 町未	55.8	54.6
1-1.5 町未	48.4	60.4
1.5-2 町未	44.1	61.3
2-3 町未	42.4	59.7
3 町以上	26.2	60.6
合計	52.7	54.4

注：前掲『資料集成』、第 11 巻、「8 − E. 耕作面積広狭別当事者数 (1) 昭和 21 年 11 月 22 日→昭和 22 年 12 月 31 日」(876-877 頁)、「同 (2) 昭和 23 年 1 月 1 日→昭和 23 年 6 月 30 日 (a) 耕作を目的とする地主の取上 (i) 要求地主」(880-882 頁)、「同 (2) (b) 使用目的変更をともなう地主の取上 (i) 要求地主」(884 頁) より作成。

(ロ) 申請理由別許可率

帰農	引揚げ	51.3
	失業・戦災	46.9
	不耕作地主	36.3
経営規模拡大	生活困難	41.4
	生活困難	42.3
	労力増加	36.6
土地交換		42.9
使用目的変更		65.8
一時賃貸事由の解消		72.1
小作人の信義違反		37.7
その他・不明		46.4
合　計		51.3

注：前掲『資料集成』第 11 巻、「8-D　申請理由別件数 (1) 昭和 21 年 11 月 22 日→昭和 22 年 12 月 31 日」(872-3 頁)。「同 (2) 昭和 23 年 1 月 1 日→昭和 23 年 6 月 30 日」(874-5 頁) より作成。「許可率＝許可件数÷申請件数×100」で産出。

性もありうるからである。ここでは、地主による最も直截な抵抗運動であった「土地引き上げ（統計上の表現である）に対する市町村農地委員会の対応姿勢を検討することにより、この問題を考えることにしたい（表 11）。

「小作地引き上げ」関係地主・小作層の経営規模別許可率を比較してみると、地主層においては、許可率が高い順に経営規模 2～5 反層（57.3％）、5 反～1 町層（55.8％）、2 反未満層（50.2％）となり、小作層では 1.5～2 町層（61.3％）1～1.5 町層（60.4％）、3 町以上層（60.6％）となる。明らかに、地主層では「必要度が相対的に高い」と考えられる零細規模層で、小作層では逆に「痛みに耐える余地が相対的に大きい」中・大規模層で許可率が高い。「必要度」と「痛みの大きさ」を考慮した、階層的な配慮が見て取れるといえよう。同じことを申請事由別に比較すると、許可率が明らかに高いのは「一時賃貸事由の解消」（72.1％）と「使用目的変更」（65.8％）である。前者は戦争がもたらした営農・生活環境の激変（労働力の喪失や転居など）に対応するために臨時的に結んだ借地関係のことであり、後者も敗戦後の混乱への対処という性格

が強い。いずれの場合も、「1945年11月23日時点」の現実に基づき買収を行うという基本原則にもかかわらず、多くの農地委員会はこれを地主・小作関係とは認めなかったのである。低いのは「不耕作地主の帰農」（36.3％）・「生活困難と労力増加以外を理由とする経営規模拡大」（36.6％）「小作人の信義違反」（37.7％）である。「不耕作地主」と時代状況から見てやむをえないと考えられる理由以外で意図された「経営規模拡大」には厳しい態度がとられていることがわかろう。「信義違反」とは小作料滞納などの契約不履行を指すものが多いが、戦前期にはこれが地主層の「横暴」の端的な例と目されていた。これに対しても市町村農地委員会は厳しい眼差しを向けたのであった。

　これらの諸事件において、むろん取り上げられる側が打撃を受けることは間違いなく、生活が立ち行かなくなる事態すら珍しくはなかったであろうが、この現象を「世界」の中で見てみると、その多くが「法と社会（市町村農地委員会）の中で」「双方の事情を斟酌しつつ」処理されてきたことにこそ際立った特質を見出すべきなのである[35]。

5　戦後自作農制——農地改革違憲訴訟をくぐり抜けた土地所有

　先に述べたように、インフレにより買収・売渡価格は急落し、農地改革は「意図せざる」徹底性を帯びるに至ったが、そのため「憲法の定める私有財産権の侵害」だとする119件もの激しい違憲訴訟にみまわれた。最終決着をみたのは、最高裁で合憲判決が出された1953年のことであった。

　合憲の根拠とされたのは、「農地改革の公共性」であり、それは「小作農の自作農化は、特定の耕作者の利益を図るものではなく、新憲法の要請に応じ、耕作者の地位に法的経済的安定を与え、もって農業生産力の発展と農村の民主的傾向の促進を企図するものであって、それが最も急務とされる食糧の増産確保に寄与することは勿論そのこと自体において公共の福祉である」というものであった。要するに、農業生産力の発展（食糧問題の緩和）と民主的農村の建設（社会平和の実現）こそが「公共性」の内容であり、やや極端にいえば、農地改革はかかるものとしてのみその適法性が容認されたのである[36]。

「耕作者の地位向上」が「農業生産力の発展」を支えるところに農地改革の公共性＝合憲性が確認される…やや乱暴に言えば、このような立論を可能にした土地改革は他にはなかったように思う。他の国々では、経営／生産力問題は、土地改革が一段落した後に、それがもたらした事態のいわば「克服（再編）」過程として問題になったのである。

おわりに

1　第二次大戦後土地改革の基本的性格

(1)　土地改革の3類型

　「土地改革の時代」にともかくも土地改革を達成できたのは、それを遂行する強固な意志をもつ権力が形成されたソ連影響下の東欧地域・アメリカ影響下の東北アジア地域、および自力で革命を遂行しつつあった中国であった。

　土地改革はおしなべて大土地所有の分割＝小土地所有の散布という形態をとった。これは、小農地帯では小作農の自作農（実態は自小作）化であり、少なくとも形式的には小経営の強化（自作農体制の形成）を意味したが、大農地帯では旧来の経営組織の解体を意味し、担い手（経営主催者）・生産手段（大経営的生産手段）においても完全な断絶を意味する。にもかかわらず、ここでもためらうことなく小土地所有への分割がなされたところに、「土地改革の時代」の際立った特色があった。それは、未曾有の総力戦が生み出した「過剰人口（秩序の崩壊）」への対処こそが、当該期土地改革最大の課題になったからであった。同じ事情が、小経営卓越地帯であった中国では、東北アジアと近似した自作化を経たものの、連続的に集団化へと舵を切らせることになったといえよう。

(2)　「国民皆農」策としての土地改革

　足立・笹川・鄭らの研究が明らかにしたのは、直接総力戦の戦場になったユーラシア大陸西部（東欧）・東部（中国）地域における、社会経済システム

の凄まじいまでの解体であった。発生した大量の「難民」「流民」を持ちこたえるために選択できた手立ては事実上ただ１つ、「国民皆農」しかなかったと考えられる。そして、先に紹介したマルトン博士の言葉のように、「何もかもなくした」状態では、「小土地分割＝国民皆農」は決して「生産力を犠牲にした社会政策」などではなく、これこそが「最大の生産力対策」でもあった。そして、このような関係が成立していたところにこの地域における「危機」の深さがあったと考えられる。その背景には、独ソ戦と日中戦争の並はずれた破壊的性格があった。

　しかし本格的な復興が課題になる段階では、改めて経営組織（それは社会主義国家にとっては統制組織でもあろう）の再編が問題にならざるをえない。東ドイツにおけるLPG（農業生産協同組合）建設と中国における人民公社に至る「集団化」の歩みがそれにあたった。

(3)　中国における「革命運動としての土地改革」

　中国土地改革は、小経営卓越地帯でありながら自作農体制を実質化する条件を欠いていた。食糧供出の過重負担と男子基幹労働力の大量喪失から連鎖した社会の崩壊は深く、かかる農村を掌握するためにはともかくも貧窮化し浮動する民衆を土地と結び付けることが必要であったのである。ここでも、「国民皆農」こそが危機対応上最も確かな処方箋足りえた。

　中国土地改革のいま１つの特質は、それが農村を革命運動の側に組織するためのある種の「動員政策」として遂行されたことである。課題とされたことは、土地をめぐる対立の実態に即して土地問題を解決することではなく、むしろ意識的に「階級敵としての地主」の姿を浮かび上がらせることであった。「階級敵」に対する「怒り」を組織し、そのことを通じて農村を革命運動の側に獲得するための強力な「政治的演出」でもあったのである。「動員のための土地改革」というあり方は、人民裁判という形態や裁判結果に基づく地主の公開処刑も含む広範な民衆的暴力を農村内部で多発させたが、これは同じ社会主義化をめざす権力であった東ドイツのそれとも大きく異なる現象であった[37]。

(4) 「断絶」概念としての「土地改革」

興味深いのは、東独でも中国でも（要するに人民民主主義革命において）「土地改革」とよばれるのは敗戦前後の「国民皆農化（土地分割）」のことのみであり、LPG（農業生産協同組合）や人民公社に至る実体的には最も重要な「土地改革」に対しては「集団化」という「没階級的？」な別呼称が与えられていることである。ここでは「未来を志向すべき言葉」であるはずの「土地改革」が、グーツ的土地所有と中国的大地主の「所有地解体分割」という「過去を断つ限りの言葉」に矮小化されてしまっているのである。日本の講座派マルクス主義が「最大限の進歩のイメージを土地改革に寄せた」のとは、まさに対照的な語法であるといえよう。

ここでは、未来に向かうベクトルは「（社会主義的）集団化」という、いかにも"窮屈な"異なった言葉で表現されている。歴史的現実に引き付けて言い直せば、これは「土地改革」が当該地の農業内在的ベクトルをふまえた「農業変革」とは切断されたかたちでしか遂行できなかった事のストレートな反映であり、これらの地域が受容せざるをえなかった極めてシリアスな「現実」の表現であると思う。

2　日本農地改革の歴史的個性
(1) 東北アジア土地改革の共通項

東北アジア3国・地域はすべて日本帝国圏に属していたが、第二次大戦期には一部を除き直接地上戦を経験したわけではなかった。ここでの土地改革はいずれも小作農への土地所有権付与を内容とし自作農体制の成立に帰結したが、それはこの地域が典型的な小農地帯であったことに加え、東独や中国のような激しい人口流動は起こらなかったことが大きい。

ただし、小経営の確立度と戦後再建課題の違いを反映して、その内容には大きな差が存在した。日本のそれは、総力戦のうんだ「危機」への対応というだけではなく、大正期以来の農地問題の系譜の明瞭な延長線上にあるという点で、さらには農地所有権の獲得＝小作の自作化自体が社会（イエとムラ）

に深く認知され支持されたものであったという点で、戦前から積み上げられてきた農業改革の論理が強く反映したものとなった。

(2)「到達点」としての農地改革

　日本農地改革は、小作経営の確立を要求する農民運動と、耕作権の強化と自作農創設により直接生産者へのテコ入れを図ろうとする政府施策の積み重ねと、地主米価と生産者米価に差をつけてまでも生産者にシフトすることを必要とした総力戦末期の要請等が重なり、1つの農業改革として実施された。それは、占領軍に先だって立案・実施された第一次農地改革が存在したこと、および同改革では生産力反当層としての中軸農家の創出と生産者中心の新しい村の指導者づくりに腐心したことに端的に示されている（この2つの資質を兼ね備えたものが在村耕作地主と考えられ／期待された）。占領軍主導による第二次農地改革は、生産力的・村政的観点よりも地主制解体の徹底に力点を移したが、経営視点が失われたわけではなかった。在村耕作地主重視ライン（第一次農地改革）を否定し、自小作中農層を戦後自作農体制の中核的担い手にしたところにこそ第二次農地改革の基本的意義があった。地主制の解体と生産力主体の強化を同時に行ったところに日本農地改革の際立った特色があったのである。

(3) 農地改革の社会的基盤

　日本農地改革が「歴史の（「断絶」ではなく）到達点」という意味を強くもったことは、次のような事情にも支えられていた。1つは、土地はムラのものでありイエのものであるという強い規範の存在と、かかる規範に立脚しながら農業・農村の改革を志向するある種の社会的合意である。地主制批判は、それが不在地主批判＝ムラの土地の回復という論理で主張される限り世論の合意を調達できたし、土地改革が小作農地の所有権獲得を通じて行われるのならばそれは失われた「家産としての農地」の回復を意味するものとして、小作農民自身の強力なモチベーションによって受容されたのである。2つは、農地改革過程自体が、官僚や警察ではなくまさに社会によって担われたことである。「ムラ（部落補助員）―市町村（農地委員）」と「外からの刺激（専

任書記）」をたくみに組み合わせた農地委員会機能が支えたのである。先に述べたように、農地委員会に提出された異議件数は開放小作地筆数のわずか0.3％にすぎず、申し立てられた異議の96.2％は当該農地委員会で解決されている。むろん「力の差」はあるから、この数値がそのまま「円満解決」を意味するわけではないが、ある種の「公正性」が反映されていたこともまた事実であると言ってよかろう。

　以上のような意味で、日本における土地所有権分割（自作農化）は、単に小経営地帯としての合理性を有していただけではなく、社会（ムラの「常識」とそれに対する合意の広範な形成）にも支えられることにより、最も強力で安定的な「過剰人口対策」にもなりえたのであった。これらの点で、極めて「特殊な」土地改革であったといえよう。

（付記）本稿では、門外漢であるにもかかわらず、中国・東欧土地改革についてややたちいった評価を与えている。依拠した諸研究を誤読していることを恐れるが、ともあれ、日本農業史研究者の一つの受け止め方として、御寛如いただきたいと思う。なお野田公夫『日本農業の発展論理』（農山漁村文化協会、2012年）では、土地改革も含む日本農業（問題）総体がもった世界史的特性を考察した。日本における農地問題／農地改革のあり方を規定する要因として「世界市場のなかにおかれた日本のポジションの特異性（「中進国性」と表現している）」を重視しつつ論じているので、参照されたい。

注
1) ここで小農もしくは小経営とよぶものは恒常的労働力を家族で担うもの（したがって非恒常的な、すなわち農繁期における季節雇・日雇に依拠することは妨げない。むしろ一般的である）、大農もしくは大経営とよぶものは経営者は管理労働のみに従事し農業労働はすべて他人（雇用労働）に依拠するものをいう。実際には、経営者自らも直接労働に参加しつつ雇用労働にウエイトを置く中間的形態（大農・中農・小農区分における中農）があるが、ここでは大雑把に農業労働を家族で担うか他人労働にまかせるかという大区分で論をすすめたい。

2）北部地域においては大経営が残存していた事実、およびエマニュエル・トッドが家族人類学的には集団的規制への適合力をもった「共同体的大家族」の地帯として位置づけていることに鑑み、「小農が優越ではあるがそれ以外の要素が含まれている」という意味で「主流」という表現を用いた。

3）野田公夫「戦後土地改革と現代―農地改革の歴史的意義」『年報 日本現代史』第4号、現代史料出版、178-215頁、1998年6月、同「戦後土地改革の論理と射程」土地制度史学会『土地制度史学』（別冊 「創立50周年記念大会報告集」、105-113頁、1999年9月、ほか。

4）日本では大土地所有者と大農業経営者とが結合した東部ドイツの大地主的農業経営を「ユンカー」と呼称することが一般的であった。しかし足立前掲書によれば、ユンカーは日本では土地貴族をさしているが、実態ははるかに多様であるため、大土地所有＝大農業経営の総体をグーツ（農場）と表現した方がよいという。当該部分を引用すれば次のとおりである。「（旧メクレンブルグ邦国の）戦間期農場経営者の社会的系譜を個別にみると、「州有地借地農場主……」の場合はもとより、「農場所有者」に関しても頻繁な農場売買がなされており、その流動性は農民層よりもむしろ高いほどである。このため……多様な『農場所有者』が出現することとなった。……日本においては、いまなお「ユンカー概念」が土地貴族層のみを表象させる傾向があることに鑑み……この用語の使用は必要最小限にとどめたい。大農場経営をさす言葉としては「グーツ（農場）」という言葉を用い、文脈に応じて「グーツ村落」「グーツ経営」という言い方を用いることとする。…メクレンブルグ地方では確かに壮麗な「グーツ館…」を構えた一元的な農場制集落群が広がる「典型的なユンカー地帯」が存在するが、これに関しては、戦間期の日常的な用語法に従って「騎士農場区域」と表現する」（35頁）。以下、本書もこの用法に習いたい。

5）山田盛太郎編著書『変革期における地代範疇』（岩波書店、1956年）における山田論文「序論 問題点の概括」が1つの典型である。そこでは、「世界史的過程の指標。試みに、その5つの段階と形態とをあげれば、次の如くである」として、大略次のような五段階＝五基準を示していた。①イギリス・クロムウェル革命＝古典的ブルジョア革命……近代的大地制と典型的借地農業資本家経営の成立、②フランス大革命＝典型的政治的ブルジョア革命……革命による封建的土地所有の解体と分割地農民の広範な創出（その保守化を通じてボナパルティズムの基盤へ）、③ドイツ・プロシャ型の改革＝「上からのブルジョア革命」の一典型……再版ボナパルティズムへ、④ロシア革命＝プロレタリア革命の形態……「上からのブルジョア革命」挫折後、土地国有の実現と集団的農業経営の創設、⑤中国革命＝人民民主主義革命……貧農を主とする中国共産党による土地革命、土地の耕作農民への再配分と土地と労働の

第 6 章 「土地改革の時代」と日本農地改革

生産合作社・人民公社への集中、全農民的土地所有へ。

6) そもそも近代借地農制の典型的形態と考えられていたイギリス 3 分割制（地主・資本・労働の結合による大規模農業）自体が 19 世紀をピークに後退過程にはいり、20 世紀後半には西欧農業総体がいわば近代小経営化傾向をたどることとなった。収穫を中心とする労働ピークは雇用労働に頼るにせよ、恒常的雇用労働力は歴然とした減少を見せたのである。

7) 農政局の第一目標は地主・小作関係を近代的に律するための小作法の制定であった。その後政策の主流は自作農創設事業の拡大に向かうが、戦後農地改革審議時点でも自作農主義者松村謙三と小作料金納論者和田博雄の意見の差は明瞭であり、両者の対立は農地改革期にまで継承されていた。その一端は注 14 でも伺える。

8) 資源不足を乗り切るために、「不要不急部門」の犠牲のうえに 5 大産業（鉄鋼・石炭・軽金属・船舶・航空機）に力を集中した。

9) ここで「過剰人口」と表現しているものは、「経済（および社会）システム」上の位置付けを失ったもの総体を指している。したがって個々の経営にとって「深刻な労働力不足」があることと併存しうる。

10) 東欧圏自体がもちろん一色ではない。その極端な例はポーランドであり、ここでは農業集団化政策を拒否し最後まで小農制を維持した。

11) 安岡健一「戦前期日本農村における朝鮮人農民と戦後の変容」『農業史研究』44 号、2010 年 3 月。

12) 小経営・小農などの表現を用いるが、「小」とは規模ではなく家族経営であることをさす。ここでは主に経営面を問題にしているときには前者、より広い意味（社会的・政治的な）を包含させているときには後者を用いている。

13) 注 12 と同様、ここでの大経営とは大規模経営ではなく雇用型経営の意味。「土地（所有）」「資本（経営）」「労働」が各々「地主」「農業資本家」「農業労働者」によって担われる農業システムを 3 分割制という。かつてはこれが農業資本主義化の到達点と理解されていたが、実際は「19 世紀イギリス」にのみ成立した歴史的特異現象であった。第二次大戦後土地改革における雇用型大経営の典型は東部ドイツのユンカー経営であり、大土地所有者自らの農業経営すなわち大土地所有と大経営の合体物であった。ここに、大土地所有の解体が（大）経営の解体に直結する根拠があった。

14) 大和田啓氣『秘史　日本の農地改革―農政担当者の回想』（日本経済評論社、1981 年）によれば、NRS（天然資源局）からは農地価格と小作料の水準について応分の引き上げ措置が必要であるとの意見が表明されていたが、日本側（和田農相）は「農地改革が軌道に乗るまでは、農地が非耕作者の投資として魅力あるものになること

には反対だと述べ、それ以上議論は発展しなかった。ラデジンスキー氏もハーディ氏もある程度疑問を感じながら、農地価格や小作料の水準を引き上げれば農地改革を阻害するということを認めていたのである」(215頁)。また、「農地価格を改定しないことはやや乱暴に見えたが、農地改革の途中で農地価格を引き上げれば、再び価格が引き揚げられることを予想して売り惜しみが一般化し、農地買収の事務が阻害される恐れがあった。農地価格を改定せずに農地改革を短期に終結し、後日地主報償という形でこの問題が解決されたのは一番賢明な方法であったといえよう」(166頁)とも述べている。

15) 大和田啓氣によれば、農地改革にあたり農地価格を金額で表示するかどうかは、日本においても自明ではなかった。すなわち、「ギルマーチン、ラデジンスキー両氏は（昭和…野田）21年になってからも日本の農業経済学者の意見を求めていた。ギルマーチン氏に従えば、弾力的な価格の構想は那須晧教授に教えられたもの」だという。「3月30日にラデジンスキー、ギルマーチン両氏が和田農政局長と会談し、現在のところ経済が不安定なので、農地価格や小作料を金額で決めることは望ましくないこと、それらを農産物の量できめておいても貨幣価値が安定したときに一定金額にすればよいと伝えている。これに対する和田農政局長の意見はNRSの文書に残っていないが、それに反対したことは明らかで、それは後の経過が示すとおりである」(『秘史 日本の農地改革―農政担当者の回想』、日本経済評論社、1981年、110-111)。これによれば、「弾力的価格」という見地から現物表示をすすめたのは那須晧であり、それをアメリカ側（ラデジンスキー、ギルマーチン）は妥当だと受け入れ日本政府にその旨を提案したものの、日本政府（和田農政局長）の反対にあって金額表記に落ち着いたことになる。かかる経緯からいえば、農地価格表示問題においては、対象国に応じてアメリカが使い分けたのではなく、日本政府の主張こそが例外的であったといえよう。なお、和田はもともと自作農主義とは一線を画する小作料近代化を中心とする地主制近代化論者であった。金銭で計算することがもつ経済的革新効果を高く評価していたことがこのような強い自己主張をうんだのであろう。

16) 蘇淳烈「土地改革―韓国からの視点」『農業史研究』第31・32合併号、農業史学会、1998年3月。アメリカ軍政府が当初の消極性を捨て農地改革に取り組む姿勢に転じたのは、共和国における土地改革実施を契機としてであった。

17) 金聖昊「韓国農業の展開論理」(今村奈良臣他編著『東アジア農業の展開論理』農山漁村文化協会、1994年、所収)。同ほか『農地改革史研究』韓国農村経済研究院、1989年。なお、韓国においては、制度上は農地売り渡しにおいて「家族数・労働力数・畜力等を勘案した点数制」が採用されているが、これは実態としてどの程度遵守されたのか不明のうえ、かかる点数制自体が「過剰人口のより合理的配分」という性格

をもっているように思われる。点数制の具体的内容については、窪田光純『韓国の農地改革と工業化発展』日本経済通信社、1988年。なお金は、韓国農地改革の内発性を強調し、「日本のようにマッカーサー司令部から天下り的に押し付けられたものではなく、また大陸から移動してきた国民党政府が一方的に強行した台湾の農地改革とも違って、韓国社会の内部から発議・推進されたものである」（104頁）と述べているが、日本農地改革の経緯には誤解があるうえ、韓国農地改革についても農業内的ベクトル（農地改革の農民的基盤）の成熟度という視点を重視すればこのようにはいえないであろう。

18) 前掲蘇論文。
19) 羅明哲「台湾農業の展開論理」今村奈良臣・劉聖仁・金聖昊・羅明哲・坪井伸広『東アジア農業の展開論理―中韓台日を比較する』農山漁村文化協会、1994年による。
20) 「国民皆農」は東欧（ここでは東独）および中国における土地改革の性格を示すキーワードである。むしろ「土地改革」がこのような特殊な変革に「矮小化？」され、「集団化」という一層本格的な「土地改革」は、そのようには表記されず「集団化」と別称されていることが興味深い。なお「国民皆農」という表現は日本でも終戦直後の1945年8月28日における内閣記者団との会見の場で東久邇首相が使っている。「……この際私は国民皆農といふことを主張したい。皆農といっても全部が農業をやるわけではない。学校の先生でも或は役人でも野菜ぐらゐは自分で作って自給するといふやり方である。さうなると土地の問題が起こってくるが、このためには先づ未墾地の開墾事業を大いにやり、これから不用になる軍用地を全部耕す。またその上になほ大なる農耕地の再配分についても考へねばならぬかもとも思ふ……」（1945年8月29日『朝日新聞（東京）』、農地改革資料編纂委員会編『農地改革資料集成　第1巻』農政調査委員会、1974年、56頁）。
21) マルクス主義は労働者階級に未来を切り開く力をみたが、農業部門における労働者の歩んだ歴史過程はそれとはずいぶん異なるものであったといえるようである。農業の発展は恒常的労働を家族労働力に置き換え、したがって農業労働者は季節雇いや日雇いの場面に集中する傾向（「ルンプロ」化）を強めてきたし、そのことは一層の単純労働化をも意味した。農業機械化の進展はさらなる「縁辺労働者化」を進行させたと考えられる。「労働者の国」である社会主義のもとで旧グーツ経営の農業労働者が辿った途は、そのような問題を改めて考えさせるものでもあった。
22) 頼涪林「中国土地改革の展開論理―四川省における実証分析」、1996年度学位論文、京都大学博士（農学）、102-103頁。なお関連論文として、「中国土地改革と地主制」『農業史研究』27号、1994年、「中国の土地改革」『農業史研究』　号1997年も参照のこと。

23）鄭浩瀾『中国農村社会と革命—井岡山の村落の歴史的変遷』（慶應義塾大学出版会、2009年）は、「最初に村を単位に土地を分配する方法が試みられたが、地主と富農は宗族意識を利用して農民を騙したり、宗族と宗族との間の矛盾をけしかけたりしていたため、村を単位とする基準の代わりに、郷を単位とする基準が採られるようになった」（44頁）と異なる説明を与えている。私には判断不能であるが、ひとまず、この両側面があったと理解しておきたい。

24）四川省の数値で中国像を語れるか否かは私にはわからない。むしろ、革命の根拠地として人と食糧を自己犠牲的に供給し続けてきたこと、このデータが内戦期のものではなく建国期のものであることなどによる、極めて特殊、あるいは条件規定的な状況を示すものであることは自覚しておきたい。ところで、これまで日本で発表された中国土地改革の研究では、改革の受益者は「地主・富農・中農・貧農・雇農」などと表記され、管見の限りでは「町の貧民」が明示されているケースに接したことはなかった。これらの研究が対象としていたのはいずれも建国以前すなわち戦時期か国共内戦期であり、そこでは〈農民革命のシンボル〉として土地改革を地主・貧農問題として描ききるという主体の側の必要があったのであろうか。そして、革命後に至ってはじめて、疲弊した社会と膨大な貧民・流民問題への対処が建国（国家建設）にかかわる現実問題として浮上したのであろうか。「（農村を基礎にした）革命運動としての土地改革」と「国家建設のための土地改革」といういわば段階的差異という側面があったのであろうか。門外漢としては、ひとまずこのような推測を重ねておきたい。

25）足立芳弘氏のご教示による。

26）坂根前掲書（表3−3）、156頁。

27）頼前掲学位論文、44頁。

28）財閥解体など他の戦後改革はすべて占領軍が提起したものであるが、農地改革は占領軍の指示を待たずに第八九帝国議会の審議にかかっていた。第八九帝国議会では（第一次）農地改革案への抵抗は極めて強かったが、審議開始4日目の1945年12月9日に出されたGHQの「メモランダム」により状況は一変し通過の運びとなり、一部は実施に移された。しかし第一次農地改革は占領軍の認めるところとはならず改めて農地改革案が立案され、これが可決実施された。通常農地改革とよぶのはこれである（第二次農地改革と通称される）。

29）第八九帝国議会・衆議院において松村謙三農林大臣は、「大体今日ノ農家ガ大キクヤッテ居リマスノハ、五町歩、七町歩ト云フモノヲ内地ニ於テモヤッテ居ル農家ガ多イノデゴザイマス、ソレデ自分ノ持ツテ居ル土地モ大体其ノ五町歩程度ノモノヲ与ヘテ然ルベキヂヤナカロウカ、此ノヤウニ考ヘテ居ル…」（前掲『農地改革資料集

成　第 1 巻』209 頁）と発言している。もっとも松村は当初保有限度 1.5 町歩という徹底的な自作化を構想していたのであり、五町歩に引き上げたのは力関係からやむなしと判断したからにすぎない。しかし、「小作地引き上げ（自作地化）」による在村地主の有力農民化は一部では期待されていたし、一部では次のような不安を呼び起こしてもいた。「全国各地ニ於キマシテ、地主ノ小作人ニ対スル土地返還ノ要求ガ行ハレテ居ルコトハ政府モ御承知ノコトト思ヒマス……地主ノ耕作ニハ……作男ノ使用ヲ許スコトニナツテ居リマスガ……恐ラク地主ガ大小トナク作男ヲ使ツテ自作スルコトトナルト私ハ考ヘルノデアリマス」（質問者は阿子島俊治、同 183-185 頁）。

30) 都府県における在村地主の小作地保有限度は〈香川 0.3 町〜青森・宮城・山形の 1.5 町〉、自作地保有限度は〈東京の 1.2 町〜福島の 4.7 町〉というばらつきをもっていた。農地委員会記録委員会編『農地改革顛末概要』御茶の水書房（再刊 1977 年、原本 1951 年）230 頁。

31) 土地所有規模や農業経営規模のみならず、農業実態も地域レベルで掌握されていた。1943 年に「地域別耕種基準（正式には、「昭和一八年度ニ於テ特ニ完遂ヲ図ルベキ米穀増産ニ関スル重要改善事項（昭和 18 年 6 月）」農林省農政局）」（『戦時農業政策資料集　第 1 集・第 4 巻』柏書房、1988 年）が策定されたが、それは県レベルのみならず県内諸地域の農業特性を重視して「耕作基準」を定式化したところに大きな特性があった。

32) 前掲『顛末概要』、515 頁。

33) 同 509 頁。なお委員会当り平均書記数は 2.9 人で、男女比率は男 73% に対し女 27%、平均年齢は男 34 歳に対し女 21 歳であった（前掲『農地改革資料集成　第 6 巻 711 頁）。さらに専任書記の学歴は大学卒 1%、専門学校卒 3%、甲種中等卒 43%、乙種中等卒 13%、高小卒 36%、小卒 4% であった（同 713〜714 頁）。他方、市町村農地委員の年齢分布は 45〜50 歳 20.7%、50〜55 歳 18.4%、40〜45 歳 16.9%、55〜60 歳 13.1%、35〜40 歳 10.9%、60〜65 歳 7.1%（以上で 87.1%）であったから、それよりも 15 歳以上若かったことになる。また市町村農地委員（第 1 期）における女性委員比率は 0.18% にすぎなかった（以上、同上 88〜89 頁）から、ここでも大きな飛躍があった。村外経験・学歴・年齢・ジェンダーのいずれにおいても、伝統的農村とは異質のパワーを持ち込むことになったといえよう。

34) 同 193 頁。

35) 本稿では紙数の制約上一国内部の地域差を無視し平均数値だけで論じているが、地域格差は極めて大きいことに注意を喚起しておきたい。日本については、(北海道は別にしても）土地所有構造の違いを反映して在村地主の小作地所有限度面積にも 0.5 町歩（広島県）〜1.5 町歩（青森県）、3 倍の差があることを指摘しておいたが、こ

のような「規模／基準」にかかわる問題とは別に、たとえば都府県において「開放小作地面積当たり異議申立件数（私はこの数値を「密度」と表現している）」を比較すると、最多の広島県は最少の千葉県の約82倍という驚異的な差がある。問題状況にも極めて大きな（むしろ「極端な」と言ってもいい）違いがあることを付記しておきたい。その一端は、野田公夫「農地改革における異議・訴願・訴訟の分析──農地改革期土地問題の一側面」『経済史研究』第10号、2006年12月を参照されたい。

36）農地改革資料編纂委員会編『農地改革資料集成』第8巻、農政調査委員会、1978年。

37）中国土地改革でみられた「死をともなう社会制裁」は東独にはなかったが、ロシア革命後（時期的には10数年の開きしかない）の「集団化」では凄まじい規模の「犠牲者」を出したことを私たちは知っている。トッドの人類学的家族類型論でいえば、ドイツは直系家族（ゲルマン）であるが、ソ連（スラブ）も中国も共同体家族を基底とする社会類型であるという点で一致している。「土地・農業改革にともなう大量の処刑・殺戮」は、即自的にいえば20世紀の社会主義が生み出した現象でありなかんずく共同体家族類型上でおきた現象であるという側面がある。その意味を考えてみることも必要になるかもしれない。なお私のトッド理解については、野田公夫「E.トッドの世界類型論（『新ヨーロッパ大全』を中心に）に寄せて──日本農業史研究者の読み方─」『新しい歴史学のために』281号（2012年10月）を参照されたい。

第7章　中国共産党根拠地の権力と毛沢東像
　　　　――冀魯豫区を中心に――

丸田　孝志

はじめに

　近代国家の政治権力が操作する象徴は、権力の尊厳を可視化し、国家・民族・階級などの理念を人々に植え付ける目的をもって、儀礼や日常生活において頻繁に使用されてきた。このような政治権力と象徴を巡る研究は、近現代中国研究においても既に多くの成果を上げており[1]、毛沢東像（以下、毛像）についても、毛の権威形成、中国共産党（以下、中共）のプロパガンダ政策と独自の芸術様式との関係、ポスト毛沢東時代における毛の表象の意義などを検討する研究が、切手・彫像・絵画・ポスターなど様々なメディアを素材として進展している[2]。しかし、中共権力の浸透過程における農村の信仰や社会関係、大衆動員と毛像の関係についての研究は、これに比べて十分ではない。また、中国の象徴と権力の関係については、近代的国民国家形成に関わる普遍性を持つ問題に留まらず、中国政治・社会の特徴に即した固有の文脈からも行われる必要があり、その意味でも権力の生成過程と象徴の関係を歴史的に検討する作業が求められる。

　小論は、内戦期を中心とした中共根拠地の毛像の使用情況の分析から、中国の政治動員における象徴の作用と中共の権威の強調の手法について検討する。筆者はかつて、1944年末（以下、西暦上2桁を略）から国共内戦期の晋冀魯豫辺区の太行区・太岳区を対象に、中共が個別家庭の祭祀などを通じて

神像を代替する形で、毛像を農村に浸透させようとした情況を分析した。毛像は多神教的、現世利益的な民間信仰の中で、個別家庭の幸福を司る神の地位を与えられており、政権の尊厳を示す象徴としては十分に定着していなかった[3]。小論は、日中戦争期より諸勢力の争奪の対象となり、極めて不安定な根拠地であった同辺区の冀魯豫区を中心に、農村と都市における毛像の使用、毛像の表現形式の問題も含めて検討する。冀魯豫区は、河北・山東・河南省の省境の黄河（旧道）流域に広がる平原地帯を中心とする根拠地で、東は津浦線、西は平漢線、南は隴海線をおおよその境界とし、北は冀南区に接する。同区では不安定な政治・軍事情況を反映して、中共・農民の権力としての毛像の使用がより顕著であるが、その情況を検討することで、中共が民衆に提示しようとした権力の性格について考えたい[4]。

I 毛沢東の権威形成と毛沢東像の導入

整風運動の開始以前、冀魯豫区（41年7月成立）関係の史料は断片的にしか確認できないため、この地域での毛像の使用実態について詳細は明らかにできない。同区の前身となる各地区では、湖西区でマルクス・エンゲルス像を掲げるのは神を祭ることだと考える党員がいるとの報告がなされたり[5]、泰西区の動員大会でマルクス・エンゲルス像などとともに毛像が使用されていることが確認される一方で[6]、「八路軍、毛主席が共産党」という認識が村レベルの幹部にも浸透していた[7]。同時期の延安においては、毛像は共産主義指導者の序列の中の一つの像としての位置づけか、国共合作を視覚化する形式で蒋介石像とともに使用され、根拠地の最高権力の象徴としての地位を確立しておらず[8]、中共の政治権力の確立すら不十分であった冀魯豫区では、毛像の使用はより不安定な情況にあったと考えられる。

43年以後、各根拠地の整風運動は県・区級、団・営級までの地方党・軍組織を対象として推進され[9]、毛の権威の確立は、文献学習の他に、その人格を

讃える平易な物語の導入を通じても進行していた。44 年、冀魯豫軍区機関誌『戦友報』に掲載された中共成立記念日関連記事「毛主席的故事」では、毛の指示で病気の子供の命が救われた話、臨終に際して毛との面会を望んだ兵士の遺体を毛自らが葬送した話、部下の死者数を把握していなかった軍幹部の名刺を突き返した話の 3 編の物語が紹介されている。これらでは、毛は基本的に「毛沢東同志」と呼称され、救われた子供に「沢東」という名前が付けられるなど、人間的な親しみが強調されて、神格化は行われていない（ZY44.6.30）[10]。また、この内 2 編は戦争による犠牲に関心を払う毛の美徳を讃えるものであり、葬送の物語は、当該の史実が確認できないことから、毛自らが他の中共指導者らとともに棺を担ぎ墓碑銘を揮号した 42 年 3 月の党中央幹部張浩の追悼会を一般兵士の物語に改編したものと考えられる（JR42.3.10）[11]。

同年 9 月、延安における中共中央警備団兵士張思徳の追悼会において、毛は、後に「為人民服務［人民に奉仕せよ］」と題される有名な演説を行い、今後、軍隊内の死者について、炊夫であっても一般兵士であっても多少とも有益な仕事をした者であれば、その者に対して葬儀、追悼会を行い、これを制度化すること、これを民衆にも紹介して、村においても追悼会を行うことを指示した。この記事は 9 月に『解放日報』に掲載された後、11 月には冀魯豫軍区機関誌の『戦友報』にも転載され（JR44.9.21,ZY44.11.5）、革命のための犠牲を弔う毛の美談が、その権威の最終的確立とともに形成されていった。冀魯豫区では前線の不安定な情況を反映して、太行区・太岳区よりも早く烈士追悼の儀礼での民俗利用が行われており、清明節［新暦 4 月 5 日頃］の烈士節への指定、廟を利用した烈士陵園の建設、「国民党特務」などの加害者に孝服を着せて犠牲者の祭祀をさせる儀礼は全て 44 年から確認できる（ZY46.4.15,JL.44.8.15,45.2.28）。無数の無名の死を意義あるものとして可視化することは、前線の根拠地の安定化と動員力の強化に重要な意義を持っており、中共の権威を代表する毛の表象もまた、追悼の組織化をひとつの契機として導入されようとしていた。

「為人民服務」は、文字通り人民の利益に奉仕する中共の革命の理念を提示したものであるが、この演説で賞賛された「人民のための死」という概念は、自己犠牲による人民全体への奉仕の道徳を強調するものであった。張思徳の追悼会に参加した警備団の代表は、「毛主席の指示に従い、張思徳の人民の利益に奉仕する模範的態度に学び、その遺志を継ぎ更に努力して仕事をしていく」（JR44.9.21）と宣誓した。人民のための革命を英邁な指導者の指し示す方向へと回収する構造は、善なる天の下す命＝天命によって統治する伝統的な正統性理念に親和性を持っており、整風運動以降、根拠地の各種模範は新社会の「状元」、人民の「功臣」の呼称を与えられることとなる。

　45年4月からの中共中央七全大会での毛の最高指導者としての地位の最終的確立に際し、毛沢東思想を党の指導思想とした新たな党章には、「中国共産党人は、中国人民のために全霊をもって奉仕する精神を持たねばならず」[12]という形でこの精神が明記され、「為人民服務」は中共の指導思想を示す標語として定着していった。既に延安整風において、「実事求是」という語が毛の思想を表す標語として提示され、延安中央党校に掲げられた毛の最初のレリーフ像にも毛の自筆で刻まれる[13]などして定着していたが、『漢書』に典拠を持つ、知識人向けのこの語に比して、毛自身の物語から生まれた「為人民服務」は、多くの犠牲を伴う革命と戦争の中にあって、大衆の共感を得やすい語として提起されたものと考えられる。三品英憲氏は、整風運動以降確立される中共の「大衆から学び、大衆とともに歩む」「大衆路線」の内実を、「大衆」に関わる決定権・解釈権を毛沢東が独占していく過程としてまとめているが[14]、「毛主席の"為人民服務"の精神」に学ぶという姿勢は、このような構造を端的に示していよう。この語は、45年12月に出版された毛の最初の写真集『中国偉大的領袖毛主席近影集』（後述）の1頁目に自筆署名入りで付された他、部隊内で販売された毛沢東バッジや前線指導員に配布された毛の写真に付されたり（ZY46.4.30、RR47.3.28）[15]、軍系統の大学で卒業証書の下地文字として使用された[16]。部隊での入党宣誓では「永遠に共産党、毛主席に従い、一心に人民に奉仕する」という形で使用された例もある[17]。この

時期、管見の限り農村党支部の入党宣誓には「為人民服務」の語は使用されておらず[18]、その使用は党軍機関において顕著であるが、後述するように大衆運動の展開とともにこの標語は、徐々に基層へと浸透していく。毛の象徴は、その権力の完成段階において、孫文の「天下為公」や「革命尚未成功」のような一般に広く流布する明快な標語を獲得したのである。

　冀魯豫区において、集会や機関での使用を含め、単独での毛像の使用が確認される最初の事例は、44年11月の七分区群英［群衆英雄］競選大会においてである。毛像は、この後、各種儀礼において、事実上の最高の象徴として使用されるようになる。各地農民代表らを集めて1945年3月に開催された冀魯豫区第1回群英大会では、連合国指導者像、国際共産主義指導者像、孫文・朱徳像が掲げられた会場の中央と門外に巨大な毛像が掲げられた。43年の陝甘寧辺区（以下、陝区）労働英雄大会以降、中共は各根拠地で全区レベルの労働英雄大会を開催し、これを通じて毛像の大衆への認知と普及を図っており、本来元宵節に予定されていた冀魯豫区の群英大会は、44年末から45年1月にかけて行われた太行区と太岳区の殺敵・労働英雄大会とほぼ同時期に計画されたものであった。整風運動以降、中共のセレモニーにおいては、毛像が国際共産主義指導者像や孫文像など上位の肖像と配置される場合、一般的には序列を維持しながら、毛像を他の重要な場所に大きく掲げるなどの工夫によって最高の象徴としての視覚化が行われるが、冀魯豫区の群英大会では、序列を無視して掲げられた毛像に、軍区参謀長と諸英雄が「最高の敬礼」を行い、英雄の宣誓が行われた（ZY45.3.4,3.9,3.30）。序列の無視は、4月の辺区参議会・冀魯豫区全体参議会においても行われており（JL.45.4.3）、根拠地における権威確立に向けた中共の意志と、その裏返しの不安定な権力情況を示唆している。

　太行区・太岳区の殺敵・労働英雄大会では、毛像が各種英雄・模範に頒布・販売され、神像の代替として農村への導入が開始されており、45年春節［旧正月］からは、年画の代替としての販売も行われた[19]。しかし、冀魯豫区の群英大会では、一部の模範に毛の肖像入りの手帳が配布され、軍区直属機関

の英雄に後日、毛沢東バッジが発給されたことが確認できるのみであり（ZY45.3.30,6.15）、手帳が識字能力のある幹部への賞品であったとすれば、毛像は一般農民には配布されなかったものと考えられる。延安から派遣された木刻工作団の活動などを通じて年画改造の文芸工作が進展した太行区などとは異なり、冀魯豫区ではこのような活動は進展しておらず[20]、毛像を神像の代替として基層へ導入するための条件は整っていなかった。同区で年画の形式による指導者像の作製が始まるのは46年以降である。

毛像はその後、4月の辺区参議会・冀魯豫区全体参議会、5月のドイツ降伏・中共七全大会・辺区戦闘勝利を宣伝する各地の活動においても、国旗とともに使用され、統一戦線とナショナリズムの枠組みにおける中共の正統性が強調された（JL45.4.3,5.30）。6月には、中共成立記念日と七全大会閉幕の慶祝活動として、機関・部隊・学校・工場での七全大会文献の学習運動が指示され[21]、毛の権力の最終的確立が根拠地レベルで確認されることとなった。

46年春節には、軍の宣伝隊が演劇の会場の壁に描いた毛像に民衆が礼をしたという報道や、部隊駐留地の村で「天上には北斗星があり、天下には毛沢東がいる」という春聯［春節に家の門に貼る吉祥の対句］が書かれたという報道もみられるが（ZY46.3.10,2.5）、この年の春節の積極的な民俗改良は、濮県辺橋村において、全村で一つの天爺棚［神を迎える掛け小屋］を設け、財神を買わせずに村幹部が各家に竈神を印刷・配布する形で神像を統制する試みが確認できるだけである（JL46.2.5）。この間、毛像に関する報道は、基本的に都市での集会や機関での使用についてのものである。46年新年、軍直属機関の人員は西北方の毛に向かって礼をし（ZY46.1.5）、同年春節の擁政愛民運動では司令部警衛班が領袖像の前で計画の宣誓を行い（ZY46.2.20）、メーデーに際して戦友報社が毛沢東バッジの販売を開始するなど（ZY46.4.30）、機関での毛像の使用と毛の象徴化は、記念日や節句も利用して進展している。ただし、軍隊・党組織内部においても、毛像が普及していたわけではなく、この頃の収復区での党組織再建においては、工作組の持つ毛の小さな写真に入党宣誓を行うような情況であった[22]。

毛像は都市においては、1946年春節の荷沢軍民の和平民主大勝利慶祝のデモ、済寧解放・和平慶祝大会などで使用されたが、民衆の反応を紹介する記事では、女性らに「大学生みたい」、「若いね。一目でいい人だとわかる」（JL46.2.21,7.9）と語らせており、依然として人間的な親しみの表現が強調されていた。このことは、太行区・太岳区と比べて毛の権威が神格化に至っていない過渡的な情況を示すとともに、都市においては民間信仰を利用した宣伝よりも指導者への親しみを強調する手法が有効であったことを示唆する。7月の荷沢の中共成立・抗戦建国記念日の大会では、毛の肖像入りのビラを求める民衆の姿が報道されており、都市では毛像が広く頒布される情況が生まれつつあった（JL46.7.9）。

II　神像の改造

　「五四指示」の伝達以後、冀魯豫区では中農の利益侵犯をも引き起こす激しい土地改革が進展した[23]。各地では「地主が支配する偽農会」が摘発され[24]、中共は「ゴロツキ」「遊び人」「土匪」「敵の手先」の混入も恐れず、積極的に貧民層を組織動員する方針の下、土地改革を遂行し（JL47.1.24）、農村の権力関係にも大きな変動が生じつつあった。しかし、土地改革の進展とともに毛像が普及した太行区・太岳区とは異なり、不安定な根拠地であった冀魯豫区には、文芸工作を支える人員、組織、技術などが揃っておらず、神像の改造はようやく開始されたばかりで、毛像が神像を代替するまでには至らなかった。

　9月に延安・太行区・重慶などから5、6人の幹部を迎えて荷沢に冀魯豫文芸聯合会（文聯）が成立すると[25]、文芸工作は徐々に本格化し、10月には区党委宣伝部により文聯の下に大衆文芸用品供応社が設立された。当時、冀魯豫区には改造年画や指導者像を作製できる書店や職人は存在せず、石版印刷機は黄河北への撤退によって使用不能となり、年画改造は現地の神像店の改

造から開始された[26]。この地域では、単独の年画を飾る習慣がなかったため、神像店の門神・竈神などに新しい標語をつけ「大衆文芸用品供応社試版」の文字を入れて発行することとした[27]。その中には、現代の老夫婦の左右に子孫を配して竈神の様式を踏襲し、対聯と横批［神像などの左右に付される対句と上部に付される横書きの題］を書き換えたものや、4人の兵士を四天王の姿勢で描いたものなどもあり、民衆はこれらを「八路軍の竈神」「八路軍の門神」と呼んだ。これらは文教部門に配布されたり、集市に貼られた他、自ら印刷する機関もあり、「迷信の合法化・宣伝」という批判を受けた（RR49.4.26)[28]。

　改造の対象となった民間芸人らは、外地から生産力の高い冀魯豫区へ集まった人々で約4500人がいたとされ、8、9割は赤貧・貧農で、農業から完全に離脱した者もいた[29]。この内、画工・彫刻工らの「手芸人」は多くが貧農であったが、謡いものを芸とする社会最下層の「口芸人」よりも生活はやや安定しており、主に農村に居住して数世代に渡り職業を継承していた。これらの芸人も廟廃止と迷信禁止で生活苦に陥り、中共に「偏見を抱いていた」が、土地改革以後、土地を獲得し、一部は農会にも参加するようになった[30]。地元の人的関係が希薄で、貧困で差別を受けるという情況は、革命への動員には比較的有利な条件を提供したと考えられるが、「手芸人」は本来保守的で「封建迷信」思想が強く、「口芸人」は団体性が弱く、同業の間で互いを排斥し合う傾向が強かったともされる[31]。

　47年1月の陽穀県文化界第1回大会を経て、春節頃には民間芸人の思想教育と神像店の改造が進展するようになる。2月には民間芸人座談会が陽穀県高村で13県45人の芸人を集めて行われ、神像店が書店に改造された[32]。この後、繰返し組織される芸人の訓練班では、「地主支配の道具」の「迷信」を放棄させるために訴苦［旧社会の抑圧の苦しみを被害者が訴え、階級的自覚を獲得していく政治動員の手法］を通じて階級的自覚を促し、旧社会における旧芸人の誤りを反省させ、新しい人生観を確立して新芸人となる、といった手順によって改造が進められた[33]。毛像の農村への導入は、このような準備を基礎として展開する。

III　毛沢東像の農村への導入

　民俗利用による毛像の農村への組織的な導入と毛の神格化は、47年3月の延安陥落前後の軍事情勢の緊迫に伴う土地改革の急進化と参軍運動の展開を契機としている。土地改革において積極分子、党員が大量に抜擢され、「翻身［階級的抑圧からの解放］の恩人である毛主席」の防衛が提起される中、毛像は民俗利用を伴いつつ農村へ浸透していった。

1　土地改革の動員・慶祝大会での使用

　土地改革では、祝祭の雰囲気の中で毛を神格化する民俗利用が行われた。寧陽1,3,5区の土地改革慶祝大会では、牌楼の設けられた会場で秧歌［節句などに農村で行われる田植え踊り］や高下駄踊りなどが演じられる中、獲得された89個の財宝が毛像に奉げられた（JL47.3.20）。陽穀県委が「農民翻身節」とした旧閏2月2日の慶祝大会では、主席台の毛像に全員が脱帽して立礼し、胡楼の農民代表が「毛は生きた神仙である」などと述べた（JL47.4.5）。寿張県何垓村でも同日を「農民翻身節」とし、農民は新年のように新しい服を着て餃子を食べて祝い、東南角の庭に集まって毛像に三立礼した（JL47.4.9）。陽穀2区の「保衛毛主席大会」では、八仙卓で迎えられた毛像に三立礼が行われ、「悪覇」「特務」が処刑された[34]。

2　模範の顕彰と大参党運動での使用

　中共は、階級区分を土地改革の理論的根拠としながらも、党員、各種模範、農会員、「開明紳士」「悪覇」「漢奸」など、人々の政治的態度・選択とそれに基づく社会的地位・資格などを含めた等級区分を利用して、大衆動員を推進していた。中共は曖昧さと恣意性を含むこれらの区分を、運動の急進化を容認しつつ運用し、積極分子・党員の大量抜擢や区分変更の可能性の提示によって、人々の政権への忠誠を迫っていた。人々も大衆闘争の圧力と前線の

不安定な情況の下、安全保障を求めて、負の区分を逃れ、正の区分を獲得しようとしていた[35]。この過程において、毛像は政治的等級区分のレッテルとともに、人々の政権への忠誠を視覚化する形で授与され、それを使用する人と権力との関係を説明する重要な象徴となりつつあった。

　冀魯豫区では3月以降、内戦遂行のための参軍動員を企図して改めて土地改革を推進し、一区数千人、一村数十人規模の積極分子を訓練して闘争を指導させる方針の下、土地改革の功績者を讃える立功運動が展開し、区・県単位で数千人規模の英雄・功臣が抜擢された。また、党員を全区人口の3％、現状の6倍増の約40万人にまで拡大する目標を掲げた大参党運動が展開され、大衆に入党の機会が大きく開かれた[36]。立功運動においては、「為人民服務」、「為人民立功［人民のために立功する］」のスローガンが提起され[37]、特に後者は各地の参軍動員の集会でも使用されるようになり、毛を表象する標語は、毛像とともに基層の大衆に浸透していった（JL47.4.18）[38]。

　模範の顕彰においては、伝統的な権威に価値を認める民衆の心性に依拠して、日中戦争期より民俗を利用したセレモニーが演出されていた。各種模範は「状元」と称され[39]、科挙の「黄榜」をまねた「功臣榜」が街頭や大会会場に掲げられた（JL47.8.7,8.25）。模範や新兵は馬や駕籠に乗って行進し、首長の献酒・敬礼を受け、扁額を授与されるなどの名誉を享受した[40]。馬や駕籠に乗った新兵の歓送は「青年の喜ぶ方式」として考案されたものであり[41]、1945年の冀魯豫区群英大会では、冀魯豫軍区司令宋任窮が、状元として顕彰された各種模範・英雄に対し、「あなた達は、今回濮陽城に来て、誰彼に会い、洋楼に泊まり、馬に乗り、賞を貰ったからといって、帰省後、偉ぶってはならない」との訓示を与えていた（ZY45.3.30）。科挙及第は、民衆にはおよそ縁のない世界の出来事であったが、このような顕彰のあり方は、民衆にも共有された権威の表現方法であったことが理解できよう。

　冀魯豫軍区の立功運動は46年末から開始されていたが、やはり3月前後から模範に毛像を贈呈する儀礼が顕著になり、この際、前線での立功を家に通知したり、家長を部隊に招待するなど、家の枠組みを意識した慶祝が行われ

た（ZY47.2.20,3.25,3.28）。陽穀の土地改革慶祝の大会では、土地改革の模範が毛像を担いで入場し（JL47.4.19）、内黄2区では、1200人の新兵の宣誓が毛像を前にして「英雄台」で行われた（JL47.11.27）。地主の依頼によってその財産を隠した者に自白させる「自報立功運動」では、自白した「模範」らに献酒、献花、扁額の贈呈が行われ、「功臣榜」に模範の名前が刻まれるとともに、毛像への叩頭、毛像の授与も行われた（JL47.8.7,8.25,9.29）。

　土地改革と連動した各地の大参党運動では、農民大会において集団で毛像に宣誓して入党を申請する方法が行われた。この時期の大衆組織の立ち上げには、会門［秘密結社］の盟誓の手法が利用されており、大参党運動の宣誓は、盟誓の対象を天から毛へと転換して行われた[42]。

　清豊県5区の農民大会では、闘争で得られた土地・家屋などは、「貧民の命の恩人、毛主席と共産党がくれたものである」などとの討論が行われると、人々は自宅の神像を毛沢東像に換え、翌日の大会で700余人が入党した（JL47.5.8）。滑県3区では土地改革の完了後、盟誓が行われ、各村に毛像が迎え入れられて、民衆は先を争って入党を申請した。銅鑼太鼓が響く中、旗を立て花を持った隊列に担がれた毛像は、村々で3回の礼砲とスローガンで迎えられ、民衆は像に立礼、叩頭した。人口の約4割が入党を申請した村もあり、申請者は3日間で全区1万3千人に達した（JL47.6.20,7.1）。濮県では各区数千人規模の農民大会において、「中国人には共産党と毛主席があるだけで、他に生きた神仙はいない」とのスローガンが提起される中、6日間で全県人口の約4％に当たる5020人の農民が入党した（JL47.5.8）。更に、「翻身節」とされたメーデーに全県で神像が打倒され、毛像が八仙卓で担がれて迎え入れられた。秧歌隊等を従えて村を一周した毛像は、村の倶楽部［集会所］に安置された。像を前に、「毛主席に従わなければ、雷に5回打たれるであろう。村の旦那方に銃殺されるであろう」と盟誓する者もいた（JL47.5.16）。

3　個別家庭への普及と人生儀礼への浸透

　毛は土地改革による「翻身の恩人」とされ、これまで祈り続けて効果のな

かった財神・竈神・土地爺・王母などの代替として、農民の各家庭に導入された。陽穀の幹部大会では、潘復生（区党委副書記）が、参軍運動を盛り上げるため、幹部らに対して、「農民が土地を得た後、なぜ毛主席を神人として奉り、本当に共産党を擁護し、毛主席を擁護しているのか」を理解しなければならない（JL47.4.19）と発言しており、毛の神格化を内戦の動員力とする意図の下、農民が毛を信仰する様子が、機関紙などで盛んに宣伝された。

博平県5区では土地改革改完了後の農民大会で、農民は毛の指導で翻身できたことを討論で理解させ、帰宅後、各家庭で財神・竈主（竈神）を破り、毛像に替えることを決議した（JL47.3.24）。濮県では、結婚式にも毛像が使われるようになった（JL47.5.16）。清西のある積極分子の妻は、「毛主席は生きた神仙で、毎月1日と15日に焼香して叩頭すれば、私らを守って下さる」と語り（JL47.4.22）、小説「喜事」では、参軍する息子の無事を神と毛に祈る女性の姿が描かれるなど[43]、女性の信仰心も動員して毛の神格化が推進された。毛像はその後、女性解放運動でも使用され、昆吾県1, 3区の大会では、自由結婚の儀礼で毛像に礼をすること、宅神・門神や廟を一掃して、毛・民衆・自分自身を信じることが提唱された（JL47.9.23）。

しかし、夏頃まで毛像は一部に導入され始めたばかりで、像を量産して民間に普及させる体制は整っていなかった。上述の何垓村では陽穀・張秋を廻っても見つけられず（JL47.4.9）、濮県でも2日かけて朝城で購入できる状態であった。濮県委宣伝部は全世帯数の1割にも満たない2千部の謄写版像を印刷したばかりであった（JL47.5.16）[44]。濮陽5区の擁党運動では村々、家々で毛像を購入したが、購入できなかった村は区委会に像を要求した[45]。供応社を改組した民間芸術部に登録された書店は、5月時点で25軒、画工・彫刻工は87人に過ぎず[46]、内黄県碾頭では翻身した元画工が自発的に毛像を描いて配布している状態であった（JL47.6.18）。この頃、ようやく機関用の指導者像が作製され、機関紙にも石印版の毛像販売の広告が掲載されるようになった（JL47.6.18）。

8月末から9月にかけて、民間芸術部と寿張の第2専区文工団、および2

つの劇社の芸人・職員らを集めた聯合訴苦が行われ[47]、秋頃には13県1250余人の芸人が登録された（JL47.9.10）。民間芸術部は区党委宣伝部が直接指導する民間芸術聯合会に改組され、同会が訓練・組織した民間芸人の宣伝隊は、中秋［農暦8月15日］から約2ヶ月間、太行区・冀魯豫区各地で毛像5万枚を印刷配布した（JL47.11.27）。この頃には、書店にのみ年画印刷を許可し、神像に課税する措置もとられるようになり、多くの神像店が書店になった[48]。一方、8月から中秋にかけて行われた第一中学芸術部の民間芸人訓練班では、画工・彫刻工らが毛・朱徳・劉伯承像を作製して1万部を販売し、更に中秋から半月間、毎日2千枚以上を販売した[49]。販売数は累計4万枚に上ったが、第一中学所在地の濮県の人口は約12万人であったから、この数は全県人口の3分の1となり、全世帯に何らかの指導者像が普及するほどの数であった。訓練班の卒業生は、指導者像の印刷・販売を副業として生計を立てることが可能となったという[50]。

　46年6月の広告の石印版毛像が200元であったのに対し、これらの版画像の値段は6元もしくは12元であった。上述の濮県辺橋村の統計では、年越し用の神像（竈神・財神・天神）の費用は1戸平均54元であったから、民衆にとって適正な価格であったと考えられる。また、これらが節句に「神像」として消費されれば多少の高値も許容されたであろう。前年春節の辺橋村の反迷信運動が、全村で1つの天爺棚を設けて爆竹を鳴らし、春聯を買わせないなど、村全体の統制として行われたのに対し、中秋も利用した47年の指導者像の販売は、個別家庭の消費慣習に依拠したものであった。このような民間芸人の組織と民俗利用による販売が、基層への指導者像の普及を支えていた。

　11月の『戦友報』は、ある農民が部隊の息子に宛てた手紙を掲載し、彼が迷信をやめて毛像を購入したこと、息子が部隊で活躍して無事帰宅すること、できれば立功を願っていることなどが紹介された（ZY47.11.23）。土地改革と内戦の遂行が一体のものとして提起される中、毛像は家族のつながりをも政治化する象徴として機能しようとしていた。11月には太行区邢台の北方大学美術工廠製作の年画広告が『冀魯豫日報』にも掲載され（JL47.11.27）、48

年1月には各指導者像の年画が、春節には毛沢東バッジが朝城で販売されるようになった（JL48.1.13,2.8）。

4　大衆の権力の象徴

　土地改革の様々な儀礼と日常において、人々は大衆の解放を指導する毛の功臣として革命への忠誠を誓う儀礼を繰り返し、この過程において毛像は、人民への奉仕を強調する大衆の権力の象徴としての性格を強めていく。

　毛像は、村の権力の中心に据えられて、その権威の定着が図られた。濮県では、廟を改造したと考えられる各村の倶楽部［集会所］に安置された毛像の上に赤いシルクの飾り房と国旗が掲げられ、農民は入室すると、まず像に三立礼し、村幹部らは重要事項を像の前で討論した（JL47.5.16）。某県5区の各村事務所には、部隊での立功を伝える名簿が、毛像とともに掲示された（ZY47.11.23）。濮県のある農民は子・孫を倶楽部の毛像の前に跪かせて参軍するよう教え諭し、別の村では、参軍を希望した父子三人が、それぞれの持ち場で働くことを像の前で宣誓した[51]。

　貧農が地主の家に引越しする際の儀式では、地主に毛像を拝礼させて大衆の権力への屈服を演出した（JL.47.4.20,5.9）。観城と清豊では、農民が精神的にも翻身するため、自尊心を取り戻す「面子回家」の儀礼が行われ、地主を集めて毛像に叩頭させ、農民を「富大爺（金持ちの旦那）」「翻身大爺」と呼ばせた（JL47.4.20）[52]。地方部隊の正規軍への昇級と出征、国民党軍の中共軍への編入の儀礼でも毛像が使用された（JL48.10.10,49.1.14）。

　土地改革の急進化に伴い、毛像は農民内部の思想闘争にも用いられ、闘争に消極的であった貧農が反省の意を示すために、毛像への叩頭・宣誓が求められることもあった（JL47.9.23）。貧農への権力委譲を先駆的に進めた南楽では、区政府が各聯防に権力委譲を示す「紅権旗」を授与する儀式において、貧農は毛像に態度表明をし、像を担いでスローガンを叫んだ（JL47.7.27）。濮陽県大棗林村では地主の子らに対する闘争を躊躇する傾向を改めるため、像の前で党員の「献心運動」が行われた（JL47.8.11）。昆吾3区では、9月9日

を「反抗節」として、各村で爆竹・秧歌で慶祝の雰囲気を盛り上げる中、春節に倣い五更［午前3時から午後5時頃］に起きて餃子を食べて毛像への供え物とし、前線支援の献納運動が展開した[53]。工作組の指導の下、貧雇農団が村幹部の権力を接収して行われた整党運動でも毛像は使用され、整党運動のモデル地区とされた太行区武安9区趙荘の党支部大会では、党旗と毛像が掲げられた会場で整党が行われた（JL48.3.4）。ここにおいて毛像は、工作組の指導の下、党支部の上に立つ大衆の権力を象徴するものとなっていた。

Ⅳ　蒋介石の表象

　毛沢東の権威の確立は、周知のように国民政府・国民党の最高指導者である蒋介石の権威の否定とともに進行した。冀魯豫区では、幹部を中心に「正統観念」に基づく国民党・蒋介石への高い評価が一定程度浸透していたため、43年以降、孫文の権威を継承する形で毛の権威を高め、孫文と蒋介石の地位の継承関係を否定して、蒋の権威を否定する試みが進められていた。毛沢東思想は中国民族革命の「正統思想」として位置づけられ、「一切の不正確な"正統観念"」の粛正が主張された（ZY43.11.15,44.3.27,45.5.5）。

　国共の主導権争いの中で、国民党は「買弁、封建的なファシズム」（JR43.7.21）、「大地主・大銀行家・大買弁等の階層の利益」を代表する集団（JR45.5.2）などと規定されるようになっていたが、日中戦争終結前後に国共の対立が激化すると、蒋介石は「アメリカの帝国主義分子」であり（JR45.7.8）、国民政府は日本の傀儡政府と合流したとの批判も行なわれた（JR45.8.14）。内戦が本格化すると、蒋介石は秦檜・袁世凱・汪精衛に並ぶ「売国奴」「奸臣」とされ、日本・傀儡軍と汪精衛の地位は、アメリカ・中央軍と蒋介石に継承されたという宣伝が繰り返された。これらは、ビラや画報に漫画として描かれ、謡いものに編集されて民間に流布した（RR47.1.28,6.17）[54]。燕雲十六州の割譲によって後晋を建国した石敬瑭が、契丹に対して用いた自称であ

る「児皇帝」という語を用いて、蒋を「アメリカの児皇帝」と称し、大衆の正統観念に訴える宣伝も多く行われた[55]。この故事がどの程度、基層の大衆の世界に浸透していたかは不明であるが、日中戦争終結後、「漢奸」に対する清算闘争の形で貧農らへの土地分配が正当化されたように[56]、日本との長い戦争による被害の記憶は、政敵を攻撃する材料としての「売国奴」「奸臣」のレッテル貼りの効用を確実に高めていた。

土地改革が本格化すると、蒋介石は「地主支配」の象徴ともされ、「地主による搾取」、肉親との死別・離別など様々な不幸と生活苦は、「地主権力の代表たる蒋介石」の統治に原因が求められ、地主・富農は「蒋根」と称せられた[57]。農村での階級区分の会議は「澄蒋会」と名付けられ（JL47.7.31）、村民は「蒋派」と「毛主席に従う者」に分類されるなど、土地改革の敵・味方は、蒋と毛、国民党と中共の二者択一の形で明示された。土地改革、参軍動員の大会も、「反蒋訴苦大会」「反蒋保田大会」などと称され、「蒋二禿［蒋家の禿頭の次男坊］がわしらの飯碗を壊しに来る」、「蒋介石を消滅してこそ土地を守れる」などのスローガンによって、生活に結びついた参軍の緊要性が強調された[58]。軍隊では、部隊内に存在する多数の国民党軍の俘虜出身者も動員し、旧社会での生活苦や肉親の死、強制的徴兵、部隊で受けた虐待などを材料として訴苦を行わせ、その怨恨を階級意識と蒋介石への報復の意識へと昇華させようとした（ZY47.1.12,3.28,3.31）。

蒋の象徴操作においても民俗利用が行われた。2728部隊では営ごとに蒋の藁人形が作られて訴苦が行われ（ZY47.1.12）、このような訴苦では、兵士の肉親の合同追悼儀礼が行われることもあった（ZY47.11.29）。濮県の翻身節では全県で蒋の「公審」が行われ、干草に軍装を着せて西洋南瓜にヘルメットを被せ、豆腐を赤く染めて脳漿の代わりとした人形に訴苦を行い、これを殴打、「処刑」した。主婦は粉で蒋の人形を作り、「蒋二禿」と書いて油で揚げて食べ、「油炸蒋二禿」という歌も作られた。菓子は街でも売られ、子供の遊びにもなった（JL47.5.16）。観城3区の女性の反蒋運動では藁人形が針で1日3回刺され、粉で作った人形が煮られた（JL47.4.17）。秦檜を油揚げにする

意を込めたとされる油条の寓意⁵⁹⁾が、ここに再現されている。秧歌では、毛は救星・活財神、蒋介石は害星・大禍根と歌われた。この歌では、「共産党は父母」、「八路軍は忠義であり孝行である」とも歌われ、権力の正当性を忠孝道徳に重ね合わせて主張する伝統的な権力観が示されている（JL47.5.16）。蒋は「不忠不孝」の「奸臣」「逆賊」に貶められていた（RR47.2.21,8.1）。根拠地の農村の一部では46年までの土地改革で既に地主が消滅しており、また本来小農経営を中心とし、大規模地主の少ない華北の農村においては、地主がいない村も存在しており、これらの村において階級闘争を進める際にも、日本の侵略の記憶を利用しつつ、大衆の正統観念に訴える「奸臣蒋介石」のイメージは、一定の有効性を持ったものと考えられる。

階級敵ばかりでなく、部隊・党・政権内部の「享楽・腐敗・搾取」思想もまた、「内部の蒋介石思想」とされた（ZY46.7.10）。濮県戸部砦村では、批判された幹部の首に「蒋根」の白牌を下げさせた（JL47.5.19）。内面の思想を評価するこのようなレッテル貼りは、可変的な等級区分として、不安定な情勢の中で人々の忠誠心を獲得するための手段として導入される一方、土地改革の急進化の中での闘争対象の拡大の方便としても機能していた。

V 毛沢東像の表現形式

それでは、根拠地に導入された毛像は、どのような形式と特徴を備えていたのであろうか。現状では、確認できる原資料は極めて限られているが、新聞・雑誌史料、画集、写真集に収められた肖像や関連の記事・回想録などを参照しつつ、毛像の表現形式について検討したい。

映像・通信技術が未発達な時代、ある指導者が広く大衆に認知され、権力の象徴として定着するためには、一定の形式をもった肖像の確立と普及が必要である。孫文の肖像においても、販売できるものが44年に4つの出版社の3種の像に限定されたように⁶⁰⁾、毛像が象徴として普及する過程においても

形式の統一が進行していた。

　39年以降、各地の中共機関誌では、中共成立記念日や重要な文献の通達、重要な会議の報道などの際に、毛像が掲載されるようになった。しかし、46年頃まで各地の機関誌に現れた毛像は、七全大会以後、確認される楊廷賓作の版画像など、比較的よく使用されたものが数種類あるものの[61]、その形式は多様で毛のイメージを定着させるには統一感を欠くものであった。これらの中には陰影の強いもの（TH45.1.15）、半身像（XRH 39.9.3，ZY45.7.1）、個別の事件についての標語を付したもの（XRH 39.9.3）、文字で作られただまし絵風のもの（ZY43.9.27）などがあり、作者の署名入りの像（XRH39.1.19, ZY43.9.27）も存在したことは、これらが芸術作品としての性格を完全に脱していなかったことを示している[62]。また、写真で確認できる限り、各地の儀礼で使用された毛像も多様であった。

　前線の中共根拠地において指導者の写真像印刷に最初に成功した例は、41年4月、晋察冀辺区『抗日三日刊』に掲載された聶栄臻の銅板写真像であるとされる[63]。翌年7月創刊の『晋察冀画報』創刊号には、同じ聶栄臻像が掲載されており、毛ら他の中共指導者の写真像は同4期（9月）に登場している。この毛の写真像は、同辺区の代表的肖像として多用されたようであるが、やや右上向きの像で、後の神像の代替となるような対称性を基調とした正面像ではない。晋冀魯豫辺区では写真を機関紙で使用する条件がなく、一貫して版画の指導者像が使用されていた。山東根拠地では毛の写真の入手は非常に困難で、幹部が延安から持ち帰った1枚の画像を機関誌等で使用していたが[64]、これは晋察冀の像とは異なる正面像で、同根拠地が毛の写真像の印刷に成功したのは45年2月のことであった[65]。肖像の形式統一には、その基となる写真や画像の普及と、これを支える交通の整備、機器の確保、技術の修得が必要であった。

　毛像の形式統一に決定的な役割を果たしたのは、45年12月出版の晋察冀軍区政治部・晋察冀画報社編『中国偉大的領袖毛主席近影集』（以下、『近影集』）である。この写真集は、中共軍の張家口占領後、日本軍と蒙疆銀行の印

第 7 章　中国共産党根拠地の権力と毛沢東像

図1　「毛主席肖像之一」，晋察冀軍区政治部・晋察冀画報社編『中国人民偉大領袖毛主席近影集』，1945年

図2　「毛主席肖像之二」『中国人民偉大領袖毛主席近影集』

図3　「永遠跟着毛主席走」太行文聯美術部　民国三十七年 歳次戊子（中華民国法務部調査局資料室蔵）

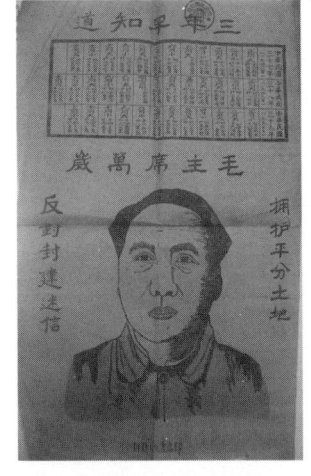

図4　「三年早知道」太行区　輝県文化書店　中華民国三十七～三十九年（中華民国法務部調査局資料室蔵）

図5　王式廓「毛主席像」（北大美術工廠発行，1942年？），李小山等主編『明朗的天1937-1949解放区木刻版画集』湖南美術出版社，1998年

刷機材を使用して作成されたものとされ（発行部数5000部）[66]、毛の肖像写真3枚とスナップ風の写真7枚が収められている。撮影者は、呉印咸・鄭景康・徐肖氷・銭筱章とされる[67]。「毛主席肖像之一」（図1、以下、肖像①）の撮影者は、呉印咸と推察される。呉は上海で写真家、映画撮影家として活

245

躍した後、38年に延安に入り、八路軍総政治部延安電影団の隊長、団長として、延安の記録映画、報道写真、指導者の写真などの撮影に携わっていた[68]。呉は、42年に肖像①と髪型、服装などの造形的な特徴が一致する毛の写真を撮影しており、この事実を指摘した楊小平氏がこの写真を「恐らく最初の正式な標準像」として紹介していること[69]、『近影集』の撮影者の筆頭に呉の名前が上げられていることから、肖像①は呉が42年に撮影した写真と考えられる。「毛主席肖像之二」（図2、以下、肖像②）は鄭景康の作品と特定されている[70]。鄭もまた著名な写真家で、40年に延安に入り、八路軍総政治部宣伝部写真記者として延安の人々の生活や指導者の写真を撮影し、45年11月には晋察冀画報社に転出した[71]。延安の指導者像撮影に重要な役割を果たしていた鄭が、その作品を携えて前線で最も写真技術の発達した晋察冀辺区に入り、『近影集』が発行されたことは、毛像の普及を進める中共の明確な意志を示していよう[72]。

表1～5は、機関紙・切手・セレモニー等における毛像の使用状況を、肖像①と肖像②、およびその他の肖像に分けて示したものである（それぞれの肖像には、写真を基にした画像・版画なども含む）。これらから、内戦期において先に肖像①が、次いで49年頃から肖像②が、毛の代表的な肖像として使

表1　晋冀魯豫辺区の機関紙における毛沢東肖像件数の推移

年	44	45	46	47	48	49
肖像①	0	2	1	2	6	1
肖像②	0	0	0	0	0	3
その他	1	4	2	1	3	0

注：『新華日報（太行版）』『新華日報（太岳版）』『冀魯豫日報』『戦友報』『人民日報』より作成（報道写真は統計に含めていない）。

表2　毛沢東切手の肖像別発行件数の推移

年	44	45	46	47	48	49
肖像①	0	0	1	5	10	4
肖像②	0	0	0	1	1	12
その他	1	2	4	4	3	4

注：『新華日報（太行版）』『新華日報（太岳版）』『冀魯豫日報』『戦友報』『人民日報』より作成（報道写真は統計に含めていない）。

表3 肖像①の集会・セレモニーでの使用例（1946〜1949年）

年月	内容
1947 頃	臨汾戦役解放軍官への教育改造開学典礼
1947	某部 37 団曲沃占領記念撮影
1948.8	華北大学成立典礼
1948.11	瀋陽市　全東北解放慶祝デモ
1949.1	北平　人民解放軍入城
1949.2	北平解放慶祝大会
1949.2	昆明解放
1949.3	中共七期二中全会
1949.4	中国新民主主義青年団第一次代表大会
1949.4	太原解放
1949.5	大同進軍
1949.7	北平糾察隊　慶功大会
1949.7	北平市各界人民 抗日戦争 12 周年記念大会
1949,10	中華人民共和国開国典礼
1949.12	北京市第二期各界人民代表会議
1949.12	湛江解放及元旦聯歓大会会場中央の肖像
1949	粤桂湘辺縦隊・第二野戦軍第四兵団 15 軍会師
1949	北平中山公園　人民解放軍部隊幹部大会
1949	厦門進攻動員大会

表4 肖像②の集会・セレモニーでの使用例（1946〜1949年）

年月	内容
1947 頃	臨汾戦役解放軍官への教育改造開学典礼
1947	某部 37 団曲沃占領記念撮影
1948.8	華北大学成立典礼
1948.11	瀋陽市　全東北解放慶祝デモ
1949.1	北平　人民解放軍入城
1949.2	北平解放慶祝大会
1949.2	昆明解放
1949.3	中共七期二中全会
1949.4	中国新民主主義青年団第一次代表大会
1949.4	太原解放
1949.5	大同進軍
1949.7	北平糾察隊　慶功大会
1949.7	北平市各界人民 抗日戦争 12 周年記念大会
1949,10	中華人民共和国開国典礼
1949.12	北京市第二期各界人民代表会議
1949.12	湛江解放及元旦聯歓大会会場中央の肖像
1949	粤桂湘辺縦隊・第二野戦軍第四兵団 15 軍会師
1949	北平中山公園　人民解放軍部隊幹部大会
1949	厦門進攻動員大会

表5 その他の肖像の集会・セレモニーでの使用例（1946〜1949年）

年月	内容
1946.4	張家口市参議会
1946	濱海区慶功大会
1946	重慶　軍事三人小組の招待宴

出所：軍事資料図書出版部『中国人民解放軍歴史図集』4，長城出版社，1984〜85年，中国革命博物館編『中国共産党七十年図集』（上），上海人民出版社，1991年，閆樹軍『紅舞台上的永恒　天安門楼上八版毛主席画像的絵制』中共党史出版社，2010年，『華北画報』『人民日報』などから作成

用されていること、特に各地の公式の集会・セレモニーで使用される肖像は、46年以降ほぼ肖像①②に統一されていることがわかる[73]。

　肖像①は、脱帽の正面像で、左分けの髪に広い額、顔左側に薄い陰影があるなどの特徴をもつ。この写真は陝区では、44年以降の各種模範奨励のバッジや、45年の中共七全大会の記念バッジにも使用されていた[74]。無帽で無表情の正面像、薄い陰影という特徴は、版画の神像の形式になじむものである。肖像①が普及した47年から48年は、土地改革の急進化と農村根拠地の拡大の時期であり、この過程において神像の形式を備えた毛像が農民に受け入れられたことを示唆する。年画や神像を代替した毛像を原資料によって確認することは困難であるが、雑誌の挿絵や連環画などで確認する限り、農民の家に飾られた年画や結婚式などの民俗利用において使用された像の多くは肖像①の形式を備えたものとなっている[75]。

　図3、4は、中華民国法務部調査局の資料室において筆者が確認できた年画の毛像である。図3は太行文聯美術部発行の年画で、作者は洋画の訓練を受けた文芸工作者であると考えられ、肖像①を基に作製されたことは明らかである。洋画の技術により陰影が施されて写実性の高い仕上がりになっている一方で、線主体の表現と明るい色調によって年画の特徴が生かされている。竈神の形式にならい農暦が付されているが、迷信的要素は排除され、対聯を廃して生産図に替え、生産による生活の向上が強調されている。横批は洋画風の帯に書かれた「永遠に毛主席に従おう」という標語に替えられ、神像の上に暦を配する形式を避けて、毛像の下に暦が配置されている。神像の形式

を利用しつつこれを廃棄しようとする意図がうかがえるが、竈神が上帝の使いとして個別家庭を司祭するのに対し、中共が毛を真命天子、「中国人民の救星」として民間へ浸透させようとしていたことを考えるならば、暦は頭上に頂かず、下部に配すべきであったとも考えられる。

　図4の太行区輝県文化書店発行の年画は、発行年・発行地区、図3と同じファイルに保存されていた情況から判断して、図3の模倣品ないし普及版であると考えられる。洋画の訓練を経ていないため、陰影は立体感に乏しく汚れて見えるが、それでも陰影が施されたことは、これが欠かせない形式として認識されていたためかもしれない。実際に各機関誌に掲載された指導者像には陰影が施されたものが多く、中共は民衆になじみの薄い陰影を抑制しながらも、写真や画像を基に尊厳のあるリアルな指導者像を定着させようとしていたものと考えられる。図4は図3に比べて竈神の形式に忠実であり、暦は像の上に配置され、対聯と横批も加えられている。「封建迷信に反対せよ」の聯は、竈神への信仰を否定した上に毛像が受け入れられるべきことを示している。また、通常の竈神像と異なり3年分の暦を付していることは、中共軍が撤退しないことや土地改革の方針などが変更されないことの保障であるとも考えられ、その意味でも民衆の心性に配慮したものとなっている。

　冀魯豫区では供応部の画工が、写真を基に毛沢東・朱徳像を洋画の技法も採用して作製したとされ[76]、第一中学の民間芸人訓練班も洋画の技法を採用し、民衆に配慮して陰影を少なめにし、配色も鮮やかなものにしたという[77]。このような証言は図3の年画の表現形式と一致している。もちろん、年画改造は順調に行われたわけではなく、毛沢東、朱徳、農民を故意に竈神にした年画などを作る画工もいたという[78]。

　なお、肖像①を基にしたと考えられる版画像に林軍「毛主席」があるが、これは強い陰影を施した単色の版画であるため、年画の代替として作製されたものではないと思われる[79]。一方、王式廓（魯迅芸術学院教員兼研究員）の42年の作品とされる彩色版画の毛像（図5）は、髪型が若干異なる他は肖像①と特徴がほぼ一致し、年画に適した明るい彩色の仕上がりになっている

（ただし、この版画像には北方大学（45年創設）美術工廠発行の文字が付されており、原版の作製年に誤りがなければ、図5は後年の複製品ということになる）。年画にふさわしいこの版画像は、43年の陝区第一回労働英雄大会などで農民へ頒布し、毛の権威を農民大衆へ浸透させようとする意図によって作製されたものと考えられる。また、47年11月の『冀魯豫日報』には、北方大学美術工廠製の毛像の色刷り年画の広告が掲載されており（JL47.11.6）、王自身がこの年に北方大学に赴任していることから、図5はこの広告の年画である可能性が高い。王作の毛像は内戦期に30万枚が印刷されたとされ[80]、一定の影響力のある肖像であった。いずれにしても、陝区において毛の権威の社会への拡大とともに確立した毛像の形式が、前線の根拠地の学校や文芸工作機関に継承されて普及したことが確認できる。

　49年からは、肖像②が顕著に使用されるようになるが、この肖像は、44年に軍幹部の朱瑞とともに撮影されたスナップ風の写真をもとにしたものであったことが、近年明らかにされている。また、この肖像は、49年の開国大典の際にも天安門に掲げられたが、その理由は毛自身が堅苦しくない写真を望んだためとされる[81]。その際、画家が垢抜けたスタイルと認識して開襟をそのまま描いていたものが、厳粛さを求める聶栄臻の意見により襟を閉じた絵に変えられたという[82]。

　八角帽、右上向き、笑み、強い陰影、開襟という形式は、肖像①に比べて確かに親しみやすくモダンな感じを与える。「毛主席肖像之三」が横向きで笑みを見せたスナップ風の写真であることからも、肖像①が厳格な正規の肖像で、他の2つが親しみやすさを強調したものであると考えることができる。また、建国直前の各職能団体の全国大会では肖像①が、各都市の解放慶祝のパレードでは肖像②が、それぞれ比較的多数使用されており（表3,4）、会議には厳粛さが、パレードには華やかさが求められることから、厳格さと親しみやすさを表現する2つの肖像の位置づけの差が理解できよう[83]。

　肖像②が49年から顕著に使用されたことは、49年1月末までの三大戦役の勝利により、北京・天津を始めとする多くの都市が中共の統制下に入り、全

国政権確立の展望が確定したことに起因すると考えられる[84]。国民党権力の腐敗や「独裁」を非難し、聯合政府による新中国の建設を訴えていた中共は、全国の都市民に対して清廉で民主的な新政権の性格を演出するため、この時点において、権威や厳粛さよりも、親しみやモダンさを強調する肖像を多用するようになったと推察される。49年3月、中共七期二中全会における毛の総括報告は、指導者の驕りを戒め、指導者の祝寿をしない、指導者の名前を地名などに用いない、毛自身をマルクス・エンゲルス・レーニン・スターリンと並列させない原則を提示しており[85]、権威主義に反対するこのような方針は、肖像②の導入に符号している。国民党統治地区への広報を担っていた中共機関誌『群衆』誌上にも、このような傾向を示す変化が観察され、48年中、毛像はほぼ肖像①に統一されたかに見えたが、49年3月からは全てスナップ風の写真が使用されるようになっている[86]。これらを総合すると、肖像①が厳粛さを強調する像として、農民を対象に神像の代替とされたのに対し、肖像②は親しみやすさやモダンさを強調し、都市の住民にアピールするものであったと推察できる。

　肖像の規格化、暦での使用、明快な標語の確立、像への宣誓や人生儀礼での使用などの情況から、孫文像の形式や使用法が意識・踏襲されたことがわかる。ただし、像への跪拝や神像としての使用、民間信仰の積極利用は、孫文像には見られない特徴である。その一方で、都市生活に深く浸透し、使用が制度化された孫文像と比較して、毛像の掲示・破損等に関する法規等は未確立であった[87]。

Ⅵ　文芸工作の急進化とその是正

　華北の農村根拠地の土地改革は47年後半から更に急進化し、48年1月からは党支部の権力を貧雇農に委譲する整党運動が展開した。冀魯豫区でも新聞や文芸教育雑誌が停刊され、農村の階級闘争が文化教育機関にも導入された。

搾取階級出身の知識人は批判を受け、業績を否定された文芸工作者らは仕事を放棄し、神像店の強制封鎖、関係者の逮捕・監禁、強制的反省なども行われたため、芸人らも帰郷して工作は停滞した[88]。

　中共は土地改革を通じて、毛を最高位の神として受容させようとしていたが、現世利益的で多神教的な民間信仰の中で、毛は主に個別家庭を司祭する神として受容されたため、急進化に伴う社会不安には対応できなかった。冀魯豫区では、47年の土地改革でようやく毛像が農村に導入される段階にあり、個別家庭の神としても定着しておらず、民衆は現世利益的で多神教的な民間信仰を背景に、会門や流言が提供する様々な「霊験」に不安の解決を求めるようになっていった。また、中共自身が会門の手法に倣って組織を拡大したこともあり、会門的結合は安全保障の重要な方法として民衆に認知され続け、民衆の「救星（救いの神）」も、社会不安に応じて様々な形で提示されていた[89]。

　土地改革の急進化是正に伴い、9月には文芸座談会で文芸工作の「左傾」是正が確認され、この会議の決定に基づき、冀魯豫区文聯美術小組が組織され、各県芸人との連絡も回復していく[90]。回復した芸人の訓練班においては、「封建迷信の古い台詞を歌わず、古い絵を描かず、積極的に人民に奉仕することによってこそ、前途がある」ことが指示され、「為人民服務」の指導方針は、急進化の混乱を経ても維持され、基層に浸透しようとしていた[91]。

　11月、美術小組には華北聯合大学文芸学院から鄧野が派遣されて、指導体制が強化され[92]、芸人の改造を通じて39種の年画が作成された[93]。同月、芸術聯合会は画工・彫刻工・印刷工・各画店経理ら30数人による研究会を開催して、14の画店の出資と政府の援助による新大衆版画工廠の設立を決定し[94]、同会の画・塑研究室は、45の指導者像と10の年画稿を作製した[95]。48年10月までの2年間で710余人の民間芸人が初歩的訓練を受けたとされるが、これは把握された芸人数の17％弱であり[96]、本格的な改造はその後の課題であった。11月、王亜平（文聯主任）は、「46年には我々は神像を改造し、47年には我々は封建によって封建に反対するいくらかの年画をつくり、今年ようやく新しい内容の、技術的にも比較的向上した年画を創造した」と述べて

おり、年画改造工作は緩慢な過程を辿っていたことが理解できる[97]。

48年末、『冀魯豫日報』は、毛の写真を見た農民が、「一目見ただけで、身内だとわかる」と語った記事を掲載しており（JL48.12.5）、急進化是正の後、毛の権威確立の手法は神格化から後退しているように見受けられる。なお、上述した『戦友報』掲載の毛の物語は、48年には華中新華書店発行の小冊子にも採録されており[98]、このような物語が中共の勢力範囲の拡大に伴い各地に流布され、その過程において、まず毛の人格の称賛が進められていたことを示唆する。この時期、華北のある部隊の雑誌では、兵士が毛、蒋、労働者、農民、解放軍、学生などの役となって、「毛」の指示の下に蒋の役となった者を当てるというゲームが紹介されており、部隊においても、生活の中で毛に親近感を抱かせる工夫が必要とされる情況が存在した[99]。

内戦の勝利が確定した段階において、中共は信仰一般を迷信、「封建支配」の道具として禁圧する傾向を強めていった。49年5月、冀魯豫公署は、神像の作製販売・購入の禁止と新年画の導入を指示した[100]。演劇においても細かな上演禁止演目リストが整えられたが、中共軍の将軍が廟を建てて神に祈願する「打四川」や、民衆が廟の神像になりすまして兵役を逃れる「打城隍」のような演劇も上演が禁止され[101]、この時期の迷信禁止の方針は、民間の心性と乖離した基準の高いものであった。中共は、内戦の過程において毛の神格化のために民間信仰を積極的に利用したが、全国政権確立の展望が開けるに伴い、改めて民間信仰に対する抑圧的な姿勢を顕著に示すようになった。しかし、民俗改良はその後も緩慢な過程をたどり、建国後の50年になっても、年画作製者は神像の形式にこだわり、民衆の嗜好にあわせようとする傾向があったとされる[102]。

おわりに

冀魯豫区における毛像の導入は、他の根拠地と同様に多神教的・現世利益

的民間信仰に依拠して、民俗利用をともなって進行したが、前線の不安定な情況を受けて、個別家庭を司祭する神としてだけでなく、会門的結合で使用された盟誓における天の代替としても使用され、党・農民の権力としての性格が強調された。

「為人民服務」の自己犠牲の精神や、それを指導する「人民の救星」としての毛のイメージは、民の意を天意とする伝統的な民本思想、天命思想に親和性を持つものであった。立功運動や各種模範の奨励においても、科挙官僚及第を模した儀礼や地主と農民の文化的地位を交替させた儀礼が執り行なわれるなど、農民に伝統文化の権威を付与しており、中共は民衆に「官」としての権威意識を与え、その正統観念を利用することで、権威を高めようとしていた。しかし、冀魯豫区では、土地改革の展開に比べて民俗利用の文芸工作の進展が遅れ、毛像の農村への浸透と同時進行で土地改革の急進化が進行したため、毛の神格化を図る中共の意図は、太行区・太岳区よりも更に徹底できなかった。

中共は、農村根拠地では大衆動員に依拠した階級闘争の論理による整党運動を遂行する中で、人民代表大会の準備を開始したが、その一方で党の指導的地位を前提としながらも、政治協商会議を通じて民主党派・無党派人士らとの「合意」による聯合政府としての新政権の準備も進めていた。神像を代替する厳粛さと、都市の洗練・親しみやすさを強調する毛像の2つの表現形式は、このような権力の二重性に対応しているといえよう。

注

1) 近代中国におけるシンボル研究に関する動向整理は、小野寺史郎「最近十年来の近代中国政治シンボル研究の展開について」(『近きに在りて』第52号、2007年)、同『国旗・国歌・国慶—ナショナリズムとシンボルの中国近代史』(東京大学出版会、2011年、7-13頁)を参照。
2) 内藤陽介『マオの肖像—毛沢東切手で読み解く現代中国』雄山閣出版、1999年。牧陽一・松浦恒雄・川田進『中国のプロパガンダ芸術—毛沢東様式に見る革命の記憶』岩波書店、2000年。韓敏「毛沢東の記憶と神格化—中国陝西省北部の「三老廟」の

事例研究にもとづいて」『国立民族博物館研究報告』第 29 巻第 4 号、2005 年。牧陽一『中国現代アート―自由を希求する表現』講談社、2007 年。韓敏編著『革命の実践と表象―現代中国への人類学的アプローチ』風響社、2009 年。韓敏「韶山の聖地化と毛沢東表象」、塚田誠之編『民族表象のポリティクス―中国南部における人類学・歴史学的研究』風響社、2009 年。楊昊成『毛沢東図像研究』時代国際出版有限公司、2009 年など。

3) 丸田孝志「抗日戦争期・内戦期における中国共産党根拠地の象徴―国旗と指導者像」『アジア研究』第 50 巻第 3 号、2004 年。

4) 新聞史料は、『冀魯豫日報』1947 年 4 月 27 日の場合、JL47.4.27 のように略記し、各新聞の略号は、『冀魯豫日報』(JL)、『戦友報』(ZY)、『人民日報』(RR)、『解放日報』(JR)、『新華日報（太行版）』(TH)、『新華日報（太岳版）』(TY) とする。

5) 「魯西区党委関於従思想上政治上強固党的系統教育的初歩総結」（41 年春）、中共冀魯豫辺区党史工作組弁公室・中共河省委党史工作委員会編『中共冀魯豫辺区党史資料選編』第二輯、文献部分（上）（以下、『党史選編』2 上のように略記），河南人民出版社、1988 年、611 頁。

6) 段君毅「泰西区抗日根拠地的開辟与発展」『党史選編』4 中、山東大学出版社、1992 年、87 頁。

7) 「魯西区党委関於従思想上政治上強固党的系統教育的初歩総結」、617 頁。

8) 注 3)、11-12 頁。

9) 「北方局、野政関於 1943 年整風運動的指示」（43 年 2 月 5 日）、中国人民解放軍国防大学党史党建政工教研室編『中共党史教学参考資料』第 17 冊、奥付なし、360 頁。

10) 中国民間文芸研究会整理『毛沢東的故事和伝説』（工人出版社、1956 年）に再録された葬送の物語の註では、この物語は『毛沢東故事選』（晋察冀新華書店、出版年不明）に収められたものとされる。

11) 納海「張浩：毛沢東為其抬棺的人」『党史縦覧』2006 年第 12 期、31 頁。

12) 「中国共産党党章」（45 年 6 月 11 日中国共産党第七次全国代表大会通過）、中央档案館『中共中央文件選集』第 15 冊、中共中央党校出版社、1991 年、117 頁。

13) 楊昊成前掲書、38-39 頁。

14) 三品英憲「1940 年代における中国共産党と社会―『大衆路線』の浸透をめぐって」『歴史科学』第 203 号、2011 年。

15) 山西省の部隊に配布された写真は、上述の写真集の「毛主席肖像之一」（後述）を使用しており、毛自筆の「為人民服務」の文字と署名が確認できる（呉群『中国撮影発展歴程』新華出版社、1986 年、417 頁）。

16) 「馬淑芬 1946 年業証書（抗日軍政大学）」「寧克誠 1949 年業証書（中国人民解放軍

華北軍政大学)」、許芳・紹福主編『老業証書』、中国档案出版社、2009年、360、366頁。
17) 第十縦二十八旅組織科『入党志願書』、奥付なし。
18) 冀魯豫区九地委組織部『入党志願書(甲種表之一)』、奥付なし。冀魯豫辺区第五地委組織部『入党志願書(甲種表之一)』、奥付なし。東海県委組織部『入党志願書』、奥付なし。
19) 注3)、12-13頁。
20) 延安魯迅芸術学院木刻工作団の前線の根拠地での活動については、瀧本弘之「抗戦時期新興版画の生成と展開」(瀧本弘之・奈良和夫・鎌田出・三山陵『中国抗日戦争時期　新興版画史の研究』研文出版、2007年、286～293頁)を参照。
21)「冀魯豫分局関於紀念"七・一""七・七",学習七代大会毛沢東同志報告及開展対敵政治攻勢的指示」『党史選編』2下、531～537頁。
22) 雲華「憶冀魯豫文工団在戦争年代的生活断片」、河南省文化庁文化志編集室編・文化史料徴編室編『冀魯豫辺区文芸資料選編』(五)(以下、『文芸選編』5のように略記)、奥付なし、157頁。
23) JL6.13、7.18、7.28、8.15 など。
24) JL46.5.29、7.2、7.18、7.22、8.4 など。
25) 王亜平「一年来的経歴」(47年8月)、『文芸選編』1、292頁。
26) 李春蘭「冀魯豫区的民間芸術工作」(47年10月25日)、同上63-65頁。
27) 李春蘭「冀魯豫文聯幹部大会討論問題的総結」(47年4月)、同上244頁、冀魯豫文芸界協会「対於編刊写作美術工作右傾思想的検査」(49年2月)、同上380頁。
28) 労郭「今年我們怎様創作的新年画」(48年11月)『平原』3期(48年12月)、5頁。藍白「年画工作中関於旧形式的運用」『平原』第2巻第2期、奥付欠。
29) 王亜平「改造民間芸術」(48年10月)『華北文芸』2期(49年1月)。
30)「民間芸術聯合会対芸人的思想改造」『文芸選編』1、104-105頁。
31) 同上。
32)「冀魯豫区的民間芸術工作」、66～69頁、「民間芸術研究会経過」『文芸選編』1、73～74頁。
33) 王亜平「改造民間芸術」。
34)「保衛毛主席―記陽穀二区群衆大会」『新地』2巻4期(47年4月)、9-12頁。
35) 丸田孝志「国共内戦期冀魯豫区の大衆動員における政治等級と民俗」『アジア社会文化研究』第10号、2010年、140-143頁。
36) 同上。
37) 冀魯豫区党委「関於開展立功表模運動的指示」(47年3月18日)『党史選編』3上、

268 頁。

38）「濮陽万余参軍青年英雄会場電告毛主席朱司令　練好武芸奔赴前線不打蒋賊不回家」、中共濮陽市郊委党史資料徴編委員会弁公室『中共濮陽党史資料』第 4 集、1985 年、1-3 頁。

39）ZY45.3.14、JL45.1.11、2.10、47.4.19、5.16 など。

40）JL46.3.9、4.27、8.30、9.24、10.4、11.30、47.4.9、5.16 など。

41）辺区青聯「対 1944 年辺区青運任務的指示」（44 年 2 月 6 日）『党史選編』2 下、273-274 頁。

42）注 35）。

43）劉衍洲「喜事」『文芸選編』4、50 頁。

44）濮県の人口は、「冀魯豫区行政区画人口及党的組織総合統計表」（49 年 1 月 2 日、張玉鵬・張文傑編『中共冀魯豫辺区党的建設』、河南人民出版社、1994 年、456 頁）によると約 12 万人であり、総世帯数は 1 世帯 5 人で計算すれば、約 2 万 4 千世帯と推計できる。

45）楊敬仁「回憶濮陽 5 区党在解放戦争時期的工作」『中共濮陽党史資料』第 6 集、1988 年、110 頁。

46）冀魯豫民間芸術聯合会指導室「民間芸人調査統計表」（47 年 5 月 20 日）『文芸選編』1、102 頁。民間芸術聯合会は同年秋に成立しているので、「芸術聯合会」は「民間芸術部」の誤りと考えられる。

47）「冀魯豫区的民間芸術工作」、68-70 頁。

48）「冀魯豫文聯幹部大会討論問題的総結」、243 頁。

49）「一中芸術部総結報告」『文芸選編』1、89 頁。李剛「宣伝走民衆路線的好様子―介紹一中芸術部画工訓練班経験」、同上 164-165 頁。

50）「一中芸術部総結報告」、同上 164-165 頁。

51）『荘稼人怎様穿上軍装了』冀魯豫書店、奥付なし、56-58 頁。

52）「面子回家」の語は、土地が本来の持ち主である農民に戻ったことを「土地回家」［土地が家に戻る］と称したことに由来する。

53）「昆吾提出支前秋徴後全県群衆熱烈献公糧」『中共濮陽党史資料』第 6 集、15 頁。

54）董生「説壽種」『新地』2 巻 2 期（47 年 2 月）、34 頁。「売国奸賊輩輩相伝伝到老蒋従此底完」（ビラ）『中共画刊』、奥付なし（法務部調査局蔵）、陳岳峯「日汪和美蒋」『人民画報』（山西興県）19 期（46 年 12 月）など。

55）RR46.11.15、47.1.28、JL47.12.3。

56）田中恭子『土地と権力』名古屋大学出版会、1996 年、第三章。

57）ZY47.1.12、3.31、9.9。JL47.7.31。

58) JL46.9.24,9.25、10.5、47.3.20。
59) 「談油炸鬼」、周作人『苦竹雑記』良友図書印刷公司、1940 年、109-115 頁。
60) 陳蘊茜「"総理遺像"与孫中山崇拝」『江蘇社会科学』2006 年 6 期、107-108 頁。
61) JR45.5.2,TH45.5.14,ZY45.7.1 など。作者の特定は、楊士俊「楊廷賓和延安時期毛沢東木刻像」(『党史博覧』1994 年 2 期) による。
62) John Fitzgerald, *Awakening China; Politics, Culture, and Class in the Nationalist Revolution*, Stanford University Press, 1996, p. 30 の孫文の宣伝画と芸術家の匿名性に関する叙述も参照。
63) 顧棣・方偉『中国解放区撮影史略』、1989 年、口絵写真 3 頁、196-196 頁。当時、「陝甘寧の放送と晋察冀の銅版」は、「八路軍の二大創造」と称されたという。
64) 王景文「山東戦郵一版毛沢東像郵票之研究」『集郵博覧』2009 年 8 期、21-22 頁。
65) 顧棣・方偉前掲書、250 頁。
66) 顧棣・方偉前掲書、451 頁、呉群前掲書、359 頁。
67) 呉群前掲書、345-346 頁。
68) 楊小平『新中国撮影 60 年』河北美術出版社、2009 年、30-32 頁。
69) 同上。
70) 竇応泰「開国大典主席画像的来歴」『文史博覧』2004 年第 12 期。閆樹軍編著『天安門新影 1949-2009』解放軍出版社、2009 年、15-17 頁。鄭の作品には、この他に『近影集』所収の肖像写真と同じ作品名の「毛主席肖像之一」(44 年　延安にて)、「毛主席肖像之三」(45 年) があると指摘されており (顧棣編著『中国紅色撮影史録』(下)、山西人民出版社、2009 年、621-622 頁)、『近影集』の肖像は、全て彼の作品と考えることもできる。しかし、上述のように呉が肖像①と同じ造形的特徴をもつ写真を撮影していること、肖像①を基にしたと考えられる林軍 (魯迅芸術学院 43 年卒業生) の版画「毛主席」が、建国後の版画集では 43 年の作品とされており (李小山等主編『明朗的天　1937-1949 解放区木刻版画集』湖南美術出版社、1998 年、95 頁)、肖像①が 44 年の撮影では時間的に矛盾が生じること、44 年撮影の毛の肖像は他に比較的多く存在すること、呉と鄭の作品は回想などでよく混同されていることなどから、肖像①を鄭の作品であるとする説はとらない。なお肖像①は、内戦期の代表的肖像でありながら、管見の限り建国後の写真集には収録されていない (会場に掲げられたものが映り込んだ報道写真を除く。撮影者が特定されないことも、このことが背景にあると考えられる)。肖像①をモチーフに毛像が神像の代替として流布した記憶を消し去ろうとする意図とも推測されるが、詳細は不明である。
71) 顧棣・方偉前掲書、70-78 頁。
72) 鄭は最初東北を目的地にしており (顧棣・方偉前掲書、72 頁)、呉は日中戦争終結

後に東北に入って東北電影製片廠の創設に参加している（楊小平前掲書、9頁）。これらから、中共は日中戦争後より、東北の最新技術を宣伝広報に利用しようとしていたことがわかる。

73) 機関誌の版画像には、一部に陰影の強いもの、陰影のないものなど、若干の印象の異なるものもあるが、表ではこれらも含めて図1の造形的特徴を備えたものを肖像①として整理した。また、上述の呉の撮影した42年の毛像も肖像①に含めている。なお、機関紙の肖像①などには、左右が反転したものが確認されるが（TY45.5.7,5.9,ZY47.2.20）、このことは、毛の容貌や像の形式に関する情報がまだ十分に定着していなかったことを物語る。

74) 中国人民革命軍事博物館『中国人民革命軍事博物館蔵証章図録』山東画報出版社、1997年18・20・25頁。楊昊成前掲書、45頁。

75) 「寡婦光栄改嫁」『新地』4巻1期（47年8月）、7頁。「婦女們的歓楽」同上4巻2期（47年8月）、頁なし。「新年画」、王大斌主編『太行木刻選集』山西人民出版社、1991年、205頁。張映雪「慶祝解放」、延安文芸叢書編委会編『延安文芸叢書』（12）美術巻、湖南文芸出版社、1987年、67頁。陶鈍等編『楊桂香』（連環画）、教育出版社、1949年、51頁。徐宏達『楊小林結婚』（連環画）、教育出版社、1950年、62頁。なお、楊昊成前掲書（88-90頁）は、蔡亮の絵画「延安火炬」（1959年）の分析において、絵画の中に描かれた毛の肖像が、「画中画」という「毛沢東図像学における注意に値する類型」であると指摘し、このような模式によって毛は、「益々生身の身体を離れた象徴記号となり、様々な人々が必要に応じて求め、発言権を争う際に依拠する疑うことのできない力となる」と主張している。このような画中画の手法は、上記のような内戦期から建国初期における版画、雑誌の挿絵、連環画において、既に素朴な形で試みられていた。

76) 「冀魯豫区的民間芸術工作」、67-68頁。

77) 「一中芸術部総結報告」『文芸選編』1、91-92頁。

78) 芸聯通訊組「新大衆版画工廠的成立」『平原』3期（48年12月）、25頁。

79) 注70)。

80) 張従海・漢風主編『燕趙文芸史話』第4分冊（書法巻、美術巻、撮影巻）、花山文芸出版社、2006年、442頁。

81) 肖像②のもとの写真は、閆樹軍前掲書（15頁）、閆樹軍『紅舞台上的永恒　天安門楼上八版毛主席画像的絵制』(中共党史出版社、2010年、40頁)に掲載されている。竇前掲論文、閆編著、閆同上書によれば、この写真は、朱瑞が48年10月に戦死した後、毛が遺品の中から発見したものとされる。また、開国典礼の肖像を、「きちんとした標準像」でなく、自由に撮影した写真から選びたいと主張していた毛が、49年

9月頃に改めてこの写真を見て、往時の朱に思いを致して涙し、これを肖像に指定したという経緯が説明されている。これらの論著は、肖像②が既に45年の『近影集』に採録されていた事実や、47年3月発行の晋察冀中央局版『毛沢東選集』(同書の表紙写真には、『近影集』の「毛主席肖像之三」が使用されている)の口絵を始め、朱瑞の戦死前にも使用例がある事実、49年の早くから代表的肖像として各地で使用されていた事実(表2,4)を無視している。また、この写真は偶然にとられたものとされるが、スナップ撮影の手法は当時の報道写真においても多用されたもので、呉や鄭の作品の特徴でもある。『近影集』が鄭の晋察冀画報社への赴任後、刊行された経緯も合わせ考えると、毛の肖像写真は、関係機関の厳格な管理の下に置かれていたと考えられる。以上から、上の物語は、事実の一部を取り出して美談を演出した可能性を排除できない。

82) 寶坤「為天安門絵制毛主席巨像的人」『文史精華』1998年6期。閆樹軍前掲書(2010年)、40頁。

83) 毛沢東切手を分析した内藤陽介氏は、軍帽を被った朱徳像が軍の権威を示すものと考えられること、軍事的に安定した東北において肖像②の切手がほとんど使用されていないことから、肖像②を軍の権威の象徴と推論しているが(内藤前掲書、42-56頁)、肖像②の性格については、49年以降に顕著に使用されているという特徴から考えるべきであろう。

84) 47年6月から48年6月までに新たに164都市が中共の統制下に入り、更に48年6月から49年6月までに東北、華北、華中、西北の省都、大都市を含む482都市がこれに加わり、総計1061都市となった。「中国人民解放戦争三年概述」、中国人民解放軍政治学院党史教研室編『中共党史参考資料』第11冊、奥付なし、351～365頁。

85)「党委会的工作方法」(49年3月13日)『毛沢東選集』4巻、1443頁。中共中央文献研究室編『毛沢東年譜(1893-1949)』下巻、人民出版社、中央文献出版社、1993年、465-466頁。

86)『群衆』(香港版)3巻14期(49年3月)4頁の毛と朱徳、同3巻26期(49年6月)102頁、同3巻40期(49年9月)5頁の墨書する毛、同3巻18期(49年4月)、2頁、同3巻41期(49年10月)38頁の七全大会で報告する毛。

87) 国民党・国民政府による孫文の象徴操作については、陳蘊茜『崇拝与記憶—孫中山符号的建構与伝播』南京大学出版社、2009年を参照。

88) 冀魯豫区党委宣伝部「関於半年文芸工作的報告1948年7月—12月」(48年12月)『文芸選編』1、350-351頁、申雲浦「提高文化是当前的政治任務—代発刊詞」『文芸選編』2、285-286頁。

89) 注3) 16頁、注34) 144-146頁。

90)「今年我們怎樣創作的新年画」、5頁。「関於半年文芸工作的報告1948年7月―12月」、346～347・350～351頁。
91)「関於半年文芸工作的報告1948年7月―12月」、351頁。
92) 鄧野「1948年在冀魯豫辺区工作点滴」(88年4月)『文芸選編』2、261頁。
93)「今年我們怎樣創作的新年画」、7頁。
94)「新大衆版画工廠的成立」、230頁。
95)「関於半年文芸工作的報告1948年7月―12月」、352頁。
96)「改造民間芸術」。
97) 王亜平「発展我区文芸工作的幾個意見」(48年11月)『平原』3期(48年12月)、2頁。
98)『毛主席堅持在陝北』華中新華書店塩阜分店、1948年。
99)「捉拿戦犯」、中国人民解放軍渤海軍区政治部編印『部隊文娯』、16頁、奥付なし。
100) 冀魯豫行政公署「関於旧芸人的改造及農村劇運方向的指示」(49年5月)『平原』13期(49年6月)、27-28頁。
101)「旧劇運改革問題」『平原』4期(48年12月)、23-24頁。「関於旧劇『打城隍』的討論」『平原』6期(49年1月)、19頁。
102)「年画工作中関於旧形式的運用」。

第8章 抗米援朝運動の広がりと深化について

泉谷　陽子

はじめに

1　最近の研究動向と問題関心

　2010年は朝鮮戦争60周年という節目の年であり、中国国内では記念行事や学術シンポジウムが開催され、雑誌では特集が組まれるなど[1]、同戦争がもたらした影響や意義の大きさをあらためて印象付けた。ただし、研究が積み重ねられても同戦争の中国における評価は、戦争当時から基本的には変わっていない。中国の参戦について、近年では否定的見解も存在するが[2]、基本的には正しい選択であり、志願軍の善戦によって中国の安全が保障され、大規模建設を可能とし、国際的地位も向上させることができたとしている。中国参戦後に国内で発動された、愛国主義を喚起し戦争へ協力させる「抗米援朝（米国に抵抗し朝鮮を支援する）」運動についても、その愛国主義的側面が高く評価されている。

　従来、朝鮮戦争に関する研究は政治、軍事、外交方面の研究が主体であり、とくに中国が参戦にいたる契機や動機、米中ソ間のかけひきや停戦交渉などが議論の焦点だった。日本でも同様に朝鮮戦争に関する研究は少なくないが、先駆的著作を発表した服部隆行が述べるように、抗米援朝運動自体の専論はほとんど皆無といえる状況だった[3]。しかし、中国における社会史の隆盛を受けて、近年、抗米援朝運動研究も「研究領域は拡大し、新しい角度からの

研究が生まれている」[4]。たとえば社会動員という角度から運動中の宣伝や教育、民衆心理などを分析したのが侯松涛[5]である。また、靳道亮[6]は国家意識の農村社会への浸透という角度から検討を加え「共産党は抗米援朝の動員と土地改革とを結合させ、国家の言説で農村を全面的に覆うことに成功し、農民に国家意識をもつように促した」という。このように戦争動員が単純な動員にとどまらず、国内の社会統合を促す契機、つまり国民形成の過程として見直す研究がひとつの潮流を形成している。それは近年、農民の意識や農村の統合の問題として土地改革が再検討されていることと相通じ、相互促進的でもある[7]。

　これまで建国初期の大衆運動を社会主義的社会統合への契機としてとらえ研究をすすめてきた著者にとって、これらの新潮流研究とは問題関心を同じくし、参考になる部分が多い。しかし一方で、これらの研究が抗米援朝運動の国民意識形成という作用を抽出することに重点をおくあまり、その進展を過大評価している点には違和感をもつ。たとえば、靳は農村の生産や生活のあらゆる面が「愛国」と結びつけられ、「愛すべき祖国」や「光栄」といった新たな価値観を伴う言葉が農村でひろく使われるようになったことから、同運動を通じて農村の日常生活に国家理念が浸透するようになったと主張する。たしかに共産党政権はそれ以前の政府とはくらべものにならないほど社会の末端にまで権力を及ぼすことに成功したが、それには必ず暴力的な大衆運動をともなった。日本のムラ社会と対照的な個別分散的中国社会は、国家と対置されるような社会ではなく、梁漱溟がいうように国家も国家らしくなかった[8]。中国の研究はこうした中国社会の特質への留意が足りず、西欧や日本的な国家と社会という二元構造でとらえ、国家の言説が社会に浸透しカバーしていくという像を描いている。侯もまた抗米援朝運動の社会動員が民衆の社会心理の統制・掌握に成功し、大きな成功をおさめたと結論づける。しかし、集団的な社会をつくりだし、そのうえで（あるいは同時に）国家へ統合していくという二重の課題を背負っていた中国では、国民形成の過程は日本や西欧よりずっと困難であり、同運動が国民化の端緒を開いたとしても、そ

第8章　抗米援朝運動の広がりと深化について

れに成功したという評価は過大すぎると思われる。

　抗米援朝運動において80％以上の人民が愛国主義教育を受けた[9]、という通説を、額面通り受け取れば刮目すべき高率である。国民全体の9割を占めていた農民ひとりひとりに本当に愛国主義教育を実施したのかどうか、それがどれほどの作用を及ぼしたのか、あるいは及ぼさなかったのか、80％という数字の内実をきちんと検討する必要があるだろう。公式見解が誇る運動の成果ではなく、問題点や矛盾にこそ実態解明のヒントがある。

　本章は抗米援朝運動の広がりや浸透程度を明らかにすることを課題のひとつとするが、具体的には当時行われた政治宣伝の普及・浸透程度としてとらえる。日本では服部が指導層の政策・宣伝と世論の反応との相互作用に着目した検討をおこなっており[10]、中国では林偉京・孫丹・李凌などの専論がある[11]。また、より長期にわたる宣伝工作の農村部への浸透についての研究もあり[12]、現在、新潮流のなかでもこの方面の研究が進展しつつある。

2　基本資料

　朝鮮戦争および抗米援朝運動に関する史資料・研究・回想録等は数限りなく出版されているが、ほとんどの場合、指導層の指示や政策に関するものであったり、回想録等でも公式見解の枠内であったりするため、種々の矛盾をはらむ実態を明らかにしようとする立場からみれば、資料公開はなお十分とはいえない。最もまとまった資料集は1954年刊行の『偉大的抗美援朝運動』（以下、『偉大』と略記）であり、党や政府の指示・報告、『人民日報』の社説等関連する重要文献をほぼ網羅している[13]。また運動推進のために抗米援朝総会が50年12月から54年まで刊行した『抗美援朝専刊』（以下、『専刊』と略記）は全号ではないがDVD版が入手できた[14]。この2つの資料を主体とし、地方の動向については『河北省抗美援朝運動』をおもに使用した[15]。また膨大な数にのぼる各地の文史資料も「抗米援朝特集」号についてはできる限り目を通した[16]。

I 運動の概観

1 初期（50年10月〜51年2月）

(1) 運動の開始 10月26日、中国保衛世界平和大会委員会と中国人民反対米国侵略台湾朝鮮委員会が合併し、中国人民保衛世界平和反対米国侵略委員会（略称は抗米援朝総会、以下、総会と略記する）が成立した。ここにおいて、世界平和評議会のよびかけに呼応した世界平和擁護運動と朝鮮戦争への米軍介入に反対する運動とが一本化した。

　運動の始まりを国内外に告げたのは、11月4日の民主諸党派による連合宣言だった[17]。その後同様の宣言や賛同表明[18]、「毛主席あての抗米援朝の決意書」などが全国各地で相次いで発表され[19]、新聞紙上には「愛国主義」的報道や言論があふれた。労働者は愛国主義生産競争をおこない、農民は最高の穀物を農業税として納め、民兵に参加する。大都市の学生は時事学習やデモ・集会、宣伝活動にいそしみ、大都市の青年労働者と青年学生は軍事学校への入学を志願し、工商業者は数万人規模のデモ行進をおこない、愛国公約を取り決めた。ただし「東北・華北・華東の大部分では比較的よく広がり深化しているが、中南・西南・西北の大部分と華北・華東の一部地域ではまださほど広まっていない。都市では比較的発展し、大都市で高潮に達しているのに対して、一部の中小都市ではそれほど発展していな」かった[20]。初期の盛り上がりは全国的にみれば、大都市に限られたものにすぎず、それゆえ人々の政治意識をたかめ、愛国心を確立することが「最も重要な政治任務」[21]と認識されたのである。

(2) 宣伝工作 50年10月25日、志願軍が最初の本格的戦闘を行ったため、同日は抗米援朝記念日となった。翌日、中共中央は全人民に情勢を正確に認識させ、勝利への自信を持たせるために全国各地で時事宣伝を展開するよう指示した。宣伝すべき主な内容は参戦の必要性と「米国帝国主義」をどう見

るかというものだった[22]。このように党が時事宣伝工作に力を注いだのは、参戦当初、庶民が朝鮮戦争について無知・無関心か、あるいは米国を恐れたり、崇拝したりする感情が強く、敵愾心が希薄であったためである。また長期の戦乱を経てようやく平和を取りもどした時期であり、厭戦意識もひろく存在していた[23]。

参戦への支持と反米思想を植え付ける思想宣伝に着手したが、宣伝の担い手は十分ではなかった。51年1月1日、中共中央は各級の指導機関に宣伝員と報告員をおき、通常的で系統的な宣伝工作を可能とする宣伝網建設の決定を出した。宣伝員の活動は講演やニュースの伝達・新聞の解説・放送の内容を広める・宣伝文を書き宣伝画を描く・壁新聞の編集などで、民衆と接触の多い党・青年団・工会・区村の幹部、学校教師がこれを担当する。高級宣伝員にあたる報告員は各級の責任者が担当し、時事や政策、任務について大衆に直接報告することが職務である[24]。しかし、2か月後には宣伝機構を健全化するための指示を出さねばならなかったように宣伝網建設は順調ではなかった。宣伝担当者は圧倒的に不足し、大行政区の中央局でも宣伝部の人員は一般に20数名にすぎず、下部の地方委員会になると宣伝部は往々にして部長のみ、西南や中南の地委では宣伝部長もいない。さらに下級の県レベルになると、多くが有名無実で活動していないと報告された[25]。上層部の重視とは対照的に現場では反応がにぶく、宣伝活動が軌道に乗り始めるのはつぎの時期になってからだった。

宣伝工作は十分ではなかったが、参戦当初の優勢な戦況が人々に自信をもたせ、戦争への支持をひろげた。第三次戦役まで志願軍は勝利を重ね、順調に兵を進め、12月中旬には平壌を奪回、大みそかに38度線を突破すると、1月4日にはソウルも占領した。志願軍の連勝は、戦争への不安を吹き飛ばし、ナショナリズムを高揚させた。北京の学生たちは勝利の知らせを聞くと、自発的に「デモと宣伝」のために街頭に繰り出したが、「単純で熱狂的」感情からソ連大使館および英・仏の領事館ともめ事をおこし、政府から問題視されるほどだった[26]。北京の商工業者も「平壌解放」の知らせで勝利への自信を

強め、大規模で熱烈なデモ行進を行った[27]。しかし、1月下旬に始まる第四次戦役以降、米軍の本格的な反撃が始まると、戦線は北へ押し戻される。とくに3月14日のソウル撤退のニュースは国内世論をひどく動揺させ、政治宣伝による世論誘導の必要性が高まったのである[28]。

　第四次戦役が行われた51年1月末から2月に、中国は建国初期の大きな転機を迎えた。2月1日、中国を侵略者とする決議が国連で採択され、米国および西側諸国との長期にわたる対立を覚悟しなければならなくなったのである。戦争の早期終結の可能性がなくなり、それまでの急ごしらえの戦争準備では間に合わなくなった。本格的な総力戦体制の構築が必要だという認識が、各方面の政策を大きく転換させ、抗米援朝運動をつぎの段階へ進めることになったのである。2月中旬、政治局拡大会議において重要な方針転換の決定がおこなわれたとされるが[29]、詳細な内容はいまだ不明である。公表された要点では、抗米援朝運動の宣伝教育を引き続き推進し、普及・深化させ「全国のどこでもだれもがみな、この教育を受けるようにすべきである」[30]としている。いよいよ全人民の総動員が目標として設定されたのである。

2　中期（51年3月〜51年末）

(1)　五一（メーデー）デモへむけて　総会は51年3月14日の「抗米援朝運動を普及深化させることに関する通告」（以下、「三・一四通告」）で「全国のどこでもだれでもが愛国教育を受け、積極的に愛国的行動に参加できるようにしなければならない」とし、そのための運動計画の策定と実施を求めた。先述の政治局拡大会議の決定を受けて出されたことはあきらかだが、さらに、3、4月に全国の都市や農村で小会議を開き、日本・米国・蒋介石の罪状を告発すること、平和署名や日本再武装反対の投票、五一デモ行進など具体的な指示が行われている[31]。五一当日のデモと集会には全国で1億9000万人が参加し[32]、抗米援朝運動のクライマックスとなった。また、署名・投票活動とデモの準備工作の過程で宣伝網の整備も進んでいった。

第 8 章　抗米援朝運動の広がりと深化について

(2) 各種愛国運動の発動　51 年 6 月 1 日、抗米援朝総会は「愛国公約、飛行機大砲献納、烈士軍人家族優待を推進することに関するよびかけ」をおこない、51 年後半はこの 3 運動が大々的に展開されていく。詳細は次章で述べるが、ここで指摘しておきたいのは、初期はデモや宣言などの形式で組織や団体を通して政府へ賛同すればよかったが、中期以降、各個人が政府へ忠誠を示し、実際の行動で戦争に貢献することが強く求められるようになったということである。初期の政治教育によって高められたはずの政治意識を、態度で示すことが求められた。

　その変化はデモ動員への批判に現れている[33]。重慶では春節以来、市内においてデモのない日はないくらいに、幹部や大衆団体はなにかというとすぐに大衆を動員しデモをおこない、そのために交通が妨げられたり、献花用生花の値段があがったり、生産や学生の学習にも悪影響をおよぼした。そこで重慶市は政務院が定めた記念日や休暇日、春節や臨時に決められた日以外のデモや大衆集会を禁じる指示を出した。抗米援朝運動開始以降、全国各地で派手なデモ行進や集会が数多く開催されたが、その多くは大衆が自発的に企画開催したというよりは、上から動員されたものだった。デモや献花の流行は幹部たちが上級へアピールするために不可欠だったのだろう。このように初期の運動は上辺をつくろうレベルにとどまっていたといえる。だが、中期になると指導部はそれらを「形式主義」として批判し、人びとの思想や価値観を変える宣伝教育を主張し、内面からあふれ出る愛国主義を行動で示すよう求めたのである。

3　後期（52 年以降）

　毛沢東は 51 年 10 月に開催された政治協商会議第 1 期全国委員会第 3 次全体会議の開幕にあたり、つぎのように語った。「過去 1 年間、我々の国家では抗米援朝、土地改革と反革命鎮圧の 3 つの大規模な運動を展開し、偉大な勝利を収めた。……全中国人民は抗米援朝運動においてかつてないほど広範に団結し、米帝国主義の侵略勢力に対して断固とした闘争を進めた。……抗米

援朝の偉大な闘争は現在まだ継続中であり、また必ず米国政府が平和的解決を望むまで継続しなければならない。……この必要な正義の戦いを堅持し続けるために、我々は抗米援朝工作を強化し続け、生産を増加させ、節約にはげみ、そして中国人民志願軍を支える必要がある。これは中国人民の今日の中心任務」である[34]。

　ここで提起された「増産節約」は、その後、全人民の目標として掲げられ、これに反する行為は愛国的でないと判断される。51年末から52年にかけて、都市部で大々的に展開された「三反五反」運動も、当初は増産節約を掲げて発動された運動だった。同運動については拙著で詳述したのでここでは触れないが、都市部にも階級闘争がもちこまれ、社会関係を変えるきっかけになったということを指摘しておきたい。「三反五反」運動後、資本家階級はもはや団結すべき対象、つまり「人民」とはみなされなくなり、そして「三反五反」運動の発動と入れ替わる形で抗米援朝運動は下火となっていった。大衆運動の性質は抗米援朝運動という国民化運動から、資本家を糾弾する階級闘争へシフトしたのである。朝鮮戦争は53年7月まで続き、志願軍の駐兵も58年まで継続していたにもかかわらず、抗米援朝運動が再び盛り上がることはなかった[35]。

II　抗米援朝運動を構成する各運動

1　参軍運動

　一般兵士の募集はどのように行われたのか。前線で戦った志願軍兵士の回想録を読むと、内戦期に地元で解放軍に入隊したか、あるいは土地改革のときに民兵になり、朝鮮の前線に派遣されたという経緯を語るものが多い。朝鮮戦争への出征にあたっては兵士本人の希望による場合もあるし、よく事情を知らされないまま訓練を受け、朝鮮に送られて驚いたという場合もあった。関係文献にしばしば収録されている「英烈録」つまり朝鮮で命をおとした兵

士の一覧をみても、入隊が内戦期である兵士が目立つ[36]。とはいえ、新兵徴集（拡軍ともいう）や民工（戦争を裏で支える労働者）の増員も必要になった。結局のところ、それらはノルマが末端におろされることで達成された。

　たとえば、52年12月に河北省で開催された拡軍会議の報告には、各県に分配された任務数が一覧表となり添付されている[37]。この報告によれば、限られた時間のなかで拡軍任務を達成するために、地委が区・県に直接わりふり、さらに村にまでわりふっていく方法が採用された。会議に出席したのは県・区の主要幹部のほか、婦聯主任・団委書記・武装部長・非拡軍県の書記と宣伝部長で、省委・地委の指示と前年の成功経験や失敗教訓を学び、地委が率先して自己批判をおこなった。自己批判というプレッシャーをかけることが必要だったのである。こうして県や区レベルにかけられた圧力は、つぎに郷や村へ、上から下へと順次転嫁されていった。

　河北省涞水県には徴兵任務が2度与えられた。50年12月14日から翌年1月4日までに180人を集める1度目の任務に対しては184人を送り、2度目は51年9月25日から10月末までに450人を送った。兵士の回想録では愛国的情熱を抱き喜び赴いたと書くものが多いが、同県では35村で76人も逃亡し、強制的暴力的に捕まえたり、12村では兵士を雇用していたりなど、深刻な問題が発生していた[38]。兵士の回想よりもこうした記述のほうが実態に近いだろう。というのも、先述した拡軍会議でも、「時間は短いし、任務は大きい、強迫しなければ任務は達成できない」「大衆路線はよいけれども通用しない」「宣伝しないほうがいい、すれば逃げられてしまう」「拡軍は強迫命令でなければ兵士が出せない」といった幹部の苦悩が吐露されているからだ。上級は強迫命令を禁じ、大衆路線の貫徹を求めたが、強制せずに迅速に任務を達成する方法はあったのだろうか。解決策として提示されたのは、非参軍県が参軍県を強力に支援する。参軍から逃げ出した若者があれば、すみやかに親戚・知人を動員して帰村させる。整党や非識字者一掃運動において時事教育を強化し、拡軍の意義をひろく宣伝して「参軍は光栄」という世論を醸成し、祖国の呼び出しにいつでも応じる思想を打ち立てる、などである[39]。こ

こから見えてくるのは、家族・知人などの親密な関係にはじまり、村・地域・社会全体にいたる人間関係のなかで、出征せざるを得ない状況をつくりだしていくことだった。それは本質的には強制だが、若者の祖国愛にもとづく「自願」であるという建前が覆い隠すことになる。うまく覆い隠せば「大衆路線」として称揚されるが、下手をすれば「強迫命令」として批判される。両者は紙一重のものだった。

　では、出征せざるを得ない空気はどうやってつくりだすのか。「大衆を十分発動し、正確な参軍路線を堅持した」という宝山県長興区の例をみてみよう。同区は長江河口の小島であり、4つの郷からなる。50年12月25日、同区で「翻身」を祝う農民大会が開催されて以後、参軍運動が全面的に展開された。同区の運動が成功した要因として「宝山県長興区参軍動態の通報」（51年1月3日）はつぎの5点をあげている[40]。

1、抗米援朝教育をひろく深め、「翻身」の清算や「訴苦」「対比」を通じて階級的恨みを喚起する。区の農民代表会で「訴苦」をやると、そのあとで91人の若者が舞台にあがり、志願をおこなった（うち女性9人）。どうして志願するのかとたずねられると、あるものはかつて反動派に壮丁として徴用されたときの苦労を語り「2度とあのような苦労はしたくないから」と言い、ある女性は「反動派が兄を殺した。参軍して仇をうつ」と言った。

2、骨幹分子をしっかりと管理し、各方面の力を運用して養成・強化する。大会で「訴苦」をやると啓発され、その場で多くの骨幹が出現するが、普通1、2回は気が変わる。時間がたつとよくない変化も起きる。指導者は気が変わるのを恐れてはならないが、こうした変化を軽視するのはもっといけない。ある青年団支部書記は12人の青年を率いて県に志願したが、帰宅後父に「わしはおまえを大きくしてやったのに、おまえはわしの老後をみてくれないのか」と泣きつかれ弱気になり、行きたくないと言い出し、3度も気が変わった。指導部はそのたびに繰

り返し教育をおこない、上から下まで参軍志願の進歩的行動を表彰し励まし、女性を組織して彼の家に慰問に行かせ、彼と父を説得して決心を固めさせた。

3. 重点を突破し全面的に推進し、各種モデルをつくりあげる。区は重点郷を、郷は重点村を決め、モデルが突破することで全面的に推進していく。「模範郷・模範村を勝ち取ろう」のスローガンをかかげ、競争の熱気をつくりだす。潘石郷のモデルが突破すると、県区全体で先導する作用を果たした。鳳凰郷鳳凰村が突破すると鳳西村に直接、推進的影響を与えた。潘石郷民主村では区の大会後、ひとりしか参軍に志願しなかったので、大衆は自分たちの村は遅れていると感じ、必ず追いつかなければと考え、青年団支部書記が先頭に立ち8人があとに続いた。

4. 大衆的な軍人家族優待工作をおこなう。優待工作は必ず参軍工作と密接にリンクさせて行わなければならず、参軍の善後工作とみなしてはならない。代理耕作制度を普遍的に採用した。以前は軍人家族の生産問題に無関心だったため、大衆は生産のことをひどく心配し、代耕を信用していなかった。今回の代耕行動をみて軍人家族の気持ちも変化した。

5. 熱烈な歓送会を組織する。区で熱烈盛大な歓送会を1度やり、郷でも組織し、各人が新兵に対してそれぞれの気持ちを表現する。母や妻は軍靴を手作りする。潘石郷では新兵を送り出すとき、花嫁を迎えるときに使うラッパを吹いて喜びを表現した。

以上の5点から、若者が兵士として送り出される過程を単純化すればこうなるだろう。まず、土地改革や反革命鎮圧運動等の大会で、若者の正義感や情熱が掻き立てられ衝動的に志願を行う。その後冷静になったり、家族に反対されたりしてやめようとすると、幹部たちが説得にあたり、初志を貫徹させる。志願者や家族の最大の心配事である、残された家族の生活を保障する

措置をとる。近隣郷村間の競争をあおり、歓送会を盛大に行うなどして地域社会全体で参軍ブームをつくりだしていく。

　とくに4点目の兵士家族への優待は、徴兵工作の成否や兵士の士気に直結するものできわめて重要であった。宝山県からの新兵を多く受け入れた人民解放軍のある団長は、宝山県あての手紙でつぎのように依頼している。宝山県からの新兵の「入隊後の情緒は基本的に安定し落ち着いている」が、「政府の軍人家族に対する優待状況を理解しておらず、だれも面倒をみてくれていないのではないかと」心配している。「県の優待状況、とくに今回参軍した兵士が多い村や鎮の事例を詳しく兵士たちに知らせてやってほしい」[41]。

2　優待工作

　中国参戦直後の50年12月11日、内務部は烈士家族や軍人家族の優待に関する一連の「暫行条例」を公布し[42]、14日には『人民日報』社説が「優待工作を真剣に貫徹しよう」と訴えた。ある老兵士は参軍の際、妻と父を「たとえ戦場で『光栄』となっても、政府が老後の面倒をみてくれる」と言って説得した[43]。

　こうした兵士家族の生活を保障する優待工作は継続的に行うべきものであったが、実際には春節や建軍節（8月1日）、抗米援朝記念日（10月25日）前後に年中行事のように行われることが多かった。朝鮮戦争参戦後の優待工作は51年1月の春節前の指示を受けて本格的に始まり[44]、7月4日には建軍節前後の1週間に優待工作の検査と大衆的な優待運動を展開するよう通知が出された[45]。

　優待工作の経常化の主張は何度も繰り返されているが、それは経常化できなかったことの裏返しである。『専刊』24期の時評はつぎのように述べている。もっとも主要な欠点は経常性の不足である。かつて少なくない地方でこうした状況が発生した。参軍や軍隊擁護・軍人家族優待の運動が発動されると、優待工作は火のように盛んになるが、運動が終わると弛緩してしまった。さらに深刻なのは革命が勝利に近づくに伴い、多くの地方の幹部と大衆は太

平観念を発生させ、優待工作を軽視するようになったことである、と[46]。

　つまり自分たちの身が危機にさらされている場合は軍を支援し、軍人およびその家族を大事にするが、危機が去れば各自の生活を優先し、優待など気にかけなくなるということだろう。もともと朝鮮戦争は庶民にとって遠い世界のことだったが、51年7月から停戦協定交渉が始まると一般民衆の危機感はいっそう薄らいだ。一方の兵士家族にしてみれば、戦況がどうであれ働き手を失った状態に変わりはなく、優待措置を切望した。

　優待対象のほとんどは兵士の9割を出した農民であり、また働き手を失った耕地を放置しておくことは、国家としても損失であるため、出征兵士の代わりに農作業をおこなう代理耕作（代耕）が最大の生活保障策とみなされた。しかし、農村における宣伝教育工作は都市部より難しく遅れていたし、誰が代理耕作を担い、またその報酬はどうするのかなど多くの問題が生じ、実施はかなり困難だった。

　多くの代耕模範村・模範代耕組が出現したという山西省の例をみてみよう。報道されている代耕工作の秘訣は3点あった。まず、愛国主義教育の貫徹。模範村のひとつ武郷県窯上溝村は全村200戸余りだが、新聞を37部も購読し、27の読報組ができ、18の民間学校に36人の宣伝員がつねに村民に対して宣伝活動をおこない「志願軍はわたしたちの平和な暮らしを守っているのだから、われわれも志願軍の家族の作物をうまくつくると約束」させた。つぎに代耕の請負。代耕地ごとに特定の人間あるいは代耕組が責任をもって耕作するようにしたので、「まず軍人家族、自分は後回し」が可能となった。第3に検査と表彰・批判。武郷県では51年の夏に大検査をやった。代耕工作委員会を組織し、農地を見回り、できが良いところと悪いところをみつけては、黒板報や拡声器を通じて表彰や批判を行った。窯上溝村では半月に1度検査する決まりで、随時サンプル調査も行った。村の優待委員会は月に1度、烈士・軍人家族会議を開いて意見を聞きとり、その後、代耕戸を呼んで評定をおこない、翌月の指示を与えた[47]。

　1点目の愛国思想の作用を厳密に検証することは難しいだろう。2点目の

請負制はひとつの方法ではあるが、3点目のような定期的な検査によって確実な実行を保証しなければ、おそらく空洞化するだろう。東北地方では黒竜江省の泰安1県に120人もの幹部を投入して全県の代耕状況を調べ、省政府主席みずからが50人の幹部とともにチチハル市の検査を行っている[48]。このように大量の幹部を集中的に投入すれば、模範村が出現するだろうが、すべての村で実施することは不可能である。

そのためか1952年には新たな方策が模索された。農業生産互助組と農業生産合作社が協力して代耕する新しい固定代耕の方法であり、東北区では60％の代耕地が生産互助組によって代耕されるに至ったという[49]。『専刊』でも代耕と互助合作運動との結合を提唱した。合作化すれば、烈士・軍人家族は互助労働に参加できるし、合作社は代耕地と自分の土地を同じようにみなし、統一的に計画がたてられる。生産量も保証でき、合作社の負担もさほど重過ぎない、と利点を並べ推奨した[50]。『専刊』109期の「時評」[51]は、53年の優待工作の1点目に烈士・軍人家族を労働に動員することをあげ、最良の方法は互助組と農業生産合作社に吸収することとした。2点目に代耕方法の改善が必要だとし、合作互助の組織と結合して向上させること、代耕負担の均等化をはかり、軽すぎたり重過ぎたりしないようにし、労働力のない烈士・軍人家族の生活が困難とならないよう保証することを主張した。

このように互助合作化との結合が提唱されたのは、以前の個別請負では代耕の公平性と合理性の問題が解決しきれなかったからだと思われる。みんなのために前線で戦っている兵士の苦労を思い、その家族のために代耕を実施することは当然であり必要である、と教育を受けても、自分の生活自体が困難な農家では他人をかまう余裕はないし、多少の余裕があっても負担が不公平であったり、過重であったりすれば不満が生じるだろう。代耕をきちんと維持するにはどうすればいいか、それはひとえに代耕の公平で合理的な分担にあったといえる。しかしこの公平性と合理性を実現することが中国社会では困難であった。村幹部や村民の利己心によって代耕すべき土地が代耕されず、代耕すべきでない土地が代耕される現象がひろくみられ[52]、兵士家族の

中にも実際には労働力がありながら代耕を享受したり、享受するために分家をおこなったりするものがあった[53]。代耕制度を悪用する軍人・烈士家族や村幹部の存在が窺われ、そのために村内に利害対立や不平不満を生じていたことは容易に想像ができる。北京では「軍人家族座談会」を開いて自報公議・相互評定を通じて基本的な公平性と合理性を確保したうえで、代耕は生産互助組あるいは代耕合作社がおこなう方法が編み出された。つまり代耕を受ける側も与える側も個別ばらばらではなく、組織化することで、矛盾の緩和が図られたのである。代耕をめぐる矛盾は最終的には農業集団化が解決する。兵士を出すという極めて大きな負担が、各家庭ではなく、合作社といった集団である程度分かち合えるようになったといえる。

3　愛国公約運動

　愛国公約運動の歴史的背景と法的性格について考察した土岐茂によれば、愛国公約とは「人民や団体が国を愛する姿勢に立って、自らの共通する任務を遂行するための自主的とりきめ」[54]である。土岐は日中戦争期・抗米援朝期・大躍進期の愛国公約を代表的事例とし、愛国公約の包括する範囲と運動の規模がしだいに拡大し、法規範的性格が強まっていったことをあきらかにした。また、愛国公約運動が大衆の自主性・自立性を眼目としながら、公約の内容が党・国家の活動を基礎として形成され、運動の実現と成功は党の指導によって担保されていたこと、運動の現出が政治情勢によって規定され、恒常的に追求された活動ではなかったこと、自主的とりきめでありながら規範として現実的意義をもつのは、運動という形態と切り離せないことなどを指摘している。簡単にいえば、非常時に大衆の「火事場の馬鹿力」を引き出すための運動であり、大衆の自発性を重視したことは確かだが、それは党・政府の指導やよびかけが前提にあった。一方、今堀誠二は愛国公約を旧社会において集団的利己主義により自存を計った「郷約」と同質のものととらえ、「政治的なものは表向きの看板であって、愛国公約の真のねらいは参加者の集団的エゴイズムにある」[55]と喝破した。この指摘は鋭いが、愛国公約の自

発性自主性を過大評価し、自然発生的に広がった運動が、政府の関与によって急速に停滞したとみる点は事実に反する。以下、土岐や今堀の業績を踏まえ、両者の研究では不十分な社会の末端へ視点をおろし、庶民に公約運動がどのように浸透したのか、あるいはしなかったのかを検討したい。

　抗米援朝期の公約運動は、まず商工業者団体から発生し、その他の階層や団体組織へひろがっていった。『人民手冊』1951年版では「工商界愛国公約」の項目に北京・上海・天津・武漢など13都市の公約がまとめて紹介されている[56]。それらの基本的内容は似通っており「全力で抗米援朝に協力する」「米国の宣伝にだまされない」といった一般的なものを除くと「投機行為をしない、市場や金融を安定させる、脱税をしない」といった、戦時に発生しやすい経済的混乱を防止する保証だった。50年12月、上海市総工会主席の劉長勝が上海全人民に動員をよびかけた講演においても、愛国公約をとりきめるよう求めたのは商工業界だけであり、その内容は「投機ブローカー行為の反対、市場の安定化」だった[57]。政府は参戦による経済的混乱を強く警戒し、参戦直後、投機的商業を取り締まる指示を出していたが[58]、こうした政府の意向を汲んで（自発的かあるいは政府から要請があったのかは不明だが）商工業者は愛国公約を発表したのであろう。

　このように、公約運動は当初、経済界が戦争への経済的支援を約束するものだったが、しだいに多方面へひろがっていく。たとえば、鎮江市の女性たちは50年12月10日、「平壌解放」を祝賀する座談会を開き、VOAを聴かない、米国製品を買わない、米国映画を観ない、節約貯蓄、家事にはげむことなどをとりきめた[59]。

　51年2月2日、党中央は抗米援朝運動をさらに進めるために、愛国公約のとりきめを中心工作の1つとして指示し[60]、その内容については各地各界の状況に応じて自ら議論し定めることとしながら、毛主席・人民政府・中国共産党・人民解放軍を支持する、米国による日本再軍備に反対する、政府の特務粛清に協力し、反革命のデマを消滅させる、などの手本を示した。

　では、こうした内容を含め公約は本当に実行されたのだろうか。『専刊』に

「多くの愛国公約がどうして有名無実化するのか？」という時評が掲載されたように、その実行程度はかなり低かったようである[61]。この時評は多くの地域や単位で愛国公約の意義や方法についてまじめに宣伝せず、幹部と積極分子だけでいいかげんに決めたり、新聞などから引用したりしており、大衆自身の公約になっていないことを批判している。また『専刊』31期では機能しない愛国公約を1、丸写しするなどもともと実現不可能なもの、2、具体的内容がない政治スローガン、3、項目が多すぎ、内容が複雑すぎ、とりきめても覚えられない、と3種類に分類している[62]。公約の形式主義批判はその後何度も繰り返されていることから、結局克服できなかったようだ。

　形式主義の改善策として、いろいろな方法が提唱されたが、そのひとつに締結単位を小さくするという方法があった。公約運動の発動当初は、大都市の各界人民や婦女連合・総工会といった大きな団体が単位となっていたが、しだいに各職場や商店、住民組織などに縮小されていった。最終的には家庭公約という形で、もっとも私的な人間関係のなかに政治の論理が割り込んだ。無錫和平村の村長は、抗米援朝愛国教育の「空白村」「空白人」を消滅させよ、という決定を実行するため、まず自分自身から着手した。彼は妻に対して「俺は仕事をちゃんとするから、お前は足をひっぱらないと約束しろ。それもまた抗米援朝のためだ」と言うと、妻も「あなたに仕事をさせるけれど、畑を荒らさないで」と言い、13歳の息子もまた「仕事をだらだらしないで、会議が終わったらすぐに帰ってきて生産」するよう父に求めた。こうして夫は村長としての仕事だけでなく、農作業もきちんとやることを、妻もまた畑仕事や家畜の世話、育児をきちんとやること、息子はまじめに勉強し、遅刻や欠席しないこと、放課後には羊にやる草を刈ることなどを公約に入れ、家族総出で生産に精を出して32.8万元の増収をはかり、そこからの9.3万元と節約による2.6万元であわせて11.9万元を献金する計画を立てた[63]。

　公約運動には形式主義だけではなく、地域ごとの不均衡や持続性の欠如という、大衆運動にはつきものの問題もあった。ある検査結果によれば、愛国公約の締結率は贛州や上饒では90％以上、北京・南京などでは65％に達した

が、黒竜江省では4分の1に過ぎなかった[64]。また吉林市委は五一のときの熱狂が、その後さめてしまい、公約を維持している単位が少なくなっていると報告している[65]。運動を一時的なものにせず、経常化する試みのひとつが、「愛国検査日」（略して「愛国日」）という活動だった。先駆者としてひろく推奨されたのはつぎにあげる平定維社村の経験[66]である。

　毎月旧暦の1日と15日はみながとても楽しみにしている日である。この日、村中の男も女も早く夕飯をすませ、こどもたちは清潔な服を身に着け、飛び跳ね歌いながら集まって一緒に「愛国日」を迎える。「愛国日」のフルネームは「抗米援朝愛国日」で、村の宣伝員がみなに愛国主義の宣伝教育をおこなう日であり、また、みなが愛国公約を検査する日でもある。
　「愛国日」の活動は村の党支部が指導し、党の宣伝員が主催する。集会は夜開かれ、会場は広いお屋敷で、国旗と毛主席像を掲げ、ガス灯がともされて、まるで節句のように飾り付けられる。村の「文娯隊」による劇や快板などの出し物もある。村人がそろうと、時事宣伝や来期にやるべきことや愛国公約の実施状況について討論が始まる。公約の実施状況がよい人間は表彰され、悪い人間は批判を受ける。

　この集会には、200余戸のうち200人以上が集まったというから全世帯から平均1人程度出席していたことになる。こうした集会方式は、黒板報すら理解できない教育水準の低い農民たちには適していたという。山西省委は52年の宣伝網工作の計画に、この維社村の「愛国日」制度を提起し、全省におしひろげようと計画した。熱しやすく冷めやすい大衆運動を半月に1度のイベントを開くことによって、定期化することを狙ったのだろう。だが、「愛国日」制度の定着は党や政府のねらい通りにはいかなかった。戦争の終結を待たずに抗米援朝運動は尻すぼみとなり、「愛国日」制度もすたれていった[67]。
　愛国公約が形式主義に陥っていないかどうかを調べる検査もまた形式主義に陥った。河北省北羊代村の幹部は公約を改訂するさい、人をやって大通り

で銅鑼を鳴らし「みんな愛国公約の改訂だ。3日以内に表門に張り出せ！」と叫ばせた。すると各家庭は急いで紙と筆を用意し、字の書ける人を探して愛国公約を書いてもらい、公約改訂は無事に終了したという。湖南省零陵県では、討論することなく、小学校教員が作文を添削するかのように勝手に公約を改訂し、大衆は内容がどう変わったのかまったく知らなかった[68]。

　村幹部も村民も上から与えられた任務を果たしさえすればよいと考えていたのだろう。庶民にとっては、結局のところ徴税や徴兵、あるいは献金などと同様の負担でしかなかった。だからこそ、娯楽性が加味された「愛国日」の活動でさえ、上からの圧力が弱まるとすぐにすたれたのである。

4　五一デモと署名投票運動

　抗米援朝総会副主席・彭真の1周年報告によると、メーデー前後の「日本再軍備反対・世界平和擁護」のデモ行進に全国で2億2990万人余りが参加し、同時並行して行われた米国による日本再軍備反対に3億3990万人以上が投票し、五大国が平和公約を締結することを求める署名を3億4400万人以上が行ったという[69]。当時の総人口約4億7500万人のそれぞれ50.1％、71.6％、72.4％にあたる。運動開始以来、デモはさまざまなレベルや規模で挙行されていたが、五一デモを全国規模で挙行するよう求めた「三・一四通告」は、3，4月に全国で小型の会議を開き、日本や米国さらには蒋介石を告発し、投票や署名運動もおこなうことも建議している。こうして五一デモは当日だけの動員にとどまらず、その準備を通じて抗米援朝の思想をひろめる作用があった。準備工作とデモ当日の動きを河北省を例にみてみよう。

　河北省では51年3月28日に省委の指示が、30日に抗米援朝省分会の通知が出された[70]。4月8日、省レベルで五一デモの準備計画が策定され、下級におろされると、県レベルでも分会の成立や宣伝月活動など抗米援朝の動きが活発化した。唐山市では4月11日に第1期抗米援朝代表会が開催され、抗米援朝分会が成立し、17日には五一デモ準備委員会（委員77人）が設置された。涿鹿県は51年4月を「宣伝月」とし、万全県では4月に分会が成立、4

月5日からの1ヶ月間を宣伝月として活動をおこなった。安次県では4月に宣伝員を決定し、12日には県委がデモ準備の指示を出した。行唐県委も4月10日にデモに関する指示を出した。このように県レベルの分会成立や宣伝員・報告員の任命などを促したのが、五一デモの準備過程だったのである。

デモは元来、都市部の運動だったが、五一デモは農村でもひろく実行されたところに特徴がある。3月28日の省委からの指示では、この機会をとらえて宣伝網を拡大建設することを指示しており、農村における宣伝網の普及を促した。4月上旬からは農村地域で臨時のデモ指揮部を編成し、統一的な指導準備がおこなわれた。集合地点やデモ行進の範囲、村幹部が引率すること、民兵を利用しデモ隊の安全を守ること、デモ参加者には事前にその意義を説明し、抗米援朝の愛国歌を教えておくこと、「デモの政治的情熱を高め、充実した気分を保つため」行進前に会議を開催することなど事細かに指示された[71]。

10万人が参加した涞水県では県委が五一大行進指揮部を成立させ、県委宣伝部部長が主任に就き、4つの係と衛生隊が設けられた。村単位で中隊、区単位で大隊を設置し、正副隊長各1人、随行する医師1人が決められた。デモ当日、参加者は清潔な服装で元気よく行進し、国旗や偉人の肖像・漫画を掲げて「アメリカの野心狼を打ち負かせ」と叫んだという[72]。唐山市では14.5万人が参加し、デモの隊列は25キロにも及んだ[73]。

こうした記述から、一般の人々に対してデモに参加するよう呼びかけるだけでなく、どのような服装でどのような態度で行うのか、スローガンは何であるか、どのような歌を歌うかといったことが細かく事前に教育されていたこと、盛り上がりを演出しながらも党の指導通り整然と進むよう入念に準備していたことがわかる。また国旗や赤旗（渉県では当日、県城のいたるところで赤旗がみられた[74]）、指導者の肖像画など政治的シンボルが短期間に準備供給され、町を埋め尽くした。

こうして全省3100万人のうち、1500万人がデモに参加し、2050万人の署名が集まった[75]。全人口の約半数が参加した空前の規模だったといってよい

だろう。交通が不便で広域に散らばる農村地域ですら、すべての村をデモ隊が通過するように企画された[76]。準備段階の宣伝効果もさることながら、デモ行進の大きな宣伝作用を意識していたのである。

さらに省委は「抗米援朝の濃厚な空気を醸成する」ためとして、学校や公園、駅頭や市場といった公共の場所に朝鮮の地図や時事問題に関する図表、時局ニュースなどを張り出すことも指示している。比較的ナショナリズムの強い都市のみならず、農村にも同じ空気を醸成し一体化しようとしたのだった。その際に、「三・一四通告」が指示した日米や蒋介石の罪を告発する運動が大きく作用した。承徳では4月7日、水泉溝の「万人坑」に各界から7500人が集まる慰霊大会が開かれ、女性代表が日本軍に夫や革命家たちを殺害されたと訴えた[77]。唐山市では4月20日、日本軍侵略罪状告発大会が開催され、日中戦争中に発生した虐殺事件の生存者が涙ながらに告発し、その模様は全市に放送され16万人が聴取した[78]。

こうした告発大会を利用して署名投票活動がおこなわれた。江西省贛州市では51年6月の時点で人口の95％が署名し、90.1％が投票したという極めて高い数字をあげているが、このときの投票は告発会の後に挙手方式でおこなったという[79]。告発会で意識が高揚した後に挙手を求められれば、ほぼすべての参加者が手をあげることになったであろう。すべての投票や署名が挙手方式であったわけではないが、当時の非識字率の高さから考えて、こうした簡便な方法を採用した地域は多かったのではないだろうか。

5　武器献納運動

兵器において圧倒的に勝る米軍相手に善戦している志願軍を、みんなの献金によって飛行機や大砲を購入できるよう助けようという運動である。総会の「六一のよびかけ」を受けて始まり、51年末までの期限が設定された。献金額15億で戦闘機1機、50億で爆撃機1機、9億で大砲1門と換算することになっていたが[80]、貢献度を比較しやすいためか、ほとんどの場合、戦闘機何機分かで表現された。まず各個人・団体が献金同意額を表明し、それを愛

国的行動として華々しく宣伝した。つづいて実際の納金がおこなわれたが[81]、その額は52年5月末までに5兆5650億元以上（旧人民幣）[82]、戦闘機3710機分に相当した。

これほどの巨額をどのように集めたのか。献金は本来、各人の自発的意思によるものであり、また増産による増収とセットで行い増収分の一部を寄付する、あるいは休日出勤してその給料を寄付するといった方法がとられるべきであった。こうした方針が貫徹されたならば、個人の経済的利益を損なわないばかりかプラスでさえある。しかし実際には献金同意額をむやみに高く設定して生活水準を落としたり、幹部による強制的徴収がおこなわれたりしていた。

河北省では開始直後の6月13日、省委が華北局から指示された注意点を下級に転送した。1、農業税増税のため、献納の重点は必ず都市におくこと。農民の献納は平均1斤とする。2、県抗米援朝代表会がすでに決議した献納額で大きすぎるところがある。もし負担が重過ぎるならば、同様の会議を開き民主的手続きで修正すること。3、各種形式によるわりあて現象を厳しく防止し、挑戦や自己申告と大衆評議といった方法を採用してはならない。4、都市部の献納額について数字を提出すること[83]。

その後、農民の平均1斤という額について、華北局が2斤前後に引き上げ、省委も2斤に設定した。こうした指導部のやりとりからみて、献納額は決して個人の善意が積み重なったものではなく、政府や党がさまざまな状況を勘案して決定し、またコントロールしようとしていたことがわかる。ただし、献納という性格上、表向きは大衆の愛国的行動として扱われたのである。

豫劇の名優常香玉が率いる劇団・香玉劇社は、51年後半の半年間、全国各地で慈善公演をおこない、飛行機1機を献納するという目標を達成した。その献納額について、計画段階では「計画が大きすぎる」「河南の劇がよそへいってもだめだ」「自信がない」などという声が内部からあがったが、指導部（具体的には西北文聯と西北文化部）の励ましと支持を得て、自信をもって達成できた、と振り返っている[84]。

実のところ、香玉劇社の成功は党・政府の支持と新聞等の宣伝によるところが大きかった。同劇団は51年8月初旬に西安を出発し、開封・鄭州・漢口・広州など7都市で上演したが、行く先々で党・政・軍・大衆の熱烈な歓迎を受けている。各地の新聞雑誌は100本余りのレビューや記事を掲載し、各地の抗米援朝分会や文芸界、婦人団体は座談会や歓迎会を主催した。激励の手紙は国内だけでなく、海外や前線からも寄せられた[85]。公演が始まると地元の『河南日報』や『鄭州日報』等で何度もとりあげられ、常香玉は「愛国芸人」[86]という名声を博し、チケットはあっという間に売り切れた。鄭州のある農民は「常香玉が飛行機を献納しようとしているのを聞いて、2斗のヤミ穀物を売ってでも見に来なければと思った。劇を観て愛国的なんていいことばかりだ」と言っている[87]。

彼女の行為はたしかに愛国的に見えるし、主観的にも愛国的行為として認識していたかもしれない。だが、この件を通じて彼女と劇団が得たものは小さくなかった。地方劇団が全国的に名を馳せ、地元以外の公演でも大成功をおさめることになった。収益も以前とは比べ物にならないほど増えただろう。また献納額が指導部の誘導によって高めに設定されていたことも見逃せない。幹部や積極分子は自分の功績のために目標を高く設定しがちであるが、いったん設定された目標は必ず達成しなければならないノルマとなって下級へおろされていく。当然下級からは不満の声があがった。6月20日の検査報告によれば、一部につぎのような考えが生じていたという。

1、武器献納は唯武器論だ。かつては武器が決定するという論法を批判してきたのに。
2、中ソ友好への懐疑。ソ連は出兵もしないし、飛行機大砲も援助しない、友達がいがないではないか。
3、飛行機大砲を買うことへの懐疑。日本時代も蒋介石時代も買うと言っていた、本当に買うのか。共産党はやり方がうまい、被災民を救済するため、慰問袋をつくるためなどといろいろ名目は変わるけれど、

結局は庶民からお金を集めるものだ。
　4、様子見。一部の商工業者は互いの様子をうかがっている。自分の出す額が少ないのは恥ずかしいが、多いのも馬鹿をみると恐れている。
　5、戦争の長期性について認識不足、我々の飛行機はもう十分とみなす[88]。

　こうした不平不満を踏まえて、河北省委は7月12日、調整をくわえた数字を各市や地委へ指示した。「華北局の農民1人当たり2斤という指示、大衆の情緒、周辺省の数字と比較検討した結果、全省で80機を献納する」こと、さらに「保定専区は5機、通県専区は5機、天津専区は5機、定県専区は6機」と地区別の目標数字もはっきりと示された[89]。

　専区におろされた数字は各県におろされる。広西省南寧専区では、6月27日、抗米援朝専区分会初の拡大会議が開かれ、献納運動について熱い議論が行われた。参加したのは該会の委員と専区内の横県・賓陽・永淳など各県分会主任委員と委員の14人だった。賓陽分会は戦闘機1機の献納を申し出、各県に挑戦した。横県の分会委員はすでに県の大衆に戦闘機「横県号」1機の献納をよびかけていると述べた。つづいて武鳴・邕寧両県はそれぞれ1機、永淳・遷江の両県はあわせて1機、上林・那馬・隆山の3県はあわせて1機を申し出た。こうして南寧専区ではあわせて戦闘機6機、高射砲2門を献納することが決まったのである[90]。

　拡大会議といっても各県・鎮からはそれぞれ約1人しか出席しておらず、わずか14人というごく少数の代表者によって献納額は決められた。少数者による「熱烈な討論」「他県に対して挑戦」しあうとなれば、各県が見栄をはり、あるいは委員自身が自己の能力を示すために高い目標を設定しがちであったろう。先の商工業者の発言にみられるように、他人に比べて少なすぎるのはメンツにかかわるのである。

　こうした数字は下級へおろされていくにしたがいノルマの色彩が濃くなる。農村における幹部の強制的割り当て方式は常に批判の的だったが、幹部にすれば「土地改革後、みんな田畑を手に入れたのに、今日飛行機大砲を献納し

第 8 章　抗米援朝運動の広がりと深化について

ないのはもとを忘れている」のだった。北京市郊外では幹部が名簿をもって各家庭を回り「寄付」を募ったが、要求が高すぎて、全増産分を売却しても献金額に足らない場合すらあった[91]。

河北省淶水県では区委の会議で、県委が献金運動を重視していない区を批判し、献金額が多い区を表彰した。また献金の強制が深刻で「献金しないやつは五種の悪人だ」とまで言う公安員もいたり、生活難で献金する余裕がないものまで救済食料を献納させられたりもした[92]。また蘇南農村では農業税の増税、強制的な献金に加え「愛国綿」栽培のために食糧が不足し、餓死者が出るといった深刻な事態が発生した[93]。

では、すべての献納が強制であり、熱狂的行動の報道すべてがやらせだったのだろうか。そうとは言い切れないように思う。献納運動がとくに熱狂的な盛り上がりを見せるのは「報告会」の後であった。「報告会」は前線から一時帰国した志願軍兵士や前線を慰問した代表団団員、朝鮮人民の訪中団団員などが大衆に直接経験を語る場だった。51年5月から帰国団・訪中団は全国各地でさまざまな規模の報告会を数多くおこなっている。会場で話を聞いた人数も膨大だったが、ラジオ中継によって、聴取者の数はさらに膨れ上がった[94]。こうした報告会は大衆の感情を揺さぶり献納を盛り上げるのに効果的だった。

西安に近い曲江県で「献納がピークを迎えたのは、ちょうど志願軍帰国代表の董楽輔が韶関に報告に来たとき」で「朝鮮での戦況を詳細に紹介し、米軍の朝鮮侵略の罪状を暴き、人民大衆の米帝への恨みを深め、強烈な愛国主義と国際主義精神を呼び起こした」。このとき韶関鎮の商工業者は1度に3000万元の献金を申込んだ[95]。また、前述の「愛国芸人」常香玉も報告会を聞いて感動したことがきっかけだったと語っている。庶民にとって遠い世界の戦争が「真人真話」を聴くことによって身近なものとなり、大衆の同情を得ていった。

結びにかえて―運動の評価と今後の課題

　以上、抗米援朝運動を構成する各運動の実態と問題点をみてきたが、そこには共通する問題が存在していた。徴兵、優待、公約、献金いずれの運動でも形式主義、ノルマ主義、経常性や持続性の不足が指摘され、対策が講じられながら根本的な解決には至らなかった。結局のところ、これらの大衆運動は大衆自らが自発的に起こした運動ではなく、上からの動員、つまり大衆動員運動にすぎなかったからである。末端では上から与えられた任務を果たしさえすればよかった。とはいえ、建国初期に大衆運動が大きな役割を果たしたこともまた事実である。内実はどうであれ、全人口の7、8割を動かすような力をもっていたのである。そこで、動員力の問題とそれに関わる不均衡について初歩的な検討をおこない、抗米援朝運動の評価を行うとともに、大衆運動が果たした役割について見通しを述べてみたい。

1　地域的不均衡

　51年4月から7月にかけておこなわれた、5大国による平和条約締結を求める署名と米国による日本再武装に反対する投票をよびかける運動の参加者は、それぞれ3億4400万・3億3990万人余りで全人口の約7割に達した[96]。しかし、その「人数統計表」[97]からは地域的不均衡がかなり見受けられる。人口に占める比率では西康省がとびぬけて低く、広西省、新疆省、平原省、川南区等は過半数に達していない。高率なのはほぼ100％の東北区本渓市（現、遼寧省）であり、以下、西安、天津、武漢、江西省とつづく。西蔵のデータはいずれも空白であるが、西蔵と隣接する西康・新疆・雲南・川南といった少数民族が多く居住し、共産党による「解放」が遅かった地域は低い。また農村地域を含む省では比率が低く、大都市の比率は高い傾向があるが、江西省や福建省が例外的に高い数字なのは、国境防衛のため「反革命」鎮圧運動や土地改革が徹底して進められた結果ではないだろうか[98]。動員力の地域的

表　抗米援朝運動の地域的不均衡——平和公約締結支持の署名・米国の日本武装反対の投票における各地の人数と人口に占める比率

地区		署名		投票	
		数（人）	比率（％）	数（人）	比率（％）
華北		45,292,538	67.4	45,280,171	67.4
	北京市	1,716,687	85.8	1,715,712	85.8
	天津市	1,783,063	91.9	1,783,063	91.9
	河北省	21,845,935	68.2	21,834,543	68.2
	山西省	7,600,000	70.3	7,600,000	70.3
	平原省	7,780,000	47.2	7,780,000	47.2
	察哈爾省	2,800,000	70.1	2,800,000	70.1
	綏遠省	1,766,853	78.3	1,766,853	78.3
西北		17,991,253	66.7	17,991,253	66.7
	西安市	587,866	97.9	587,866	97.9
	陝西省	9,215,416	76.8	9,215,416	76.8
	甘粛省	4,794,353	59.9	4,794,353	59.9
	寧夏省	545,335	70.8	545,335	70.8
	青海省	969,522	64.6	969,522	64.6
	新疆省	1,878,761	46.9	1,878,761	46.9
東北		29,247,425	71.4	29,256,746	71.4
	瀋陽市	1,199,219	73.+	1,199,219	73.+
	旅大市	805,725	86.5	805,725	86.5
	撫順市	224,327	82.+	224,327	82.+
	鞍山市	234,619	78.2	234,619	78.2
	本溪市	108,179	100.-	108,179	100.-
	遼東省	5,980,808	70.3	5,990,129	70.5
	遼西省	5,310,248	72.2	5,310,248	72.2
	吉林省	4,692,716	72.+	4,692,716	72.+
	黒竜江省	4,560,427	81.4	4,560,427	81.4
	松江省	3,407,157	68.+	3,407,157	68.+
	熱河省	2,724,000	55.0	2,724,000	55.0
華東		104,745,993	74.6	104,745,993	74.6
	上海市	3,968,207	79.2	3,968,207	79.2
	南京市	873,203	83.3	873,203	83.3
	山東省	31,200,000	75.2	31,200,000	75.2
	蘇北区	15,046,380	71.4	15,046,380	71.4
	蘇南区	9,132,008	72.5	9,132,008	72.5
	皖北区	17,783,409	77.6	17,783,409	77.6
	皖南区	3,129,054	71.8	3,129,054	71.8
	浙江省	14,748,030	71.7	14,748,030	71.7
	福建省	8,865,702	78.4	8,865,702	78.4

地区		署名		投票	
		数（人）	比率（％）	数（人）	比率（％）
中南		99,427,131	72.3	98,304,728	71.5
	武漢市	1,088,244	90.7	941,867	78.5
	広州市	1,074,406	81.5	1,054,387	80.0
	河南省	22,259,363	71.9	22,259,363	71.9
	湖北省	16,327,692	73.6	16,496,095	74.4
	湖南省	21,056,430	82.4	20,873,540	81.7
	江西省	12,432,610	87.9	11,881,596	84.+
	広東省	18,454,240	67.+	18,315,450	66.5
	広西省	6,734,146	45.8	6,482,430	44.1
西南		45,579,931	65.1	42,555,574	60.8
	重慶市	1,349,000	70.1	1,285,000	62.7
	川東区	12,000,000	82.2	12,000,000	82.2
	川南区	5,988,300	49.9	5,908,226	49.3
	川西区	4,555,686	57.9	3,400,403	43.0
	川北区	9,107,000	69.5	7,382,000	57.7
	西康省	210,000	10.2	210,000	10.2
	雲南省	6,254,984	50.0	6,254,984	50.0
	貴州省	6,114,961	59.1	6,114,961	59.1
西蔵					
内蒙古		1,744,595	72.7	1,744,595	72.7
その他		24,191		24,032	
総計		344,053,057	72.4	339,903,092	71.5

出所：『抗美援朝専刊』31 期。

な差については今後検討をすすめていく必要があるが、一般的には、大都市―中小都市―農村―少数民族地域の順番で運動が進められていたこと、運動初期には小都市や農村部には運動が浸透していなかったことが各種報告などからもわかる[99]。

ただし運動がかなり浸透していたはずの都市部でさえ、末端に視線をむければ、数字から受ける印象とはかなり異なる実情が窺える。武漢市委が51年3月下旬、工場の職員労働者を対象におこなった試験結果は以下の通り[100]。第一紡績南工場のある組では9分の7のものがなぜ生産競争をおこなわなければならないかを知らず、9分の6のものは米国が朝鮮を侵略し日本を武装しようとしていることを知らない。北工場のある組では11人のうち中国人

民志願軍と朝鮮人民軍が、いま米国と戦っていることを知っているのは4人のみで、あとの7人は朝鮮での戦争は知っていても、誰と誰が戦っているかを知らない。米国による日本武装を知っているのは3人、あとの8人は知らない。マッチ工場は比較的良いが、それでも愛国生産競争の道理を言えるものは半分以下だった。また、西安市の一般住民に対する調査では、米国の日本武装反対デモに参加したことがあるが、その理由が今もわからないという女性の例があげられている[101]。このように、大都市においても宣伝教育は十分とはいえず、労働者や一般庶民の時事認識は極めて薄弱であったことがわかる。人々は事情がよく分からないままに生産競争やデモに動員され、上からわり当てられる任務を果たしていたにすぎなかった。

　抗米援朝運動が本格的に総動員にむかった4月以降の報告をみてみると、広西省では、都市部で愛国教育を受けたものが90％に達し、ほぼ「空白点」が消滅する一方、農村では運動の展開が遅れていて、まだ人口の50％が愛国教育を受けていないと述べている[102]。五一デモの準備過程で全国的に宣伝網が整備され、とくに都市部では動員力が格段に向上したと思われるが、その実態については今後の課題である。整備された宣伝網もつねに機能していたわけではないからだ。52年9月、西安市で行われた幹部に対する時事問題テストでは75％が不合格となり、当時大々的に報じられた大甘嶺戦役の勝利についてすら知らないものがいた[103]。

　一方、農村では中南区の報告[104]が「一部の土地改革地域では土地改革とあわせて少し展開した」と述べるように土地改革と同時進行だった。小冊子『怎様在農村中開展抗美援朝運動？（どのように農村で抗米援朝運動を展開するか）』[105]や湖北省の土地改革を進めるために発刊された『土改通報』[106]に収録された各事例から、農村部では土地改革と結合させてはじめて運動は展開できたし、土地改革運動もより徹底的に行われたことがわかる。かつての日本の侵略と現在の米国の侵略、国民政府時代の貧困と地主や悪覇による横暴、それらは同根であり、これらに反対する運動こそが、いまの幸せを守ることになるという論理を宣伝教育していった。だが、広範に分散する農村に

おいて教育宣伝を普及させることは非常に難しい。読報活動や農村春会での民間芸能の活用[107]、ラジオ放送[108]や幻灯・映画の巡回上映[109]が行われ、51年末には190万人以上の宣伝員や動員された学生たちが宣伝教育に従事した。51年春以降、各種宣伝は徐々に農村に浸透したようだが、農村では政治宣伝や愛国教育は基本的に外からやってくるものだった。宣伝隊が巡回してきた村において、巡回してきた時には、ある程度浸透するが、過ぎ去ればその効果はしだいに薄れただろう。点描画を描くように宣伝組織が農村に散らばり小さな点をうっていく。時間の経過とともに薄れていく点もあれば、新たに打たれる点もあり、徐々に定着する点もある。しかし膨大な労力をつぎこみ宣伝工作を継続することで、広大な農村も徐々に色づいていったのである。

2　属性別不均衡

さまざまな属性の人たちをどのように国民化していくかということは、近代化の過程で重要な課題である。都市部でも主婦や老人など家から出る機会の少ない人たちは、宣伝教育に触れることも少なく、政治的関心も低かった。同じ労働者でも工会（労働組合）や党組織がある大規模な工場と組織がない小さな工場では運動への動員力が異なる。

属性別の運動との関わりについては今後詳細に検討する必要があるが、その一端を『専刊』8期（51年2月20日）の記事からみてみる[110]。これは中国参戦から51年2月頃までに各属性別に開催されたデモ・集会の都市数と参加人数等をまとめたものである。都市数と参加人数の多さでとびぬけているのは商工業界（80都市、103万人以上）だった。運動初期、商工業界の運動が最もよく広がり、動員力の強さを示したととらえてよいだろう。つぎに各界人民（43都市、80万人以上）、労働者（44都市、63万人以上）と続き、運動の広がりがやはり都市中心であったことを示している。学生・教育関係者は4番手（29都市、約50万人）だが母体数の少なさを考えれば比率的には高い。宗教界の参加人数は20万人とそれほど多くはないが、都市数は51と2番目に多く、運動の全国的広がりを示している。対照的に女性の場合は、参

加人数は宗教界と同程度の22万人だが、都市数は11にとどまり、母体数の多さを考えれば、比率は極めて低い。この段階での女性の動員は限られた大都市のごく一部に過ぎなかった。

　商工業者と宗教関係者の運動が迅速に全国で展開したのには、比較的組織的だったことに加え政治的意味があると思われる。戦争が勃発すると、共産党はキリスト教に対し「長期にわたる帝国主義の我が国への文化侵略の道具であり、その一部の組織は帝国主義によってスパイ活動をおこなう機関として用いられてきた」[111]という考えを主張するようになり、中国キリスト教は帝国主義との決別、自立化を宣言せざるを得なかった[112]。党から疑いをもたれ、早期に態度表明を迫られたのは、商工業者も同様だった。大都市の資本家たちはいち早く抗米援朝への支持を表明する必要があった。このように真っ先に戦争を支持し協力したにもかかわらず、教徒や資本家層は党から疑いをかけられ続けた。北京市委員会は北京の商工業者には民族資本家が多く、とくに土着の資本家は帝国主義との矛盾を抱えているとしつつ、「資本家は口で言うことと腹の中が違う人間が少なくない」、米国を過大評価して中国人民の勝利を確信していないものもいるので、引き続き時事教育をおこない、米帝の影響力を取り除かねばならない、と中央に報告した[113]。その後、抗米援朝運動と入れ替わりに発動された「三反五反」運動において、資本家の利益追求の行為が「愛国的でない」として糾弾され、社会主義改造へ向かい、実質的に資本家層は消滅するのである。

3　運動の評価

　先述したように戦争支援の国民化運動である抗米援朝運動が停戦前に下火となり、都市における階級闘争である「三反五反」運動に取って代わられたということは、結局は国民化が中途半端な形で終了したととらえるべきではないだろうか。総動員体制をつくるときに資本家層や地主層を国民から排除しなければならない理由はないはずだが、そうした共産党からみて政治的に疑わしい人たちを敵対階級として排除し、「人民」だけの団結を追求していく。

社会の流動性が高く固定的階級の存在しない中国社会において、土地改革や「三反五反」運動という階級闘争をあえて展開することで社会はまとまり、党による社会統合がすすんでいった。農村においては米帝や蒋介石をバックに搾取をおこなう地主階級というフィクションを作り出しながら土地改革が展開されたが、それこそが農村の抗米援朝運動だった。

　侯松涛によれば、抗米援朝運動において宣伝動員・訴苦動員・行動動員・組織動員という4方面の動員が組み合わされて立体的な動員ネットワークがつくりだされた[114]。それは党組織を核とする動員ネットワークであり、ネットワーク型中国社会の構造に対応して生まれたといえる。大衆運動のネットワークはひとたび運動が発動され、任務を与えられると、大きな動員力を発揮する。任務を果たすとすぐに弛緩するのだが、政治運動が繰り返されるたびにネットワークは利用され、網目の密度は徐々に細かくなり、社会を覆っていった。こうして大衆動員運動は形式主義、ノルマ主義、一過性という欠点を常にかかえながら、末端にまで統治を浸透させていく役割を果たした。動員ネットワークの拡大と階級闘争による社会統合、これらが大衆運動を契機に進んでいったのである。

注
1) 『当代中国史研究』2010年第6期には特集が、『中共党史研究』2010年第12期には同年10月に開催されたシンポジウム「抗米援朝の政策決定および影響」の報告が掲載されている。鄧峰「近十余年朝鮮戦争研究綜述」『中共党史研究』2010年第9期によれば、1995年から2009年までに中国で公開出版された朝鮮戦争に関する専著・訳書・回想録などは100冊余り、学術論文は300本余りにのぼり、とくに勃発50周年の2000年と休戦50周年の2003年にそのピークを迎えた。
2) 沈志華『毛沢東・斯大林与朝鮮戦争』、広東人民出版社、2003年。
3) 服部隆行『朝鮮戦争と中国』、渓水社、2007年、第5章。
4) 周一平・呂振宇「2007年以来抗美援朝研究述評」『当代中国史研究』2010年第6期。
5) 侯松涛「抗美援朝運動与民衆社会心態研究」『中共党史研究』2005年第2期、「抗美援朝運動的社会動員」、中共中央党校博士論文、2006年5月。
6) 靳道亮「抗美援朝運動与郷村社会国家意識的塑造」『史学月刊』2009年第10期。

7) たとえば李立志「土地改革与農民社会心理変遷」『中共党史研究』2002 年第 4 期。土地改革の研究動向については張一平「三十年来中国土地改革研究的回顧与思考」『中共党史研究』2009 年第 1 期を参照。

8) 梁漱溟（池田篤紀・長谷部茂訳）『郷村建設理論』、アジア問題研究会、1991 年、50 頁。

9) 新華社「中国人民三年来在抗美援朝運動中的巨大貢献」(1953 年 7 月 28 日) 中国人民抗美援朝総会宣伝部『偉大的抗美援朝運動』、人民出版社、1954 年、1102 頁。

10) 前掲服部。服部は当時の指導者が世論の動向を重視し、抗米援朝運動に世論が大きな影響を与えたと主張する。たしかにそうした側面もみられるが、著者は本文で述べたような中国社会の特質から、「世論（社会）対政策（政府）」という対称的な関係ととらえるよりは、非定型・流動的でつかみどころのない世論を一定の型にはめこみ「国民として正しい世論」と統合された社会自体を作り出す過程ととらえるべきだと考える。

11) 林偉京「『人民日報』与抗美援朝戦争中的政治動員」『江西師範大学学報・哲社版』2007 年第 40 巻第 3 期、孫丹「論抗美援朝戦争的国内宣伝工作」『当代中国史研究』2009 年第 4 期、李凌「抗美援朝宣伝工作的主要形式」『人民論壇』2010 年第 5 期。こうした中国の研究は、戦争の勝利に貢献する宣伝教育の成功をあきらかにしようとするものであり、矛盾点や負の側面には注目していない。

12) 徐勇「『宣伝下郷』：中国共産党対郷土社会的動員与整合」『中共党史研究』2010 年第 10 期。

13) 前掲『偉大的抗美援朝運動』以下『偉大』と略記。

14) 前掲林論文によれば『専刊』は 1950 年 12 月 4 日創刊、1954 年 9 月 5 日まで 190 期が発行された。著者が入手した DVD 版では第 1 期から第 116 期まで収録。

15) 中共河北省委党史研究室編『河北省抗美援朝運動』（以下、『河北省』と略記）中央文献出版社、2007 年。このほかにも地方別の資料集をいくつか使用した。

16) 『曲江文史』第 16 輯 1990 年、『夷陵区文史資料』第 1・2 輯 2001 年、『南寧文史資料』第 26 輯 2007 年等。

17) 『偉大』36-38 頁。

18) 『偉大』671-674 頁。中華全国民主婦女連合宣言（11 月 10 日）や中華全国民主青年連合総会宣言（11 月 11 日）など。

19) たとえば「鞍山・撫順・瀋陽・本渓・京・津等地職工写信向毛主席表示抗美援朝決心」『人民日報』1950 年 11 月 15 日。

20) 「社説：継続拡大与深入抗美援朝保家衛国運動」『人民日報』1950 年 12 月 28 日。

21) 同上。

22)「中共中央関於在全国時事宣伝的指示」中共中央文献研究室編『建国以来重要文献選編』第一冊（以下、『重要文献』①と略記）、中央文献出版社、1992 年、436-440 頁。対米認識については「米国をどのように認識するか（宣伝要綱）」（50 年 11 月 5 日）『時事手冊』第二期（『偉大』、674-684 頁）が詳しく説明している。
23)運動開始時点の世論については北京市総工会「北京市工人抗美援朝保家衛国運動中宣伝教育工作総結」（1951 年 3 月 16 日）中共北京市委党史研究室編『北京市抗美援朝運動資料匯編』、知識出版社、1993 年、98 頁。職員労働者階層では、米国を崇拝する思想、原子爆弾や高性能の武器をもっていることの恐れ、「米帝には日帝ほど怨みはない」「恨みきれない」という感情等がひろく存在し、また、なぜ朝鮮を助けなければならないのか、ソ連はどうして出兵しないのかなどの「狭隘な民族主義的観点」もみられたという。
24)「中共中央関於在全党建立対人民群衆的宣伝網的決定」（1951 年 1 月 1 日）中共中央文献研究室編『建国以来重要文献選編』第二冊（以下、『重要文献』②と略記）、中央文献出版社、1992 年、1-5 頁。
25)「中共中央関於健全各級宣伝機構和加強党的宣伝教育工作的指示」（1951 年 2 月 25 日）、『重要文献』②、75-76 頁。
26)「中共北京市委関於抗美援朝運動中発生的一些事件及糾正的情形向中央並華北局的報告」（1950 年 12 月 4 日）北京市檔案館・中共北京市委党史研究室編『北京市重要文献選編 1950』、中国檔案出版社、2001 年、532-534 頁。
27)「中共北京市委関於北京市工商界抗美援朝運動情況向中央・華北局的報告」（1951 年 1 月 9 日）、『北京市重要文献選編 1951』、中国檔案出版社、2001 年、5-7 頁。
28)戦況の変化と世論の動向については前掲の服部氏の研究を参照。
29)同会議が転機であったこと、および政策路線への影響については拙著『中国建国初期の政治と経済』、御茶の水書房、2007 年、を参照。
30)「中共中央政治局拡大会議決議要点」（1951 年 2 月 18 日）『重要文献』②、39 頁。
31)「中国人民保衛世界和平反対美国侵略委員会関於響応世界和平理事会決議並在全国普及深入抗美援朝運動的通告」（1951 年 3 月 14 日）『偉大』、93-94 頁。
32)「抗美援朝大事月表」『人民手冊』1953 年、54 頁。
33)「反対随便動員群衆遊行献花」『専刊』12 期（1951 年 4 月 1 日）。
34)「三大運動的偉大勝利」（1951 年 10 月 23 日）『建国以来毛沢東文稿』第二冊（以下、『毛文稿』②と略記）、中央文献出版社、1988 年、481-483 頁。
35)唯一、推進されたのは 1952 年春からの愛国衛生運動だった。きっかけは 2 月 22 日、米軍が細菌散布をおこなっていると北朝鮮政府が発表したことである。細菌戦の有無については米中双方の主張は真っ向から対立しているが、中国側は朝鮮国内

にとどまらず、中国国内にもペストやコレラなどの細菌を塗布した害虫がばらまかれ、中国人民の健康を害したと主張し、これに対抗する運動として愛国衛生運動を発動した。

36) たとえば中共南京市委党史工作弁公室編『南京抗美援朝運動』、中共党史出版社、2002年、など。
37) 「中共河北省委関於各地委召開拡軍会議情況的報告」(1952年12月29日)、『河北省』、226-228頁。
38) 張連会「涞水県的抗美援朝運動」、『河北省』、371-373頁。
39) 注37に同じ。
40) 中共上海市宝山区委党史研究室・上海市宝山区檔案局編『抗美援朝運動在宝山』、上海社会科学院出版社、2004年、323-328頁。
41) 「中国人民解放軍第67軍201師602団公函」(1951年4月2日)、前掲『抗美援朝運動在宝山』、340頁。
42) 中共中央宣伝部宣伝局編『中華人民共和国40年大事記』、光明日報出版社、1989年、19-20頁。
43) 楊発金「停戦前的最后一戦」『夷陵区文史資料』第2輯2002年、11頁。
44) 中央人民政府内務部・人民革命軍事委員会総政治部「関於開展新年擁政愛民擁軍優属運動的指示」(1950年12月22日)『偉大』、711-713頁。
45) 中国人民保衛世界和平反対美国侵略委員会「関於継続加強抗美援朝運動的通知」『偉大』、106-107頁。
46) 「必須使優撫工作経常化」『専刊』24期(1951年6月30日)。
47) 「山西出現許多代耕工作的模範村和模範組」『専刊』51期(1952年1月6日)。
48) 「東北優撫工作的新面貌」『専刊』30期(1951年8月11日)。
49) 「全国各地優撫工作成績顕著」『文匯報』1953年2月13日。
50) 「做好1953年優撫工作的準備」『専刊』103期(1951年12月28日)。
51) 「訂好優撫工作的計画」『専刊』109期(1953年2月11日)。
52) 『専刊』115期「時評」(1953年3月25日)。華北区では、烈士軍人家族の代耕面積は25%、非給与制工作人員家族は10%と規定されたが、山西省雁北専区の9県で検査してみると軍人家族はわずかに14%で10.7ポイントも少なく、非給与制工作人員の家族は13.5%と3.5ポイント高かった。
53) 「北京市人民政府関於代耕工作的幾項規定」(1952年7月5日)『北京市重要文献選編1952』、中国檔案出版社、2002年、272-274頁。
54) 「『愛国公約』の歴史と原理」『早稲田法学会誌』第29巻、1978年。
55) 「新民主主義政権の思想的・社会的基盤―愛国主義と愛国公約からみた権力と民衆

の動向　1949-53」『東方学会創立40周年記念　東方学論集』、1987年。

56)『人民手冊　1951年』(上)、巳38-42頁。

57)「全上海人民動員起来」『文匯報』1950年12月6日。

58)「中央人民政府貿易部関於取締投機商業的幾項指示」(1950年11月14日公布)『重要文献』①、466-467頁。

59)「鎮江婦女界訂愛国公約」『文匯報』1950年12月14日。

60)「中共中央関於進一歩開展抗美援朝愛国運動的指示」(1951年2月2日)『重要文献』②、24-27頁。

61)「許多愛国公約為什麼有名無実?」『専刊』28期(1951年7月28日)。

62)「克服愛国公約運動中的形式主義」『専刊』31期(1951年8月18日)。

63)「我們怎様訂好家庭愛国公約」『専刊』29期(1951年8月4日)。

64)「時評:抓緊時間検査与修訂愛国公約」『専刊』30期(1951年8月11日)。

65)「吉林市的愛国公約運動為什麼前緊后松?」同上。

66)「推広平定維社村『抗美援朝愛国日』的経験」『専刊』52期(1952年1月13日)。

67)「興農村的『愛国日』」『文匯報』1955年1月7日。黒竜江省のある村では54年12月25日、久しぶりに「愛国日」の活動がおこなわれたが、これは台湾と米国との共同防衛条約締結に反発して開かれたものだった。

68)「用形式主義不能克服形式主義」『専刊』43期(51年11月11日)。

69)『偉大』、157-162頁。

70)「中共河北省委関於普及和深入抗美援朝及準備"五一"遊行示威的指示」(1951年3月28日)『河北省』、59-61頁。

71)同上。

72)張連会「淶水県的抗美援朝運動」『河北省』、367頁。

73)呉煥発「唐山市抗美援朝運動綜述」『河北省』、315頁。

74)張明元「渉県的抗美援朝運動」『河北省』、388頁。

75)「鞏固深入抗美援朝運動」(1951年5月11日)『河北日報』社説、『河北省』、73-75頁。

76)「『五一』遊行応注意什麼」『専刊』16期(1951年4月29日)。

77)孫鳳仙「抗美援朝運動中的承徳婦女」『河北省』、391頁。

78)呉煥発「唐山市抗美援朝運動綜述」『河北省』、314頁。

79)「江西省贛州市抗美援朝運動」『専刊』22期(1951年6月16日)

80)「中国人民抗美援朝総会関於捐献武器支援中国人民志願軍的具体弁法的通知」(1951年6月7日)『偉大』、835-836頁。

81)たとえば、11月15日の時点では、全国で4兆1124億元の同意額があり、うち納

金されたのは84.5%の3兆4700億元だった（11月16日の通知）。
82）この額は51年の財政収入の約4.4%、税収の6.9%、52年の国内総生産の0.8%に相当。
83）「中共河北省委転発華北局関於抗美援朝捐献運動中注意問題的電示」（1951年6月13日）『河北省』83-84頁。
84）常香玉「香玉劇社半年来捐献演出工作的総結報告」（1952年4月10日）『鄭州文史資料』1992年第2期、133-134頁。原載は『群衆日報』1952年4月11日。
85）同上、132頁。
86）『人民日報』1951年11月15日。
87）前掲『鄭州文史資料』、133頁。
88）「関於捐献飛機大砲運動的検査報告」（1951年6月20日）『河北省』、90-92頁。
89）「関於捐献飛機数字的通知」（1951年7月12日）『河北省』、98頁。
90）唐済武主編『南寧文史資料』第26輯2007年、320頁。
91）「怎様領導農村居民訂立献納計画」『専刊』28期（1951年7月28日）。
92）張連会「淶水県的抗美援朝運動」『河北省』、370頁。
93）鐘霞「蘇南農村抗美援朝運動」『党史研究与教学』2006年第1期。
94）広州市では1951年6月、17日間で33回の帰国団代表の報告会が開催され、42万人が直接参加し、40万人以上がラジオで聴取した。慰問団代表の報告も148回開かれ31万人が聴取した。『偉大』、1235頁。
95）李景昌「曲江児女為抗美援朝作貢献」『曲江文史』第16輯、1990年、5頁。
96）彭真「関於抗美援朝運動保家衛国運動的報告」(1951年10月24日)『偉大』、159頁。
97）『専刊』31期（1951年8月18日）。
98）国境防衛のために大衆運動を進めよという指示は「関於不要到処修工事給張雲逸等的電報」（1951年1月29日）『毛文稿』②、85-86頁。また前掲拙著20-21頁参照。
99）西南区については「西南区抗美援朝運動情況」『専刊』15期（1951年4月22日）。
100）「上海・武漢・西安・瀋陽等地抽査抗美援朝宣伝教育工作的結果」『専刊』15期（1951年4月22日）。
101）同上。
102）『専刊』26期（51年7月14日）。
103）「時評：糾正忽視時事政治学習的現象」『専刊』107期（1953年1月25日）。
104）「中南区愛国運動統訊」『専刊』8期（1951年2月20日）。
105）中国人民保衛世界和平反対美国侵略委員会編、1951年5月。
106）湖北省土地改革委員会発行1950年12月29日創刊。社会科学院経済研究所（北

京)所蔵。
107)「介紹有効的宣伝方式方法」『専刊』16 期（1951 年 4 月 29 日）
108)「収音機下郷的収穫」『専刊』21 期（1951 年 6 月 9 日）
109) 幻灯機は 1 万台近くに達し全国で宣伝に活用された。「充分発揮近万架的幻燈機的宣伝作用」『専刊』45 期（1951 年 11 月 25 日）、記録映画「抗米援朝」は 51 年末から全国の 44 都市と工場・部隊・農村でひろく上映された。「祝記録片『抗美援朝』在全国放映」『人民日報』1951 年 12 月 28 日。
110) 馮魯仁「規模巨大的抗美愛国運動」『専刊』8 期（1951 年 2 月 20 日）。
111)「中共中央関於天主教、基督教問題的指示」（1950 年 8 月 19 日）『重要文献』①、408-412 頁。
112)「中国基督教在新中国建設中努力的途径的宣言」（1950 年 9 月 22 日）『偉大』、700-702 頁。
113)「中共北京市委関於北京市工商界抗美援朝運動情況向中央、華北局的報告」（1951 年 1 月 9 日）前掲『北京市重要文献選編 1951』、5-7 頁。
114) 前掲侯松涛博士論文。

執筆・編訳者紹介

奥村　哲（オクムラ・サトシ）　1949年生まれ。首都大学東京 大学院人文科学研究科、教授。主要業績：『中国の現代史―戦争と社会主義』青木書店（1999年）、『中国の資本主義と社会主義―近現代史像の再構成』桜井書店（2004年）、『銃後の中国社会―日中戦争下の総動員と農村』（笹川裕史と共著）岩波書店（2007年）。

原田　敬一（ハラダ・ケイイチ）　1948年生まれ。佛教大学歴史学部、教授。主要業績：『日本近代都市史研究』思文閣出版（1997年）、『国民軍の神話 兵士になるということ』吉川弘文館（2001年）、『日清・日露戦争』（シリーズ日本近現代史3）岩波新書（2007年）。

笹川　裕史（ササガワ・ユウジ）　1958年生まれ。埼玉大学教養学部、教授。主要業績：『中華民国期農村土地行政史の研究―国家・農村社会間関係の構造と変容』汲古書院（2002年）、『銃後の中国社会―日中戦争下の総動員と農村』（奥村哲と共著）岩波書店（2007年）、『中華人民共和国誕生の社会史』講談社選書メチエ（2011年）。

王　友明（オウ・ユウメイ）　1965年生まれ。（中国）浦東幹部学院、副教授。主要業績：『革命与郷村―解放区土地改革研究』上海社会科学出版社（2006年）、「抗戦時期中共的減租減息政策与地権変動」『近代史研究』（2005年6期）、「中国土地制度的結構性変遷」『中共党史研究』（2009年1期）。

呉　毅（ゴ・キ）　1958年生まれ。（中国）華中科技大学社会学系、教授。主要業績：『村治変遷中的権威与秩序―20世紀川東双村的表達』中国社会科学出版社（2002年）、『小鎮喧囂――一個郷鎮政治運作的演繹与闡釈』三聯書店（2007年）、『記述村庄的政治』湖北人民出版社（2007年）。

呉　帆（ゴ・ハン）　1982年生まれ。華中科技大学社会学系及び中国郷村治理研究中心、博士研生生。主要業績：歴史社会学と現代中国農村の変遷をテーマに、『開放時代』などに論文多数。

鄭　浩瀾（テイ・コウラン）　1977年生まれ。フェリス女学院大学国際交流学部、准教授。主要業績：『中国革命と農村社会：井岡山の村落の歴史的変遷』慶應義塾大学出版会（2009年）、「中国における農地収用の過程と土地所有権制度の欠陥」『アジア経済』43巻5号（2002年）、「建国初期の政治変動と宗族」、高橋伸夫編著『救国、動員、秩序：変革期中国の政治と社会』慶應義塾大学出版会（2010年）。

山本　真（ヤマモト・シン）　1969年生まれ。筑波大学大学院人文社会系、准教授。主要業績：「福建省南西部農村における社会紐帯と地域権力」、山本英史編『近代中国の地域像』山川出版社（2011年）、『憲政と近現代中国—国家、社会、個人』（石塚迅・中村元哉と編著）現代人文社（2010年）、「1930〜40年代、福建省における国民政府の統治と地域社会—龍巖県での保甲制度・土地整理事業・合作社を中心にして」『社会経済史学』74巻2号（2008年）。

野田　公夫（ノダ・キミオ）　1948年生まれ。京都大学大学院農学研究科、教授。主要業績：『戦間期農業問題の基礎構造—農地改革の史的前提』文理閣（1989年）、『〈歴史と社会〉日本農業の発展論理』農山漁村文化協会（2012年）、『農林資源開発史論』Ⅰ・Ⅱ（編著）京都大学学術出版会（2013年）。

丸田　孝志（マルタ・タカシ）　1964年生まれ。広島大学大学院総合科学研究科、准教授。主要業績：「抗日戦争期・内戦期における冀魯豫区の中国共産党組織」『史学研究』259号（2008年）、「国共内戦期冀魯豫区の大衆動員における政治等級区分と民俗」『アジア社会文化研究』11号（2010年）、「日本傀儡政権・中国共産党根拠地の記念日と時間」、田中仁・三好恵真子編『共進化する現代中国研究：地域研究の新たなプラットフォーム』大阪大学出版会（2012年）。

泉谷　陽子（イズタニ・ヨウコ）　1968年生まれ。中央大学経済学部、非常勤講師。主要業績：『中国建国初期の政治と経済—大衆運動と社会主義体制』御茶の水書房（2007年）、「毛沢東時代の展覧会」、柴田哲雄・やまだあつし編『中国と博覧会—中国2010年上海万国博覧会に至る道』成文堂（2010年）、「内戦期の経済ナショナリズムと国民政府—航行権擁護運動をめぐって」『アジア研究』45巻4号（2000年）。

変革期の基層社会──総力戦と中国・日本──

2013 年　2 月 28 日　第 1 刷発行
編　者　奥村　哲
発行人　酒井　武史
発　行　株式会社 創土社
〒165-0031　東京都中野区上鷺宮 5-18-3
　　　TEL　03（3970）2669
　　　FAX　03（3825）8714
　　　　　http://www.soudosha.jp

カバーデザイン　アトリエ剣歯虎
印刷　モリモト印刷株式会社
ISBN:978-4-7988-0213-8 C0076
定価はカバーに印刷してあります。